山东体育学院·人文社会科学研究文库

齐鲁体育文化研究

袁 宏 著

山 东 大 学 出 版 社

图书在版编目(CIP)数据

齐鲁体育文化研究/袁宏著.—济南:山东大学出版社,2015.12

ISBN 978-7-5607-5467-3

Ⅰ.①齐… Ⅱ.①袁… Ⅲ.①体育文化—研究—山东省 Ⅳ.①G812.752

中国版本图书馆 CIP 数据核字(2015)第 321099 号

责任编辑:陈海军
封面设计:张 荔

出版发行:山东大学出版社
社 址 山东省济南市山大南路 20 号
邮 编 250100
电 话 市场部(0531)88364466
经 销:山东省新华书店
印 刷:泰安金彩印务有限公司
规 格:720 毫米×1000 毫米 1/16
11.5 印张 260 千字
版 次:2015 年 12 月第 1 版
印 次:2015 年 12 月第 1 次印刷
定 价:27.00 元

序

"齐鲁体育文化"作为一个融区域、文化、体育于一体的概念，是近年来在体育文化得到广泛关注的背景下提出的。2009年第十一届全运会在济南成功举办和2015年山东省体育局在《关于加强体育文化工作的意见》中提出的制定体育文化工作中长期发展规划和目标的意见，为齐鲁体育文化的传播与传承提供了新的契机。山东体育学院作为山东省唯一一所普通高等体育院校，以弘扬齐鲁体育文化为己任，并通过设置齐鲁体育文化教研室、申报与筹建国家体育总局体育文化发展中心体育文化研究基地、建设校史馆等方式为齐鲁体育文化的研究搭建了广阔的平台。在这一背景下，山东体育学院袁宏博士的《齐鲁体育文化研究》一书面世正恰逢其时。

众所周知，"齐鲁体育文化"概念的形成不仅源于当今山东体育事业的蓬勃发展，也是齐鲁文化、体育文化在历史发展过程中互相聚融的结果；多年来对齐鲁文化丰富内涵的挖掘与研究，为齐鲁体育文化的提出奠定了基础；而体育文化研究的兴起、繁荣和区域体育文化研究，更为齐鲁体育文化的研究提供了依据及方法路径。齐鲁体育文化研究不仅丰富了齐鲁文化、体育文化、地域体育文化，而且有助于改善山东传统体育文化传承面临的困境，有助于推动群众体育活动的开展，为体育文化产业提供发展的动力。正是在此背景下，袁宏博士于查阅大量文献资料、走访全省十七地市文化遗存及博物馆的基础上，对齐鲁传统体育文化现象的源流、发展历程、特征及影响进行了梳理和概括，并通过阐释分析，完成了该书的写作。

复杂多样的地理环境和思想多元的人文环境，为齐鲁大地孕育多样的身体运动形式和丰富的体育精神奠定了历史和思想基础。这样的历史和思想基础在《齐鲁体育文化研究》一书中有着充分的体现，书中不仅分析了齐鲁体育文化形成的环境、现代保护与转型发展，而且还结合不同的历史分期，对齐鲁传统体育文化现象分类进行了系统阐述。

首先，对古齐国与鲁国丰富的体育文化现象进行了系统的分析。在周礼文化与儒家思想的影响下，鲁国体育文化具有鲜明的礼教色彩，以孔子为代表，形成了“仁智之勇”“君子之争”“文武兼备”等体育思想；而在土著东夷人尚武传统与齐相管仲军事武备新举措的影响下，齐人则形成了尚武且崇技击、重谋略的特点。而且齐国富庶的经济与自由多元的稷下学，还推动了“斗鸡走犬，蹋鞠六博”等民间休闲娱乐活动的发展。《管子》的养生思想与齐地神仙方术对后世的道教养生也影响深远。

其次，以齐鲁地区特有的汉画像石为媒介，梳理了齐鲁之地汉代传统体育发展的概况。画像石是汉代特有的文化现象，齐鲁之地是汉画像石重要的分布区域之一。齐鲁汉画像石生动地展现了汉代以乐舞百戏为代表的身体活动，多幅《乐舞百戏图》《交战图》等成为汉代齐鲁传统体育文化研究的重要史料。

第三，对齐鲁传统民间民俗体育文化进行了分类解析。齐鲁民间民俗体育包括节令民俗类、球戏、斗戏、棋戏等，种类繁多，形式多样，且群众基础广泛，大多项目至今仍盛行不衰。本书还以齐鲁登山文化、齐鲁秧歌文化为例阐释了民间民俗体育文化的源流发展及现代传承现状。

第四，对齐鲁传统体育中的养生、武术文化分别进行了梳理分析。对于齐鲁养生文化，主要分析了以孔子、孟子、荀子、颜之推为代表的儒家养生思想，以庄子、黄老学、王弼与张湛的玄学为代表的道家养生思想，以丘处机为代表的全真道教养生思想。而对齐鲁武术文化的分析，则从历史流变、重要拳种的流传历程、文化特征等方面加以阐释。

该书对齐鲁体育文化现象进行了较为全面的梳理与阐释，材料翔实，论证细密，整体在齐鲁体育文化研究领域具有一定的开拓性：

首先，以纵横结合的思路建立了齐鲁体育文化研究的基本框架。书中选取鲁文化与传统体育文化、齐文化与传统体育文化、齐鲁汉画像石中的传统体育文化、齐鲁民间民俗体育文化、齐鲁养生文化、齐鲁武术文化、山东体育非物质文化遗产等八个点，以点带面，纵横穿插，展现了齐鲁体育文化深厚的历史内涵，解读了在当今大体育文化视野下齐鲁体育文化传承的时代意义。

其次，追求理论性与生动性、学术性与可读性的统一。一方面，运用文化学、历史学、体育学等的基本理论对齐鲁体育文化现象进行了深度分析，形成了切中肯綮的认知与观点；另一方面，书中选取了大量齐鲁体育文化的文献资料与图片，以增强直观性、生动性与可读性。

当然，由于篇幅所限，该书对部分传统体育项目的梳理与阐释尚需进一步深入，对于传统体育文化的当代传播与转换也需要更深入地探讨与分析。这些都有待于作者今后作进一步的补充与完善。

总之，《齐鲁体育文化研究》一书对齐鲁传统体育文化的全面梳理和系统阐述，是齐鲁体育文化研究中具有代表性的成果，它对齐鲁体育文化研究的进一步展开无疑具有一定的开启性。

崔乐泉

2015年8月30日

目 录

绪 论

齐鲁体育文化的提出及研究价值

齐鲁地域体育文化内容丰富，历史悠久，但“齐鲁体育文化”作为一个独立的概念提出来，却是近几年的事情。2009 年，全运会在济南成功举办，齐鲁体育得到了深入的挖掘与广泛的宣传，相应的文化研究也得到了学术界的重视。随着体育文化、地域文化研究的开展，齐鲁体育文化作为以齐鲁大地（与现在山东省行政区划基本一致）的体育文化现象为研究内容的概念逐渐明晰并进而确定下来。“齐鲁”这一概念历史悠久，文化内涵丰富，以“齐鲁体育文化”代指山东体育文化，旨在彰显其历史传承中所蕴含的文化内涵。齐鲁体育文化概念的形成对相关研究的开展起到了极大的推动作用，研究的展开与山东体育文化活动的开展相互促进，加快了当今山东省体育文化建设的步伐。

一、齐鲁体育文化的提出

“齐鲁体育文化”作为一个融区域、文化、体育于一体的概念，既是齐鲁文化的一个分支，也是体育文化的重要组成部分，这一概念的形成不仅源于当今山东体育事业的蓬勃发展，而且是齐鲁文化、体育文化深入研究的结果，体现了内在的学理需求。

首先，齐鲁文化丰富内涵的挖掘为齐鲁体育文化的提出奠定了基础。“齐鲁”一词源自于西周分封的诸侯国齐国、鲁国，随着齐、鲁国力的强盛及思想文化的影响，“齐鲁文化”作为地域性文化概念逐渐形成。齐鲁文化不仅在齐鲁大地影响深远，而且成为中国传统文化的重要组成部分，特别是以鲁国孔子为代表的儒家思想在传统文化发展历程的作用与地位举足轻重。自古以来，在传统文化的研究中，齐鲁文化一直备受关注。新时期以来，有关齐鲁文化的研究又展现出新的面貌。目前，齐鲁文化的研究涉及面广且全面、系统，诸如齐鲁文化典籍的搜集点校，齐鲁民俗、历史、文化名人、文学、书画艺术、休闲娱乐的挖掘整理，以及齐鲁文化思想的阐释、齐鲁文化产业的创新开发等等，都取得了丰硕的成果。

综观齐鲁文化的研究成果，可以看到有关齐鲁体育文化的研究相当薄弱。齐鲁文化全面深入的研究为齐鲁体育文化的传承与发展提供了丰富的资源。在齐鲁文化研究的基础上，对齐鲁体育文化进行系统梳理，不仅是当今体育发展的需要，也是进一步丰富齐鲁文化的需要。

其次，体育文化研究的兴起为齐鲁体育文化的提出及相关研究的展开提供了依据及研究路径。新中国成立以来，体育得到了前所未有的关注，改革开放之后，体育事业的发展更是突飞猛进。体育文化的内涵已经由初期单纯的体育史学研究，逐步扩展到体育管理、群众体育、竞技体育、体育经济、体育文博展览、体育档案工作、体育文化宣教等各个方面，成为一个容纳体育事业各个方面的大体育文化观念。随着体育文化观念外延的拓展及内涵的多样化，相关的学术研究也逐渐走向全面、系统。一方面是对体育文化基本理论的架构，从概念、分类、属性、功能、价值、模式以及产生与发展、传承与保护、现代化等方面建立了体育文化研究的基础理论；另一方面，对于大众体育文化、休闲体育文化、竞技体育文化、学校体育文化、体育产业文化等体育文化的不同类型进行了深入的探讨，对于体育建筑、体育项目、体育器材、体育服饰、体育艺术、体育观众等进行了文化阐释，体育文化的交流与传播、体育文物的收藏与展览也引起学界的广泛关注。由此看来，从基本理论建构到具体文化现象的分析，体育文化的研究已逐渐走向系统、成熟。借鉴体育文化的基础理论，对齐鲁体育文化进行全面深入的分析，是从区域文化角度对体育文化研究领域的进一步的开拓，是体育文化发展的内在需求。

其三，区域体育文化研究为齐鲁体育文化的提出提供了一定的借鉴。区域体育文化研究是体育文化研究的一个重要内容。体育文化区域的划分大多依据体育文化现象产生的地理环境以及生存生活方式，分为草原文化区、森林文化区、渔猎文化区、海洋文化区、农业文化区等。目前区域体育文化研究是从人文地理学的角度探索不同文化区域的体育项目、开展方式及传承发展、文化特色，概括起来主要包括两个方面的内容：一方面是将区域与民族相结合，研究所在区域的民族体育。我国是一个多民族国家，各个民族都有各自的主要聚居区域，对民族体育特别是少数民族体育文化的挖掘整理、传承发展是民族传统体育的重要内容，诸如汉族的武术、蒙古族的摔跤、朝鲜族的秋千、维吾尔族的姑娘追、回族的木球、傣族的龙舟竞渡、黎族的跳竹竿、苗族的上刀梯、羌族的推杆、侗族的抢花炮、高山族的背篓球赛等。民族体育项目的源流发展、文化内涵及社会价值功能是该类研究的主要内容。另一方面是将区域与民俗相结合，研究所在区域的民间民俗体育。汉族人口众多，居住区域广阔，但由于居住地自然地理环境及生产方式的不同，形成了不同的民俗风貌和娱乐健身活动。民间民俗体育种类繁多，且文化内涵丰富。依托于民俗，研究其文化内涵及社会价值，挖掘其健身价值，既有助于丰富群众体育活动，也是当代体育文化建设的重要内容。齐鲁体育文化是融文化、地域于一体的概念，自远古至今，其区域范围基本稳定，其文化思想一脉相承，在传统体育文化中地位举足轻重。借鉴区域民族体育、区域民俗体育的研究成果，对齐鲁体育文化进行源流梳理、系统阐述，是对区域体育文化研究的深入与拓展。

由此看来，齐鲁体育文化是在当今体育文化大发展的时代背景之下，为进一步丰富齐鲁文化、体育文化、区域体育文化的内容而提出的。齐鲁体育文化这一概念具有丰富的历史文化内涵，体现了传统体育文化与现代体育文化的融合，并对其他地域性体育文化研究提供了一定的借鉴。

二、齐鲁体育文化研究的社会价值

齐鲁体育文化研究不仅进一步丰富了齐鲁文化、体育文化、地域体育文化，而且有助于改善山东传统体育文化传承面临的困境，有助于推动群众体育活动的开展，为体育文化产业提供发展的动力，具有极高的社会价值。

首先，齐鲁体育文化的研究有助于山东传统体育文化的传承与发展。传统体育文化作为传统文化的组成部分，历史悠久且内容丰富。近代以来，西方体育文化的传入与传播对传统体育文化的生存与传承产生一定的负面影响，虽然“土洋体育之争”展示了传统武术的文化内涵和发展的优势，国术馆的建立也极大地促进了武术的传播，但同时可以看出，传统体育文化发展的传统模式受到了严重冲击，如何解决中西体育文化的对立与冲突一直是体育界的热点问题。20 世纪 80 年代以来，山东体育事业发展迅猛，尤其是在竞技体育领域，无论是竞技成绩还是运动训练场地设施的建设，在全国范围内一直位于前列。与竞技体育的大发展相比，传统体育的传承与发展却不容乐观：传统武术拳种的传承后继乏人；民间民俗健身项目在城镇化的进程中逐渐失去生存的土壤；传统养生项目的参与群体主要局限于是老年群体；民间体育游戏在青少年中缺乏普及推广等等。齐鲁体育文化研究有助于解决目前传统体育文化发展面临的困境：针对传统体育文化传承与发展中面临的困境及具体问题，进行深入的调研分析，提出具有可操作性的解决方法及路径；通过对传统体育文化产生的文化土壤的分析，探讨其文化特征及发展困境产生的深层次原因，为中西方体育文化的碰撞、融合及多元并存提供策略；通过对传统体育文化源流历史的梳理，丰富传统体育文化传播的内容，营造传统体育文化发展的氛围，提高人们对传统体育文化的认知水平，进而激发民众参与到健身活动的热情，等等。因此，加强齐鲁体育文化的研究，将为当今传统体育文化的发展提供一定的理论资源和实践对策。

其次，齐鲁体育文化的研究对群众体育活动的开展具有积极的推动作用。群众体育文化的发展不仅依靠现代体育项目的推广，更需要传统体育文化的传承与传播。与现代体育项目相比，在群众活动中推广传统体育具有得天独厚的优势。山东省是一个人口大省，截至 2013 年，常住人口已达到 9979.31 万人，人均体育场地面积 1.86 平方米[①]，且分布不合理，场地场馆的缺乏成为山东省群众体育发展的瓶颈。传统体育项目大多场地、器械要求较低，且因地制宜，随地取材，易于开展，丰富多样的传统健身项目的推广有助于缓解目前场地缺乏的问题。同时，传统健身项目来自于民间，与人们的日常生活、节日风俗融合在一起，成为历代人们生活的重要组成部分，在民间推广具有广泛、深厚的群众基础。齐鲁体育文化的研究不仅要注重其文化土壤、源流发展、文化内涵及特征的概括分析，而且要重视齐鲁传统健身项目的挖掘整理与传承推广。传统健身活动的推广，不仅唤起了人们对于传统文化的记忆，促进了民间民俗的传承，而且有助于激发人们的参与热情，促进参与者的身体健康，提高生活愉悦感。以兴趣促进健身，有助于培养大众的终身体育意识。

其三，齐鲁体育文化的研究为山东省体育文化产业的发展提供了内在驱动力。体育文化产业是低消耗、高收益的绿色产业，不仅是体育文化建设的重要内容，也是经济发展的重要方面，具有广阔的前景和巨大的潜力。体育文化产业发展的内驱力来自于文化的力量。体育文化产业的发展不仅需要适宜的文化环境，提供具有文化价值的产品与服务，而且须将文化作为其内涵的核心，依赖文化为其提供源源不断的动力。为体育文化产业带来驱动力的文化不仅仅指现代各领域的理论知识与实践经验，还包括历史长河中传承下来的优秀文化。几千年来源远流长的传统文化孕育了当今的现代文化，预示了未来文化的发展趋势，任何一个时代的文化都是对传统文化的借鉴、继承、转化或创新。当今体育文化产业的发展也需要从传统体育文化中探寻适宜的文化因子，结合现代文化语境进行合理转化，并作为文化产业的核心元素，只有这样才能体现其创新性与独特性，增强其发展的动力和竞争力。20 世纪 80 年代以来，齐鲁大地上诸多传统体育文化项目已为其诞生地的文化产业的发展发挥了重要的作用。潍坊国际风筝节的举办表明，放风筝已由一种娱乐休闲活动转化为集文化交流、经济发展、娱乐健身于一体的大型文化事件，不仅传播了风筝文化，而且大大促进了潍坊市的经济发展。泰安国际登山节、淄博蹴鞠文化的再发现等都为当地体育文化产业的发展搭建了广阔的平台，提供了值得借鉴的经验。

---

① 参见王健:《山东:人均体育场地面积不到两平米咋健身?》,http://sd.dzwww.com/sdnews/201410/t20141011_11150846.htm.

综上所述，齐鲁体育文化是世代生活在齐鲁大地上的人们在生产劳动、娱乐休闲、修身养性、民俗节庆以及为自身的权益而进行的积极抗争中创造、积累起来的。齐鲁体育文化发展到新的时代，我们需要结合时代的需求，赋予其更丰富的内涵，在齐鲁体育文化发展的历史长河中作出我们应有的努力与贡献。本书以具有代表性的齐鲁传统体育现象的源流、发展历程及特征、影响的梳理概括为主线，根据其形成或产生广泛影响的历史时期进行先后排序，将齐鲁体育文化史上一颗颗宝贵的珍珠串起来，形成对齐鲁传统体育文化的一个整体认识。抛砖引玉，期待学界同仁对齐鲁体育文化做出更多、更高水平的研究成果。

第一章 齐鲁体育文化形成的环境

齐鲁体育文化是齐鲁地域文化圈中形成的文化现象。在几千年的发展过程中，齐鲁地域文化圈经历了组合、分解、再组合的过程。齐鲁地域文化圈的自然地理环境、人文环境是齐鲁体育文化形成的重要因素，自然地理环境是其形成的基础与前提，人文环境则是其形成的决定性因素。

第一节 齐鲁地域文化圈的形成

齐鲁地域作为一个整体概念的出现经历了一个历史发展的过程。西周时期诸侯国分封，齐国与鲁国得以建立。齐、鲁是两个重要但文化特征迥异的诸侯国。从秦灭鲁、齐等国统一天下开始，齐文化、鲁文化慢慢失去其独立性并逐渐走向融合，齐国与鲁国所管辖的地域也随着历代行政区划政策的不同走向了分解、再组合的过程。直至元明时期，在今山东地区设立山东行省、山东行中书省，所管辖的区域基本包括了齐鲁古国领地，传统齐鲁文化与齐鲁地域重新统一起来，齐鲁文化作为一个地域文化概念，其内涵得到进一步明确。明清至今，齐鲁文化作为一个成熟的文化概念，以山东省行政区划为相对界限，以该地域的文化源流变化以及对我国传统文化的影响为主要内容，成为传统文化的重要组成部分。

一、齐、鲁文化的初步融合

齐国、鲁国作为西周分封的诸侯国，由于历史文化渊源与治国理念的不同，形成了文化氛围迥异的两个国家。在治国方略上，鲁国以宗周、王道为治国理念，实施了“变其俗，革其礼”(《史记·鲁周公世家》)的建国方针和“尊尊亲亲”的用人政策；齐国以实用、霸道为治国理念，实施了“因其俗，简其礼”(《史记·齐太公世家》)的治国方针和“举贤而任功”的用人政策。在经济上，鲁国重农业，经济类型单一，经济发展相对滞后；齐国重工商，农、桑、渔、盐、工商各业并举，很快发展成为一个繁荣富庶的国家。在学术风气上，鲁人治学严守商周礼治文化传统，崇尚具有统摄化一功能的思想观念，建立的儒学思想系统完善，为后世儒教地位的确立奠定了基础；齐人治学兼容并蓄，通权达变，趋时求合，多元开放的治学理路成为齐文化与鲁文化融合的必要前提。

齐文化、鲁文化既有鲜明的文化差异，也存在融合的文化基础。周王朝分封周公于鲁、太公于齐，二人都是周王朝的功臣，虽然齐、鲁治国理念不同，但周文化是齐文化与鲁文化的重要组成部分。鲁国崇尚周礼，“周礼尽在鲁”（《左传·昭公二年》）；齐国称霸诸侯，亦重周礼，认为称霸的方式不能依靠战争，而是通过广施仁义令各诸侯国臣服。鲁国崇儒学，儒学亦是以开放的姿态吸纳多家思想而形成的；齐国思想兼容并蓄，其开放兼容的治学思想与儒学有相同之处。在众多诸侯国中，首先将齐、鲁联系起来的是孔子：“齐一变，至于鲁；鲁一变，至于道。”（《论语·雍也》）孔子认为，在“礼崩乐坏”的时代，齐、鲁都保留了先祖的遗风，是春秋时期的文化中心。齐、鲁相较，鲁国虽然实力较弱，但行王道，上升则得尧舜之圣道；齐国虽然实力强大，但行霸道，霸道升才为王道。孔子以周公礼法为正统王道，以此分析了齐、鲁之不同，也看到了二者的内在相通性。由此看来，虽然齐、鲁在政治观念上、经济军事实力上存在明显的差异，但作为中原文化与东夷文化融合的产物，二者具有进一步融合的基础。

最早将“齐鲁”作为统一地域概念使用的是《荀子》。《荀子·性恶》云：“天非私齐鲁之民而外秦人也，然而于父子之义，夫妇之别，不如齐鲁之孝具敬父者，何也？以秦人之纵情性，安恣睢，慢于礼义故也，岂其性异矣哉！”《荀子》通过齐鲁之民与秦人的比较，将“齐鲁”作为一个地域文化概念，概括了齐鲁文化崇尚礼义的特征。随着秦灭鲁、齐，齐、鲁之间界限泯灭，各自独立性减弱，齐鲁逐步融合为一个统一的文化实体。从此“齐鲁”作为一个地域概念逐渐得到了认可，同时也逐渐形成了与燕赵、秦、晋、吴越、荆楚等其他地域不同的文化氛围，成为区别于其他地域文化内涵的代名词。

齐鲁文化是集地域与文化于一体的概念。秦汉时期，齐鲁文化中“作为学术思想文化的代表儒家思想和作为民族宗教的道教，融入中华民族的主流文化体系并成为其主体部分”[①]，齐鲁文化由地域文化上升为主流文化，齐鲁文化的概念与内涵也发生了重大变化。纵观历史发展进程中的齐鲁文化，其内涵可以概括为两个方面：一是作为地域文化的齐鲁文化，根据齐国、鲁国领地的范围到现今山东省行政区划，以地域为依托的文化，包括该地域的政治经济、文化思想以及风俗习惯、风土人情；二是作为主流文化的齐鲁文化，需要从中国传统文化的

---

① 孟祥才、王克奇：《齐鲁文化通史（秦汉卷）》，中华书局2004年版，第25页。

层面透视，其内涵主要指涉学术思想、宗教信仰等价值观念层面。本书对齐鲁体育文化的阐释以地域性齐鲁文化为基础，对齐鲁地域的体育文化现象进行分析。

二、自秦至宋齐鲁行政区划的变迁及齐鲁文化的流变

为了加强中央集权，秦朝将周王朝分封诸侯的制度改为郡县制。公元前256年，鲁国被楚国所灭；公元前223年，楚国被秦国所灭；秦统一天下后在原鲁地设薛郡。公元前221年齐国为秦所灭，在齐地设齐郡和琅琊郡，后又将齐郡分为济北郡和临淄郡，琅琊郡分为琅琊郡与胶东郡。秦朝在齐鲁之地的行政建制打破了春秋战国时期形成的齐鲁地域文化圈，也削弱了齐鲁文化的影响力。

西汉帝国实行郡国并行制度。汉高祖刘邦在齐地设置齐国，封其子刘肥为齐王，“诸民能言齐言者皆予齐王”(《史记·齐悼惠王世家》)。齐国拥有临淄、济北、博阳、城阳、胶东、胶西、琅琊7郡，70余城，为最大的诸侯国。鲁地设置鲁国，鲁地的中心地区大多时间为鲁国。由于齐国势力强大，汉天子将其封地不断削减，齐地分为东莱郡、北海郡、齐郡、千乘郡、济南郡、泰山郡、琅琊郡，逐步被收回汉室。西汉初年被分封的齐国、鲁国接续了春秋战国时期齐鲁文化传统，虽然遭到削减、分割，但齐鲁文化突破了地域文化的限制逐步上升为汉朝的主流文化。首先，齐文化的黄老思想成为汉初的治国思想。齐国丞相曹参以齐稷下学的黄老思想治理齐国，齐国安定，百姓安居乐业。之后曹参任汉朝相国，推行黄老思想治理天下，天下大治。其次，汉武帝时期“罢黜百家，独尊儒术”，将鲁文化中的儒学确立为统治思想。由此，齐鲁文化的影响力已远远超出了齐鲁地域的局限，这一变化对齐鲁地域的文化发展也产生了一定的影响。据《汉书·地理志》记载，此地风俗“好学犹愈于它俗，汉兴以来，鲁东海多至卿相”。

东汉时期继续实行郡国并行制度且行政区域划分愈加琐碎，郡国之间频繁转换，齐、鲁地域行政设置也趋于零散。齐地、鲁地及周围地区有东莱、平原、泰山、济阴、山阳等郡，有北海国、齐国、乐安国、琅琊国、济南国、济北国、鲁国、东平国、任城国等诸侯国。齐鲁地域文化与政治力量相疏离，而更多沉淀为民间民俗文化。

魏晋南北朝实行州、郡、县三级制，地方机构设置较为混乱。“当今郡县，倍多于古，或地无百里，数县并置；或户不满千，二郡分领；具僚以众，资费日多；吏卒又倍，租调岁减；清干良才，百分无二……所谓民少官多，十羊九牧。”(《隋书·杨尚希传》)齐鲁地域的政区分属青州、兖州、徐州、冀州、司州、豫州。自晋室南迁到隋朝统一天下之前，齐鲁地域的“归属无常，政区屡变”，“如济南地区，五胡十六国时期先后被前赵、后赵、前燕、前秦、后燕、南燕等所占领，东晋末年刘裕北

伐，收复青州和黄河以南地区，此后这一地区在刘宋统治的60余年间，成为与北魏相互争夺的战场，在北魏分裂为东西魏、东西魏又为北齐和北周取代后，济南又归东魏、北齐统辖”①。南北朝朝代更迭虽然给齐鲁地域带来了战乱和贫困，但移民的流动也促进了齐鲁文化与江南文化、北方少数民族文化的交流，异域文化、异族文化的浸润与碰撞为齐鲁文化注入了新的文化元素。

隋朝结束了南北朝割据混战的局面，对混乱、重叠的行政区划进行了调整，改州、郡、县三级为州、县两级制，并根据“存要去闲，并小为大”的原则合并部分州县，后将州、县二级改为郡、县二级制，全国共设190个郡，1255个县。齐鲁地域设有济阴郡、东平郡、济北郡、北海郡、齐郡、东莱郡、高密郡、鲁郡、琅琊郡、武阳郡、平原郡、渤海郡、清河郡。

唐朝改郡、县制为州、县制，并根据山川地形及交通状况，将天下分为10道，后增至15道，形成了道、州、县三级制。根据与黄河方位关系的不同，齐鲁地域被分别划归河南道与河北道，共包括21个州：曹州、濮州、郓州、兖州、沂州、齐州、济州、青州、淄州、密州、莱州、登州、徐州、宋州、泗州、博州、德州、棣州、贝州、魏州、沧州。② 隋唐时期“道”的行政区划主要依据地形而非传统文化圈，齐鲁地域文化被分割重组，与相邻地域文化相融相通。虽然齐鲁地域文化圈被打破，但具有齐鲁传统文化底蕴的四大家族即清河崔氏、琅琊王氏与颜氏、兰陵萧氏，在唐代政治、思想文化领域举足轻重。

宋代行政区划改“道”为“路”，根据地形趋势把全国分为15路，后不断增加至23路。齐鲁地域大致被划分为京东东路、京东西路、河北路。京东路与河北路在北宋时期地位重要，成为宋、金、元的战略要地。

自秦汉至宋，齐鲁地域始终未形成一个相对完整、独立的行政区划，而是被不断地分割、组合，形成多个郡或州并列的格局。齐鲁地域虽然没有官方行政区划的明确界定，但仍以古齐国、鲁国为中心，以齐鲁文化影响、浸润之地为划分的相对依据，形成了集学术思想、民风民俗于一体的文化圈，在历朝历代的政治、思想、文化中发挥着重要的作用。

三、自元至今行政区划的变迁及齐鲁文化的发展

“山东”一词作为行政区划名称最早出现在金朝。“山东”所辖地区与现今不同，“山东东路”管辖益都府、济南府和滨州、沂州、密州、海州、莒州、棣州、淄州、莱州、登州、潍州、宁海州；“山东西路”管辖东平府和济州、徐州、邳州、滕州、博

① 李伯齐、王琳、任怀国：《齐鲁文化通史(魏晋南北朝卷)》，中华书局2004年版，第2页。

② 参见杨荫楼、王洪军：《齐鲁文化通史(隋唐五代卷)》，中华书局2004年版，第13～17页。

州、兖州、曹州、泰安州。蒙古统治者与金对抗，为拉拢山东地区的地主武装力量，在山东地区先后设置了东平行省、济南行省、山东行省等。由于山东地区地理位置重要，元朝建立后将其改为由中书省直接管辖，被称为“腹里”。为了进一步加强对山东地区的管辖，元顺帝至正十一年(1351)在山东地区设立山东行省。

明朝行政区划实行布政使司(中书省)、府、州、县四级制，设山东行中书省，治所在青州。后改行中书省为布政使司，治所移至济南，管辖6府、15州、89县，所辖范围南至郯城，北至无棣，西至定陶，东至大海。明代山东布政使司所辖府、州、县如下：

1.济南府(府衙在历城县)，辖泰安、德州、武定、滨州等4州26县。

2.兖州府(府衙在滋阳县)，辖济宁、东平、曹州、沂州等4州23县。

3.东昌府(府衙在聊城县)，辖临清、濮州、高唐等3州15县。

4.青州府(府衙在益都县)，辖莒州、益都等1州13县。

5.莱州府(府衙在掖县)，辖平度、胶州等2州5县。

6.登州府(府衙在蓬莱县)，辖宁海州、黄县等1州7县。①

清朝改布政使司为省，并对山东省的管辖范围进行调整，调整之后山东省管辖10府、2直隶州、105县，具体如下：

1.济南府(府衙在历城县)，辖历城、章丘、淄川等16县(州)。

2.东昌府(府衙在聊城县)，辖高唐州、茌平、堂邑等10县(州)。

3.泰安府(府衙在泰安县)，辖东平州、莱芜、肥城等7县(州)。

4.武定府(府衙在惠民县)，辖滨州、阳信、商河等10县(州)。

5.兖州府(府衙在紫阳县)，辖曲阜、滕县、邹县等10县。

6.沂州府(府衙在兰山县)，辖莒州、郯城、日照等7县(州)。

7.曹州府(府衙在菏泽县)，辖曹县、单县、郓城等11县(州)。

8.青州府(府衙在益都县)，辖博山、临朐、诸城等11县。

9.莱州府(府衙在掖县)，辖平度州、潍县、昌邑等4县(州)。

10.登州府(府衙在蓬莱县)，辖宁海州、文登、莱阳等10县(州)。

11.临清直隶州，辖武城、夏津、邱县3县。

12.济宁直隶州，辖金乡、鱼台、嘉祥3县。

13.胶州辖高密、即墨2县。②

民国时期北京政府改府、州为省、道、县三级制，山东省辖4道107县；南京

① 参见朱亚飞、石玲、陈冬生：《齐鲁文化通史(明清卷)》，中华书局2004年版，第1～2页。

② 参见朱亚飞、石玲、陈冬生：《齐鲁文化通史(明清卷)》，中华书局2004年版，第2～3页。

政府废道制，改为省、县两级制，山东省辖108县，省与县之间设行政督察专员公署。抗战阶段，中共抗日政府根据战时需要，对行政区划进行设置调整。新中国成立后，山东省所辖区域经过多次调整，现今辖济南、青岛、淄博、枣庄、东营、烟台、潍坊、济宁、泰安、威海、日照、莱芜、临沂、德州、聊城、滨州、菏泽17个地级市，县级单位137个(市辖区51个、县级市28个、县58个)，乡镇级行政单位1826个(街道631个、乡81个、镇1114个)[①]。

回溯历史，古齐、鲁国分封建国至灭亡历经800余年，创造、积累了广博深厚的文化，浸润着齐国、鲁国及周围邻国的思想观念及民风民俗，沉积为齐鲁大地的文化底蕴。自秦汉至唐宋1000多年的历史进程中，齐鲁地域在行政区划上未能形成一个整体，但在文化领域，齐文化与鲁文化相互借鉴、融合形成一个文化整体，在中国古代学术、思想等领域发挥着主流、引导的作用，并影响着中国古代社会政治、文化的发展历程。自元代至今，历经约800年的时间，山东作为一个行政区逐渐明确固定下来，山东省行政区划管辖范围与古齐、鲁地域文化圈逐渐吻合一致。在历史的长河中，齐鲁文化历经了冲击、碰撞、融合、提升，不仅在思想文化领域影响卓著，而且最终以行政区划的方式显现出来，这一现象不是历史的巧合，而是行政区划由单纯的依据地形变化改变为兼顾自然地理环境与人文环境的标准下的产物，行政区划标准的变化体现了人们对文化的关注，也显示了人们对本土文化的自觉与热爱。

第二节 齐鲁体育文化形成的地理环境

地理环境是人类生存发展的物质基础，不同的地理环境，不仅为人类提供了不同的生存方式，而且孕育了不同的文化。地理环境对体育文化的深远影响，在体育文化研究中已经为学界所认可。1918年，郭希汾编写的《中国体育史》中提到："(中国武术)门派众多是由于南北地理、气候、人的不同而造成的。北方人身材高大，北方气候严寒造成北派拳术气势雄劲，大开大合。南方多水，南方人身材矮小，拳术也比较细腻。""南拳北腿""东枪西棍"的说法是有一定根据的，至少较为客观地反映了武术文化形成的地域性差异。[②] 不仅武术文化具有明显的地域性差异，其他健身运动项目的形成与发展同样与所在地域有着密切的关系。

经过几千年历史变迁，齐鲁地域的范围已逐步明确下来。"随着民族融合和人文同化的基本完成，齐、鲁两国文化也逐渐融合为一体。因为文化的一体，'齐

---

① 资料来源:《中国山东行政区划》,http://www.shandong.gov.cn/col/col165/index.html.

② 参见郭守靖:《齐鲁武术文化研究》,上海体育学院博士学位论文,2007年。

鲁'形成一个统一的文化圈,由统一的文化圈形成了'齐鲁'的地域概念。这一地域与后来的山东省区范围大体相当,故成为山东的代称。"①参考了历史上齐鲁文化覆盖地域和现在山东省行政区域,齐鲁地域范围界定为:以古代齐国和鲁国为中心,西邻太行山,东临渤海、黄海,与朝鲜半岛、日本列岛隔海相望,西北与河北省接壤,西南与河南省交接,南与安徽省、江苏省毗邻。整个地域东西最长约700公里,南北最宽约420公里,陆地总面积15.8万平方公里。

在地理环境上,齐鲁地域位于黄河下游,源远流长的黄河文明是齐鲁文化的摇篮。黄河流经齐鲁大地在东营处汇入渤海,冲积而成广袤的平原。在地形上,齐鲁地域地势中部较高,东、西部渐趋平缓。中部突起,为鲁中南山地丘陵区;东部半岛大都是起伏和缓的波状丘陵区;西部、北部是黄河冲击而成的鲁西北平原区,是华北大平原的一部分。齐鲁地域主要山脉以泰山为最高点,鲁中南及胶东地区尚有蒙山、崂山、鲁山、沂山、徂徕山、昆嵛山、九顶山、艾山、牙山、大泽山等。齐鲁地域水资源丰富,分属黄河、淮河、海河三大流域。黄河横贯东西,大运河纵穿南北,内陆地区尚分布着南四湖、东平湖、白云湖等。

齐鲁地域复杂多样的地理环境孕育了多样化的生产生活方式。鲁西北平原地势开阔,土壤肥沃,水资源丰富,形成了具有典型地域特征的农耕文明。农耕文明特点是与自然和谐相处,人们日出而作,日落而息,男耕女织,自给自足,生活宁静稳定,思想相对保守。黄河虽然为鲁西北的人们带来了平坦肥沃的土地,但历史上黄河的多次泛滥也给人们带来无穷的灾难。稳定宁静的生活孕育了保守、稳重的民风,衍生了丰富的养生思想和保健养生活动;而与黄河泛滥作斗争也激发人们勇于斗争、自强不息的奋斗精神,济南商河的鼓子秧歌则起源于开凿黄河竣工的庆祝活动。

鲁东、鲁北临海,海岸线长3024公里,自齐国起就大力发展渔业、盐业以及工商贸易,同时鼓励发展养蚕业、丝织业。农业经济与工商贸易经济的同步发展,促进了齐鲁地域经济的繁荣,带来了思想文化的开放与多元,衍生了功能多样、价值取向多元的传统体育文化。

第三节　齐鲁地域多元化的人文思想

"齐鲁"不仅仅作为指称齐国和鲁国管辖范围的地域概念,而且是一个体现了该地域鲜明文化特色的文化概念,因此,齐鲁体育文化的形成因素中,人文环境起着至关重要的作用。丹纳认为,"有一种'精神的'气候,就是风俗习惯和时

① 百度百科"齐鲁"词条,http://baike.baidu.com/view/85191.htm.

代精神，和自然界的气候起着同样的作用”①。齐鲁之地是战国时期诸子百家荟萃的中心，其中儒家、道家、墨家、法家、兵家、阴阳家、医家等都与其有着深厚的渊源。特别是实行开明政治文化政策的齐国，广纳天下贤士，建立了稷下学宫。稷下之学既有儒、道、名、法、阴阳、兵、农、小说等诸派争立，又有淳于髡、尹文、田骈、慎到、孟轲、邹衍、荀况等大家辈出，文化界、思想界呈现出一派全方位开放、蓬勃发展的局面，将百家争鸣带入全盛期，不仅使齐文化得到了空前繁荣，也带动了鲁国及其他诸侯国进入了一个黄金时代。齐鲁之地儒家、道家、兵家、墨家、阴阳家、医家等思想形成的“精神的气候”对该地域文化特色的形成产生了深远的影响。

诞生在齐鲁的儒家，是先秦诸子百家之一。儒家学说虽然在秦朝因“焚书坑儒”的政策而遭受重创，但在汉代“罢黜百家，独尊儒术”的主张下，逐渐上升为统治思想，进而在后世两千多年的封建王朝中始终居于主流地位。儒家的开创者孔子，春秋时期鲁国人，为了宣扬尧、舜的王道与周文王、周武王、周公的礼治思想，建立了以“仁”为核心的伦理道德思想体系，主张做人要“克己复礼”“己所不欲，勿施于人”，为政要“节用而爱人”、以德治国。虽然孔子周游列国处处碰壁，但其门徒不断增多，孔子也被后世尊称为“圣人”，开创的儒家学说不断得到充实，影响也越来越显著。被称为“亚圣”的孟子，战国中期邹国人（今山东邹城），受业于孔子嫡孙子思的学生。孟子将孔子“仁”的思想发展为“仁政”，提出了“民贵君轻”的民本思想，主张“不以仁政，不能平治天下”，“施仁政于民，省刑罚，薄税敛”。子思学派与孟子学派在思想上有一致性，被后人联系在一起称为“思孟学派”；又因孟子传承发扬了孔子的“仁学”思想，孟子与孔子被后人并称“孔孟”。荀子，战国后期赵国人，后游学到齐国，在齐国稷下学宫中影响颇大，曾三次出任稷下学宫的祭酒。荀子传承发展了孔子的“仁学”思想、孟子的民本思想，并结合法家、道家思想对儒家学说进行了改造，增强了儒家思想的社会适应能力，从而进一步扩大了儒家的影响。孔子、孟子、荀子建立的儒家思想体系成为中国传统文化的重要组成部分，对中国的政治、经济、文化以及健身、娱乐、休闲等领域都产生了深远的影响。

道家思想是古代思想流派之一，儒道互补、儒显道隐是中国传统思想文化的主要特征。道家流派自形成之后就与齐鲁文化不断交融互渗，并发展为齐鲁文化的重要组成部分。道家的代表人物是老子、庄子。先秦两汉典籍《礼记·曾子问》《孔子家语·观周》《庄子·天运》《史记·孔子世家》《老子韩非列传》等对于孔子问道于老子之事多有记载，表明了儒、道同源异流的内在关系。庄子，战国

① [法]丹纳著，傅雷译：《艺术哲学》，安徽文艺出版社1991年版，第72页。

中期宋国蒙地人，曾为蒙漆园吏。宋国为齐、楚、魏所灭，被三分齐地，齐得济阴、东平，楚得沛地，魏得梁、陈留。根据考古及相关文献资料证明，庄子所在的蒙地已不再属宋，而属于齐，庄子为漆园吏的所在地在曹州漆园城，庄子墓在今东明县东北之漆园城。[①] 东明县王守义围绕“漆园为吏”“濮水垂钓”“河监借粮”等庄子生平的重要事件，通过本地的《庄氏族谱》、东袁旗营桥、11 块石碑得出了“庄子故里在东明”的结论。[②] 据史书记载，庄子为齐滑王所看重，欲聘以为相。《庄子》一书，有的学者认为其具有鲜明的贵齐思想，并蕴含了丰富的齐文化，如齐文化阔达的语言风格、惯用俗语；齐国的神话传说、历史故事、风土人情等。[③] 老庄道家思想在传承过程中逐渐形成了多种流派，如隐逸派、黄老派、异端派、神仙派等，其中黄老派、神仙派形成于齐地并逐渐发展起来。汉代曹参在齐地采用黄老思想治理齐国，任汉相之后，将黄老思想作为汉王朝的治国思想，国家因此呈现政治稳定、经济繁荣的局面。神仙方术在齐地有着悠久的历史，与道家思想相融合，为东汉的道教产生奠定了基础。魏晋玄学是以道为主，融合儒学而形成的思想流派。王弼，山阳高平人（即今山东金乡至邹城一带），是玄学的开创者和重要的代表人物。王弼从认识论的角度建立了“贵无”哲学，扫除了自然、哲学、纲常名教对人的精神的束缚，提高了人的抽象思维能力，提升了人的精神价值，是一次伟大的思想解放。王弼玄学为富有哲理思辨性的宋明理学奠定了基础。

墨家是诸子百家中的重要学派之一，与儒家并称“显学”，被称为“齐鲁文化之一翼”[④]。《韩非子・显学》记载：“世之显学，儒墨也。儒之所至，孔丘也；墨之所至，墨翟也。”创始人墨子，春秋末期战国初期鲁国人，是一个出身底层的哲学家。墨家主张“兼爱”“非攻”“尚贤”“尚同”“天志”“明鬼”“非命”“非乐”“节用”“节葬”。墨家学派将维护“公理”“道义”作为必须应尽的职责，纪律严明，严于律己，具有鲜明的社会实践精神。作为先秦时期产生于齐鲁的两大显学，墨家与儒家既有共同的价值取向，也有鲜明的差异。对于文质关系，墨家“蔽于用而不知文”（《荀子・解蔽》），强调重质轻文；对于义利关系，墨家提出义利统一的价值观念，形成了经世致用的功利主义思想；对于“仁义”的理解，墨家主张无差别的仁义之爱，并被转化为“其言必信，其行必果，已诺必诚，不爱其躯，赴士之厄困，既

---

① 参见醒客：《庄子应该是今天何处人？》，http://blog. sina. com. cn/s/blog_4af198f50100akg6. html；http://blog. sina. com. cn/s/blog_4af198f50100akg6. html.

② 参见田丰：《东明人的庄子情结》，http://www. china. com. cn/culture/guoxue/2010-09/02/content_20852087_3. htm.

③ 参见醒客：《庄子应该是今天何处人？》，http://blog. sina. com. cn/s/blog_4af198f50100akg6. html.

④ 张岱年：《齐鲁文化一翼——〈墨家通论〉评介》，《东岳论丛》1993 年第 2 期。

已存亡生死矣，而不矜其能，羞伐其德"的"侠义"精神。受墨家思想的影响，齐鲁民众形成了讲义气、道义感、责任感强的群体性格。[①] 墨家思想在战国时期广为流传，影响广泛，到秦汉之际逐渐衰微，但墨学提倡节约、任人唯贤，主张积极防御、反对霸权，重视理性、科技、逻辑等优良传统成为传统文化的重要内容，至今仍有极强的现代意义。

齐鲁文化不仅孕育了儒家、墨家思想，传承发展了道家思想，而且是兵家思想的发源地。齐鲁兵家名家众多，创作了多部重要的兵学经典，成为后世兵家典范。太公姜尚满腹韬略，"多兵权与奇计，故后世之言兵及周之阴权皆宗太公为本谋"，在周王朝建立过程中发挥了重要的作用。太公分封至齐，"修政，因其俗，简其礼，通工商之业，便鱼盐之利，而人民多归齐，齐为大国"(《史记·齐太公世家》)。太公辅佐周武王及建立齐国时积累的经验与思想对诸子百家产生了广泛的影响，被后世尊称为"百家宗师"；太公的谋略直接影响了兵学的形成，太公亦被称为"兵家始祖"，齐国成为兵家思想的发源地。《六韬》又名《太公六韬》《太公兵法》，战国时人依托太公所作，此书通过周文王、武王与太公对话的形式，分析了治国治军、战争指导等的基本理论与原则，是兵家权谋类的重要作品。齐相管仲为增强齐国争霸的军事实力，采用了寓兵于民的谋略，并且对于军队的赏罚、军费、建制、武器等要素加以具体规定，齐国的军事力量大大增强。《管子》一书中的《七法》《幼官》《八观》《兵法》《霸言》《参患》《治国》等篇对战争观、治军理论等方面进行了深入具体的论述。司马穰苴，原名田穰苴，春秋时期齐国人，著有《司马穰苴兵法》，被归入兵书《司马法》中。孙武，春秋时期齐国人，被后世尊称为"孙子""兵圣"，其作品《孙子兵法》有《始计》《作战》《谋攻》《军形》《兵势》《虚实》《军争》《九变》《行军》《地形》《九地》《火攻》《用间》共 13 篇，对后世的军事思想及战争实践都有极高的指导价值，被后世誉为"兵学圣典""古代第一兵书"。吴起，战国初期卫国左氏人(今山东定陶)，具有卓越的军事才能，后人将其与孙子连称"孙吴"，所著《吴子兵法》与《孙子兵法》合称《孙吴兵法》。孙膑，战国时齐国人，孙武后人，曾任齐国军师，协助齐将田忌大败魏军，著有《孙膑兵法》16 篇，进一步发展了孙子、吴起的军事思想。汉时齐国人黄石公所著《三略》是一部与《六韬》齐名的著名兵书。明代抗倭名将戚继光，山东登州人，根据自己的作战经验创作《纪效新书》《练兵实纪》等兵书，对练兵、阵图、兵器制造等表达了独到的观点。齐鲁兵家思想是中国古代兵家的重要组成部分，宋代官修兵家经典《武经七书》，其中四部《六韬》《孙子兵法》《吴子兵法》《司马法》皆为齐鲁兵书。

诞生于齐鲁之地的阴阳家融合了阴阳、五行学说建立了宇宙自然与社会历

① 参见王克奇：《儒墨异同与山东人的群体特征》，《山东师范大学学报(社会科学版)》1998 年第 4 期。

史的发展图式，是战国时期流传较广、影响较大的著名学派之一，代表思想家是邹衍、邹奭。邹衍，战国时期齐国人，稷下学宫著名学者。为寻求经世致用之方，邹衍先学儒学，后突破儒学、墨学的局限，将星象历法与阴阳五行运用于社会历史的阐释，提出了“五行”说、“五德始终”说、“大九州”说等。“五行”说是指自然界阴阳五行运行的规律，提出五行相生与五行相胜的观点。“五德始终”说是仿照自然界五行相生相克的规律解释社会历史发展中的朝代更迭规律的学说。“大九州”说是指神州之外尚有八个州，因而提出天下有九州之说，“大九州”说具有极高的地理价值，也拓宽了战国时期各诸侯国的视野。邹衍的学说在战国时期曾风靡一时，“五德始终”学说为齐王、燕王等成就霸业、帝业提出了合理的解释。邹衍也颇得各诸侯国的重视，在齐国被赐为上大夫，“是以邹子重于齐”(《史记·孟子荀卿列传》)；在燕国，受到燕王的高规格礼遇。司马迁在《史记》中将邹衍列为稷下学者之首，并在《孟子荀卿列传》《历书》《封禅书》《燕召公世家》《魏世家》《田敬仲完世家》《平原君虞卿列传》《秦始皇本纪》《三代世表》《秦楚之际月表》等篇中多有论及。阴阳家思想不仅直接影响了战国及秦汉的政治观念，而且对黄老思想、道教的形成产生了深远的影响。

医家是春秋战国时期诸子百家之一，历史悠久且流传甚广，为后世中医学的形成奠定了基础。张仲景《伤寒杂病论》序文中曰：“上古有神农、黄帝、岐伯；中古有长桑、扁鹊；汉有公乘阳庆、仓公；下此以往，未之闻也。”文中提到的扁鹊、公乘阳庆、仓公均为齐国人，是古代医家的代表人物，也是史书记载较早的医家。扁鹊，春秋时期齐国人，原名秦越人，医术高明，巡诊诸侯各国，被称为“神医”，“扁鹊”成为后世医术高明者的代称，并形成了具有齐鲁地方文化特征的扁鹊医学。齐鲁医家擅长针灸，在大汶口文化遗址出土了大量的用于针灸的砭石，《黄帝内经·素问·异法方宜论》亦曰：“东方之城，天地之所始生也……其病皆为痈疡，其治以砭石，故砭石者，亦从东方来。”公乘阳庆，西汉初年齐国临淄人，收淳于意为徒，传授给淳于意黄帝、扁鹊的脉书，教授其通过观察面部不同颜色来诊病的方法及药剂的理论，提高了淳于意医术。淳于意，西汉初年齐国临淄人，曾任齐太仓令，被后世称为“仓公”。淳于意医术精湛，且医德高尚，在各地巡诊，《史记扁鹊仓公列传》中记载了其25例成功医案，被称为“诊籍”。同时，淳于意精心授徒，有记载的徒弟有宋邑、冯信、唐安、高期、王禹、杜信等人。此外，晋代高平人王叔和传承了扁鹊医学，整理了《伤寒论》，著述《脉经》，对古代脉学影响甚大。

综上所述，齐鲁地域是诸子百家活动的主要区域，齐国的稷下学宫则是当时学术活动的中心。齐鲁文化不仅孕育、发展了儒家、道家、墨家、兵家思想、阴阳家、医家，而且其他诸家思想如法家、名家等受其影响也得到了进一步的开拓创新。春秋战国时期的齐鲁之地是中国古代思想文化高度繁荣的地区，诸子一方面通过辩论、游说传播自己的观点，另一方面则是积极参与治理国家的实践，身体力行，践行自己的观点，进而扩大其思想的影响力。齐鲁地域活跃的学术氛围和相对稳定富足的社会生活状态，使齐鲁地域成为北方文化的重要发源地，儒家、道家、兵家、墨家、医家、阴阳家等思想流派成为传统文化的重要内容。在齐鲁地域形成的体育文化势必受到了多方面思想观念的影响，从而形成了价值取向多元化、形式多样化的特征。

第二章　鲁文化与传统体育

第一节　鲁文化概述

鲁文化是指周朝分封的诸侯国鲁国的文化。由于在西周拥有特殊的政治地位,鲁国在西周礼治文化传承过程中的作用举足轻重,在鲁地产生的儒家思想也成为两千多年封建社会的正统思想。鲁文化的礼治特征直接影响着鲁国的政治、经济、外交决策,而且在其民风民俗上也打上鲜明的烙印。

一、鲁国历史

鲁国是周文王之子姬旦受封而建立的。姬旦辅佐周武王争夺天下,功勋卓著,被称为"周公"。周公为辅佐周武王、周成王未去封地,而是由儿子伯禽前往治理鲁国。周武王将少昊之虚曲阜赐于鲁公,鲁国定都曲阜,疆域在泰山以南,"为方百里",在国势强大时曾达到"方百里者五"(《孟子・告子下》),扩大到初封国土的5倍。从公元前11世纪伯禽鲁公开国到鲁顷公二十四年(前249)鲁国被楚国伐灭,共传34代,历时约800年。

根据鲁国国力及其在诸侯国中的地位,可以将鲁国历史分为三个时期。

一是鲁公(前1043)至鲁武公时期(前816),鲁国国势强盛,是西周诸侯国中的大国之一。伯禽鲁公遵从父亲周公的教诲:"我文王之子,武王之弟,成王之叔父,我于天下已不贱矣。然我一沐三捉发,一饭三吐哺,起以待士,犹恐失天下之贤人。子至鲁,慎无以国骄人。"(《史记・鲁周公世家》)鲁公严格按照周王朝的礼治制度对鲁地民俗进行改革,并评定了管叔、蔡叔的作乱和淮戎、徐夷的谋反,鲁国得以安定。鲁公之后的鲁考公、鲁炀公、鲁幽公、鲁魏公、鲁厉公、鲁献公、鲁真公、鲁武公相继即位,鲁国国势稳定强大,诸侯国曹、滕、薛、纪、杞、谷、邓、郕、牟、葛时常来朝覲。

二是自鲁懿公(前815)至鲁宣公(前591),鲁国的礼治制度式微,统治者内部的权力斗争日益激烈。按照周王朝的礼制，诸侯国君主继承权以嫡长子为核心，并辅以兄终弟及的规制："一继一及，鲁之常也。"(《史记·鲁周公世家》)鲁国自鲁武公去世后，统治者内部的权力斗争日益激烈，在国君继承上多次出现嫡庶不分、废长立幼等违制现象。周宣王喜爱鲁武王幼子戏，废长子括而立幼子戏为太子，太子戏即位为鲁懿公；括的儿子伯御和鲁人不满废长立幼，杀害鲁懿公而立伯御为鲁君；周宣王对此不满，攻打鲁国，杀伯御而立鲁懿公的弟弟为鲁君，即鲁孝公。自鲁懿公即位至鲁孝公即位，前后短短20年内，鲁国三易其君，传统的国君继承制被打破，权力继承缺乏约束，导致鲁国权力斗争加剧，进而鲁国国势日渐衰落。鲁惠公去世后，其长庶子息即鲁隐公为了辅佐年幼的嫡传太子允，仿效周公辅佐周成王的做法，代理朝政，待太子允长大后还政于他，但隐公未能美名远扬，反而受到陷害而被杀害。鲁庄公病重欲立庶子斑为继承人，其长弟庆父、次弟叔牙皆欲立庆父为继承人，其三弟季友则欲立公子斑。不同的利益集团的权力之争致叔牙被毒死、公子斑与公子开相继被杀死、庆父自杀。鲁国自此开始了长期的错综复杂的权力之争，由西周强藩沦为无力抗击外敌侵扰的弱国。

三是自鲁成公(前590)至鲁顷公时期(前249)，鲁国陷入内忧外患的困境，国内三桓势力强大而公室衰落，在外则屡次遭受诸侯强国的欺凌，最终被楚国伐灭。鲁国三桓是指鲁桓公的三个儿子——卿大夫孟氏、叔孙氏、季氏后代各自形成的大家族，与鲁国国君势力相抗衡，被后世称为"三桓"①。鲁文公去世后，襄仲在齐国的帮助下杀嫡立庶，立文公庶子倭为鲁宣公。"鲁由此公室卑，三桓强。"历代鲁国君主力图除掉三桓的势力，却难以撼动。鲁昭公攻打三桓季氏，而三桓家族联合起来攻打昭公，昭公只好跑到齐国、晋国，最后客死晋地乾侯。鲁哀公打算利用诸侯的力量削弱三桓的势力，三桓攻打哀公，哀公只好辗转流离于卫国、邹国、越国，最后死在有山氏家中。鲁悼公时，"三桓得势，鲁君有如小侯，地位低于三桓家族"(《史记·鲁周公世家》)。在外交上，春秋五霸、战国七雄等诸侯强国崛起，鲁国只有依靠强国的帮助才能化解政治危机。鲁国国君需要经常去"朝见"晋国、楚国等大国："四年，(鲁)襄公朝晋"；"十二年，(鲁襄公)朝晋"；"二十一年，(鲁襄公)朝晋平公"；"昭公三年，朝晋至河，晋平公谢还之，鲁耻焉"；"八年，楚灵王就章华台，召(鲁)昭公。昭公往贺，赐昭公宝器"；"十二年，(鲁昭公)朝晋至河"；"十五年，(鲁昭公)朝晋，晋留之葬晋昭公，鲁耻之"；"二十一年，

① 鲁桓公有四子：嫡长子鲁庄公继承鲁国国君；庶长子庆父(其后代称"仲孙氏"。庶子之长又称"孟"，故又称"孟氏""孟孙氏")；庶次子叔牙(其后代称"叔孙氏")；嫡次子季友(其后代称"季氏")。三子皆被鲁庄公封官为卿。

(鲁昭公)朝晋至河,晋谢还之"(《史记·鲁周公世家》);等等。在吴国、齐国、楚国等强国的攻打下,鲁国最终走向灭亡。

二、鲁文化

鲁国自分封建立就与周王朝的命运紧密地联系在一起,与周王室同样经历了繁盛、衰微、灭亡的历程。推行周王朝的礼治并逐渐形成具有鲁国特色的治国理念和经济发展制度,虽然有效地树立了鲁国前期的政治地位,但同时也成为束缚鲁国发展的无形枷锁,春秋战国时期各诸侯国雄起争霸,鲁国却难以摆脱衰败的命运。

(一)鲁国遵循周礼的治国思想

鲁国在西周时期拥有优越的政治地位。鲁国是周王朝功勋卓著且出身高贵的周公的封地,周王朝向来有贵同姓、薄异姓的传统,周公是"文王之子,武王之弟,成王之叔父",在同姓分封中亦是最尊贵的一位。相关史料说明,周武王将周公分封在少昊之虚曲阜是为了征服势力强大的东夷部落,并监视、抑制异姓分封的齐国,是具有重要战略意义的布局。[①] 周武王对周公委以重任,同时也给予鲁国不一般的政治优势。鲁国的政治优势从以下几个方面体现出来:一是鲁国可以享有天子的礼乐。周公去世后,周成王将周公随文王安葬,表示成王不敢以周公为他的臣子。为了褒扬周公的恩德,鲁国国君可以和天子一样举行郊祭并祭祀文王,在等级制度严格的西周王朝,这是给予鲁国的最高礼遇,也在各诸侯国面前昭示了鲁国极高的政治地位。二是《诗经》中鲁国的诗歌和商、周诗歌一样集结在《颂》诗中,与商、周并列。《诗经》是反映西周至春秋时期社会生活的诗歌总集,分《颂》《雅》《风》三类,其中《颂》诗是宗庙祭祀的乐歌和史诗,内容是歌颂祖先的功业,分为《商颂》《周颂》《鲁颂》三部分。其他诸侯国的诗歌则分在《国风》之中,周王朝"尊鲁"的态度得到了鲜明的体现。

鲁国严格遵循周王朝的治国理念,以"礼"治国。"礼"自夏、商发展至西周,已成为治国安邦的基础,遵从"礼"方能实现理想中的"王道"。鲁国自觉恪守周礼,面对鲁地风俗与周礼的差异与冲突,实施了"变其俗,革其礼""尊尊而亲亲"的治国方略,建立了贵贱远近的社会秩序和长幼尊卑的家族秩序。鲁国统治者对周礼的尊崇与恪守改变了鲁地的民俗,"鲁人不但逐渐接受了新的意识形态,而且在心理层面上对周公和周礼也生出一种天然的亲近感和自豪感"[②]。鲁国对周礼的继承不仅稳固了自身的统治,而且成为立于诸侯国中重要的政治资本。

---

① 参见逄振镐:《齐鲁文化研究》,齐鲁书社2010年版,第20页。

② 倪晋波、季敬姜:《"知礼"与周礼在鲁的嬗迁》,《山西大同大学学报(社会科学版)》2010年第3期。

春秋战国时期诸侯国为霸主之争频繁发动战争,周礼已难以维系,但人们内心仍保留着对周礼的一点向往与敬畏,对鲁国曾有的礼治传统大为赞赏:"周礼尽在鲁矣!"(《左传·昭公二年》)

(二)鲁国重农抑商的经济形式

鲁国发展经济主要依赖于自给自足的农业生产方式。鲁国地处鲁中南平原一带,地势平坦且土壤肥沃,利于农业经济的发展;且鲁地是四周闭塞的内陆地区,交通不便,难以发展工商业。重农抑商的经济观念在一定程度上限制了鲁国的发展,在齐等诸侯国不断改革谋求发展的情况下,鲁国国力逐渐呈现衰弱的迹象。鲁庄公二十八年,鲁国发生饥荒,"天灾流行,戾于弊邑,饥馑荐降,民羸几卒",臧文仲"以鬯圭与玉磬如齐告籴"(《国语·鲁语》),饥荒才得以缓解。臧文仲为振兴鲁国经济,提出了"废六关"(废掉关卡)的举措以发展工商业,这一做法却被孔子视为"不仁"之举。根据考古发现,鲁国故城曲阜总面积约 10 平方公里,只有齐故城的 2/3。鲁故城内冶铁遗址 2 处,面积共约 10.4 万平方米,只有齐故城冶铁遗址总面积的 1/9;冶铜遗址 2 处,面积共约 7 万平方米;制骨遗址 2 处,面积共约 16.2 万平方米;制陶遗址 3 处,面积共约 22.75 万平方米。手工业作坊遗址面积共约 59.5 万平方米,即半平方公里多一点,只有齐故城手工业作坊总面积的一半左右。特别是能反映工商业发展水平的铸钱业,齐故城有 2 处铸钱遗址(其中一处属于汉代的),而鲁古城内至今未发现铸钱遗址。① 鲁故城曲阜与齐故城临淄遗址的对比,鲁国经济实力的微弱可见一斑。

(三)鲁国尚俭的民风

鲁国对周礼的崇尚遵从与重农抑商的经济形式造就了鲁人尚俭的民风。一方面,周公"节俭毋逸"的治国思想在鲁国得到了发扬。鲁庄公命人在桓公庙的椽子上雕刻花纹,大夫御孙劝谏庄公:"俭,德之共也;侈,恶之大也。"(《左传·庄公二十四年》)季文子担任鲁宣公、鲁成公的国相,以俭养德,"无衣帛之妾,无食粟之马",认为"人之父兄食粗衣恶,而我美妾与马,无乃非相人者乎!"(《国语·鲁语》),意即老百姓吃粗粮、穿破衣服,而自己把婢女和马打扮得美丽,恐怕就不像辅佐国君的人了,孔子把"俭"作为礼教思想的重要内容,"奢而不孙,俭则固。与其不孙也,宁固"(《论语·述而》);"礼,与其奢也,宁俭"(《论语·八佾》),"俭先礼后",真正的德政、礼治都需要将"俭"放在第一位。另一方面。鲁国重农抑商的经济发展策略对民间尚俭之风的形成影响很大。与地广人稀的楚、越之地不同,鲁地地处平原地带,地小人众,资源相对匮乏,俭啬之风逐渐形成。节俭观念的宣扬与崇尚礼仪的风气导致鲁人比较拘谨,而重农抑商的观念又进一步束

---

① 参见逄振镐:《齐鲁文化研究》,齐鲁书社 2010 年版,第 38～39 页。

缚了鲁人发展工商业活跃经济的积极性。温文尔雅、尚俭严谨的君子成为鲁人效仿的榜样。

由于周公卓越的功勋，鲁国在礼制、受封等方面都享受了优厚的待遇，成为西周强大的诸侯国。在地域上，鲁国封地在泰山以南，比邻中原文化中心，经济富庶，且社会文明程度较高。在政治上，鲁国享有超出一般诸侯国的特权，也将遵循、传承周王朝的礼治制度作为国家治理的基本制度。政治、经济、文化上的优势提升了鲁国的整体实力，至春秋时期鲁国都以大国的身份接受周围小诸侯国的朝拜。春秋战国时期，由于周王室的衰微和诸侯争霸格局的形成，鲁国逐渐丧失了大国优势而走向没落。

第二节　鲁国传统体育文化现象

鲁国对周礼的遵从与重农抑商的经济观念造就了鲁地尚德、节俭、拘谨的民风，鲁地的体育文化现象也与礼教宣扬有着密切的关系。西周时期鲁国强盛的国力与政治特权，呈现礼治与武事并举的发展态势，奠定了鲁国此时的大国地位。礼射作为礼教的重要载体，在鲁国也得到了进一步发展。相较于齐国丰富的娱乐性民间休闲活动，鲁国则相对缺乏，在春秋战国国势衰微之时，方能看到有关记载。

一、"文治"下的"武功"

古代没有与现代体育观念相一致的概念，根据中国传统体育文化发展的历程及当今对体育的理解，古代的"尚武"之风蕴含着体育文化因素。在武艺及门派出现之前，"尚武"主要体现在两个方面：一是军事领域，既体现在军队平日操练备战上，还表现于战场上通过刀、剑等兵器，或徒步、骑马、驾驶战车征战杀伐；二是民间人们通过身体运动或技能追求力量、勇敢、义气等时所展现的风貌。鲁国在诸侯林立的格局下，既推行礼治，又注重发展武事，至春秋时仍是与强齐相抗衡的国家，"春秋初年，鲁只一败于齐，而四败宋、两败齐、一败卫燕。直至齐桓公称霸前夕，鲁之国势尚甚强，不亚于齐"①。

(一)礼治下的赫赫战功

在礼教思想的影响下，鲁国认为战争取胜不仅仅依靠战备的充分和兵力的众多，更关键的是要建立在德政的基础上。著名的长勺之战是鲁国与齐国的一场战役，齐国已跻身于大国之列，军事力量雄厚，鲁国相对弱小。这是一场保卫

---

① 童书业:《春秋左传研究》,上海人民出版社 1980 年版,第 45 页。

国家的正义之战，鲁国能够以弱胜强，取胜的根本原因是政治上取信于民，在战场上后发制人。曹刿在战前与鲁庄公的对话，强调了德政对于战争取胜的重要性："（曹刿）问：'何以战？'公曰：'衣食所安，弗敢专也，必以分人。'对曰：'小惠未徧，民弗从也。'公曰：'牺牲玉帛，弗敢加也，必以信。'对曰：'小信未孚，神弗福也。'公曰：'小大之狱，虽不能察，必以情。'对曰：'忠之属也。可以一战。战则请从。'"（《左传·庄公十年》）对战争的正义性与参战者德政的强调，反映了礼治思想对鲁国战争观念的影响。

鲁国遵从周礼，主张文事武备兼举，所标举的武备也具有浓厚的礼教色彩。《诗经·鲁颂》四篇是对鲁僖公遵从周公、伯禽治国之道而振兴鲁国的伟大功绩的赞颂。[①]《泮水》篇描述鲁僖公平叛淮夷而受俘泮宫，行受俘礼，赞美僖公文德武备兼修的功勋。整首诗在歌颂鲁僖公美德和美好形象的基础上，赞颂了鲁国在仁德引导下建立起的强大的军事力量和取得的赫赫战功，充满了强烈的刚健尚武的气息和出征必胜的豪情。《閟宫》篇则夸赞了鲁国的军事装备的精良以及平定淮夷、击退楚国、徐国的霸气："公车千乘，朱英绿縢。二矛重弓。公徒三万，贝胄朱綅。烝徒增增，戎狄是膺，荆舒是惩，则莫我敢承！"

泮水（节选）

穆穆鲁侯，敬明其德。敬慎威仪，维民之则。
允文允武，昭假烈祖。靡有不孝，自求伊祜。
明明鲁侯，克明其德。既作泮宫，淮夷攸服。
矫矫虎臣，在泮献馘。淑问如皋陶，在泮献囚。
济济多士，克广德心。桓桓于征，狄彼东南。
烝烝皇皇，不吴不扬。不告于訩，在泮献功。
角弓其觩，束矢其搜。戎车孔博，徒御无斁。
既克淮夷，孔淑不逆。式固尔犹，淮夷卒获。
翩彼飞鸮，集于泮林。食我桑黮，怀我好音。
憬彼淮夷，来献其琛。元龟象齿，大赂南金。

【译文】

举止肃穆的鲁侯，小心修德真仁厚。注意威仪要谨慎，为民作则是元首。
文治武功两齐备，在天先祖榜样有。效法他们事事顺，求得上天长庇佑。
鲁侯治国真勤勉，善于修养功德圆。已将泮宫兴建成，征服淮夷也如愿。

---

① 学术界对于《鲁颂》四篇产生的时代及是否歌颂鲁僖公存在不同的说法，但根据后代的注解及内容的分析，多数学者认为《鲁颂》四首均为颂鲁僖公之诗，产生于僖公在位期间。本文即采用此种观点。

勇壮如虎将帅臣，斩获敌耳泮宫献。善于讯问如皋陶，擒送敌囚泮宫前。

齐心协力众兵将，鲁侯仁德能发扬。大军出征雄赳赳，东南敌人要扫荡。

气势雄壮真浩大，不嘈杂也不喧嚷。不为邀功相争吵，泮宫中把功劳上。

兽角镶嵌饰弓梢，束束利箭捆扎牢。作战兵车很宽大，徒步驾车不疲劳。

已经战胜那淮夷，甘心顺从不敢闹。因为坚持好谋略，淮夷终于被击倒。

翩翩而飞猫头鹰，泮水边上栖树林。吃了我们的桑椹，回报我们好声音。

觉悟过来那淮夷，前来贡献多珍品。内有巨龟和象牙，内有美玉和黄金。①

春秋中期，战车仍是作战的重要装备，一辆战车需四匹马，一个国家军事力量的强弱与其马政有着密切的关系，各诸侯国都十分重视养马，《鲁颂》四篇每篇都写到马。第一首《駉》是一首咏马诗，描写了在广阔无边的原野上一群马高大健壮、颜色亮丽、驾车驰骋的雄姿，让人赞叹，借此来歌颂鲁僖公武备力量雄厚，整首诗充满了矫健强悍的气势。

駉

駉駉牡马，在坰之野。薄言駉者，有驈有皇，有骊有黄，以车彭彭。思无疆思，马斯臧。

駉駉牡马，在坰之野。薄言駉者，有骓有駓，有骍有骐，以车伾伾。思无期思，马斯才。

駉駉牡马，在坰之野。薄言駉者，有驒有骆，有骝有雒，以车绎绎。思无斁思，马斯作。

駉駉牡马，在坰之野。薄言駉者，有骃有騢，有驔有鱼，以车祛祛。思无邪思，马斯徂。

【译文】

高大健壮的公马，放牧在遥远的原野上。高大健壮那些马，有黑身白胯有白底带黄，有一色纯黑有黄中带赤，驾车蹄声阵阵响。鲁君深思又熟虑，养的马儿多肥壮。

高大健壮的公马，放牧在遥远的原野上。高大健壮那些马，有苍白杂色有白色间黄，有赤而兼黄有青黑杂色，驾车有力奔前方。鲁君思谋永不止，养的马儿都好样。

高大健壮的公马，放牧在遥远的原野上。高大健壮那些马，有青毛鳞斑有黑身白鬃，有赤身黑鬃有黑身白鬃，驾车跑来多快当。鲁君谋虑无懈怠，养的马儿神气旺。

---

① 《泮水译文及注释》，http://so.gushiwen.org/fanyi_315.aspx.

高大健壮的公马,放牧在遥远的原野上。高大健壮那些马,有浅黑带白有赤白相杂,有黑身黄脊有眼圈纯白,驾车驰骋真健强。鲁君思虑总正确,养的马儿跑远方。[①]

《有駜》篇描写鲁僖公君臣祈年后的燕饮活动,三个诗节则是以对高大健壮的马的描写起兴,引出对鲁僖公的赞颂:“有駜有駜,駜彼乘黄”“有駜有駜,駜彼乘牡”“有駜有駜,駜彼乘駽”。《泮水》篇对鲁僖公英姿的描写也借助于骑的马儿来烘托:“思乐泮水,薄采其藻。鲁侯戾止,其马蹻蹻。其马蹻蹻,其音昭昭。载色载笑,匪怒伊教。”《閟宫》篇也提到了“公车千乘”,暗示战马极多。“国之大事,在祀与戎”(《左传·成公十三年》),鲁僖公重视马政体现了鲁国强大的军事力量,僖公执政时鲁国国力增强,疆域进一步扩大,被称为鲁国的“中兴时期”。

(二)鲁国勇者——曹沫与孔子

曹沫是鲁国的勇猛有力的将军,深得鲁庄公的厚爱,虽三次战败,庄公仍让曹沫为将。为了报知遇之恩,也为了保护自己的国家,以雪战败之耻,曹沫在盟会上以匕首挟持齐桓公,言辞有理有据且慷慨激昂,镇定自若,迫使齐桓公归还了其战败丢失的土地。

曹沫者,鲁人也,以勇力事鲁庄公。庄公好力。曹沫为鲁将,与齐战,三败北。鲁庄公惧,乃献遂邑之地以和,犹复以为将。

齐桓公许与鲁会于柯而盟。桓公与庄公既盟于坛上,曹沫执匕首劫齐桓公,桓公左右莫敢动,而问曰:“子将何欲?”曹沫曰:“齐强鲁弱,而大国侵鲁亦甚矣。今鲁城坏即压齐境,君其图之!”桓公乃许尽归鲁之侵地。既已言,曹沫投其匕首,下坛,北面就群臣之位,颜色不变,辞令如故。桓公怒,欲倍其约。管仲曰:“不可。夫贪小利以自快,弃信于诸侯,失天下之援,不如与之。”于是桓公乃遂割鲁侵地,曹沫三战所亡地尽复予鲁。(《史记·刺客列传》)

孔子不仅是一位谦谦君子,而且是一位勇士。孔子身材高大,“长九尺有六寸,人皆谓之‘长人’而异之”(《史记·孔子世家》),且擅长射箭。孔子的勇气不仅仅来自于魁梧的身躯和精湛的射技,而是来自于内心的勇气以及对礼治思想的坚定信心。孔子的“勇”在齐、鲁夹谷会盟上得到了集中的体现。面对强大的齐国的无礼表现,孔子直面刀戈,大声斥责齐人失礼,以正义战胜了齐国,使鲁国取得了夹谷会盟的胜利。

定公十年春,及齐平。夏,齐大夫黎钼言于景公曰:“鲁用孔丘,其势危齐。”乃使使告鲁为好会,会于夹谷。鲁定公且以乘车好往。孔子摄相事,

---

① 《駉译文及注释》,http://so.gushiwen.org/fanyi_317.aspx.

曰:“臣闻有文事者必有武备,有武事者必有文备。古者诸侯出疆,必具官以从。请具左、右司马。”定公曰:“诺。”具左右司马。会齐侯夹谷,为坛位,土阶三等,以会遇之礼相见,揖让而登。献酬之礼毕,齐有司趋而进曰:“请奏四方之乐。”景公曰:“诺。”于是旍、旄、羽、袚、矛、戟、剑、拨鼓噪而至。孔子趋而进,历阶而登,不尽一等,举袂而言曰:“吾两君为好会,夷狄之乐何为于此!请命有司!”有司却之,不去,则左右视晏子与景公。景公心怍,麾而去之。有顷,齐有司趋而进曰:“请奏宫中之乐。”景公曰:“诺。”优倡侏儒为戏而前。孔子趋而进,历阶而登,不尽一等,曰:“匹夫而营惑诸侯者罪当诛!请命有司!”有司加法焉,手足异处。景公惧而动,知义不若,归而大恐,告其群臣曰:“鲁以君子之道辅其君,而子独以夷狄之道教寡人,使得罪于鲁君,为之奈何?”有司进对曰:“君子有过则谢以质,小人有过则谢以文。君若悼之,则谢以质。”于是齐侯乃归所侵鲁之郓、汶阳、龟阴之田以谢过。(《史记·孔子世家》)

“勇”是尚武精神的重要内容,武将曹沫与儒家孔子在会盟上置自身安危于不顾的胆识与勇气为鲁国带来了外交上、军事上的胜利。忠于国家之“勇”成为后世志士仁人保家卫国、保持独立人格的重要的精神支柱,也成为武术文化的重要精神内容之一。

二、礼射

古代射箭分习武之射与习礼之射。习武之射是强身健体、提高战斗力、培养习武意识的重要手段;习礼之射是王公贵族祭祀、进爵益地或削地、观察德行、选拔人才的重要方式。礼射发源于殷商,盛行于西周,春秋战国时期逐渐走向社会化、平民化。鲁国遵从周礼安邦定国,礼射活动记载较多。综观鲁国礼射的发展变化,可以梳理出西周到东周时期礼射历史变迁的脉络。

(一)周王在鲁地举行大射礼

西周时期,大射是周天子主持或亲自参射、诸侯国君参加的高规格的礼射活动,规模宏大,气势恢宏,一般在周朝王都举行。据史书记载,义盉盖是一件记录大射礼的青铜器,盖内有铭文,记载的是西周中期穆王时期的大射活动。《义盉盖铭》第一次提到“大射”,此次大射则是在鲁地举行,且周王亲自参加比射。大射礼之所以在鲁地举行,其原因或与周王东巡或封禅泰山有关。鲁国因周公之故,立有文王之庙,周王冬巡到鲁,依礼到文王庙祭祀。“既然周王要祭祀文王庙或名山大川,那就需要通过射礼来挑选助祭的人。既然要考察诸侯的礼法制度,那就需要通过射礼以观德来决定赏罚。所以这次大射礼很可能就是为此而举行的。"[①]根据相关资料考证,大射礼准备时间长,参加人数多,规模大且影响广泛。在鲁地举行大射礼证实了鲁国渊源深厚的礼教传统。

义盉盖铭文曰:"隹(唯)十又一月既生霸甲申,王才(在)鲁,佮即邦君、诸侯、正、有司大射,义蔑历,眔于王逑(仇),义易(锡)贝十朋,对扬王休,用乍(作)宝尊盉,子子孙其永宝。"该铭可意译为:"那是十一月的既生霸甲申日,周王在鲁国,义辅助匹合异邦国君、诸侯国君、正长及掌事官员为耦以行大射礼,义受到王的褒奖,并被王用为助手,王赏赐给义十朋贝,为对答和称扬王的休美,用来做了宝盉,子子孙孙要永以为宝。"[②]

(二)鲁隐公"观鱼(渔)于棠"

射鱼礼是射礼中的一种,源于商而盛于西周。射鱼礼包括"矢鱼""陈鱼""观鱼"三个依次进行的仪节。"矢鱼"即射鱼,与捕猎兽类一样以供祭祀;"陈鱼"即陈列所射之鱼,以供国君省视;"观鱼"即视鱼,省鱼,察看所陈之鱼,是献鱼祭祀之前的一项仪节。有关射鱼礼的记载较少,其中被历代学者关注的一件史料是有关鲁隐公的。《左氏春秋》《公羊春秋》《谷梁春秋》及《史记鲁周公世家》均记载了此事,但言辞稍有不同。《左氏春秋》记载为"公矢鱼于棠",而后三者则记载为"(公)观鱼于棠",且记载了鲁隐公此举遭到臧僖伯的谏阻,但鲁隐公以去边境巡行为借口去了棠地。对于鲁隐公是"矢鱼"还是"观鱼",为何去棠地进行,为何"矢鱼""观鱼"之后却没有提及祭祀之事,臧僖伯为何谏阻,鲁隐公出行又为何遭到质疑等问题,历来争论纷纭不休。据有关记载,棠为鲁国边境之地,去边境之地行射鱼礼属于非礼的做法,鲁隐公虽执意前行,但将亲自"矢鱼"改为"观鱼"。鲁隐公此行或许还有其他的政治或军事目的[③],故而"观鱼"之后祭祀之事不了了之。[④]

由鲁隐公"观鱼于棠"可以看出,射礼不仅包括规模宏大的大射礼、具有一定娱乐功能的宾射礼、燕射礼等,还有种类多样的射牲礼。鲁隐公去边境之地"观鱼"且未提祭祀一事,说明西周至春秋时期射礼的礼仪性及严谨庄重的程度已有所降低,射礼成为君臣之间、诸侯国之间争权夺利、实施谋略的挡箭牌,礼射之礼教功能已逐渐式微。

---

① 袁俊杰:《两周射礼研究》,河南大学博士学位论文,2010年。

② 袁俊杰:《两周射礼研究》,河南大学博士学位论文,2010年。

③ 据《左传·隐公五年》记载:臧僖伯极力阻谏鲁隐公,"公曰:'吾将略地焉。'遂往,陈鱼而观之。"

④ 有关鲁隐公"观鱼于棠"说法纷纭,本文采纳了袁俊杰在《两周射礼研究》(河南大学博士学位论文,2010年)一文中关于此问题的观点。

(三)鲁襄公举行享礼之射

春秋时期,周王室及各诸侯国礼射式微,而鲁国仍然遵循周礼,射礼活动较为频繁。《左传》记载了鲁襄公二十九年举行的享礼之射:“范献子来聘,拜城杞也。公享之,展庄叔执币。射者三耦,公臣不足,取于家臣。家臣展瑕、展玉父为一耦,公臣公巫召伯、仲颜庄叔为一耦,鄫鼓父、党叔为一耦。”按照享射的礼仪要求,参射者需要三对人,由于射礼式微,胜任射礼的臣子人选不够,为了射礼的完整,鲁襄公从家臣中选出展暇、展玉父作为一对参加,公臣公巫召伯与仲颜庄叔一对,鄫鼓父、党叔一对。鲁国臣子中六位胜任射礼的臣子都难以找到,一方面反映了公室礼射的衰落,另一方面则表明此时的鲁国公室弱小卑微,“材能之士多在私门,故公室不能备六人”①。礼射已有王公贵族走向社会底层,逐渐呈现社会化、世俗化的发展趋势。

(四)孔子“射于矍相之圃”

孔子不仅崇尚周礼,而且善射,射箭知识也颇为丰富。据《史记·孔子世家》记载,陈湣公的庭院落下一只隼,这只隼是被一支箭镞为石制、箭杆为楛木且长一尺八寸的箭射落的。陈湣公不知此箭来自何处,孔子详尽地讲明了此箭是由蛮夷之地的肃慎部落进贡给周王,周王将这种楛木箭分赐给长女大姬,又将大姬嫁给虞胡公,并将虞胡公分封在陈,故而陈湣公方能见到此箭。楛木箭的来龙去脉讲得清楚,并在陈公的旧仓库中又找到了这种箭,让人叹服。

孔子善射并将射箭作为礼教的重要手段。孔子与弟子在矍相的园圃里习射观德,在子路邀请观者比赛射箭的人时,提出下面三类人才可以和子路比赛射箭:一是忠于国家的人,“奔军之将,亡国之大夫,与为人后者,不得入”;二是孝悌于家的人,“幼壮孝悌,耆老好礼,不从流俗,修身以俟死者,在此位”;三是善于学礼之人,“好学不倦,好礼不变,耄期称道而不乱者,在此位”(《孔子家语·观乡射》)。而于国不忠、于家不孝、不善学礼的人,孔子认为不配来射箭。孔子开创私学,提倡因材施教,有教无类,对于参与礼射之人的选择已摆脱了殷商及西周时期王公贵族的限制,而是以“德之贵”为衡量的标准。由地位的尊贵到“德之贵”的转变,致使礼射由规模宏大的大射逐渐走向平民乡射。孔子去世之后,弟子及鲁国人依傍孔子墓冢处安家落户,“讲礼乡饮大射之礼”。孔子对弟子进行的礼射教育,有力地推动了礼射在各诸侯的传播以及在后世的传承。

孔子对习礼之射与习武之射进行了区分,提出“射不主皮”的观点。“射不主皮,为力不同科,古之道也。”(《论语·八佾》)习武之射是主皮之射,一般以兽皮为靶,以能否射中为标准,技术的高低及力量的大小是决定胜负的关键。习礼之

① 杨伯峻:《春秋左传注》,中华书局1980年版,第1159页。

射是不主皮之射，一般以“侯”为靶，以是否合乎礼仪为判断的标准，要求技艺与德行兼修，而不以中的为主。朱熹《论语集注》分析道：“记曰：‘武王克商，散军郊射，而贯革之射息。’正谓此也。周衰，礼废，列国兵争，复尚贯革，故孔子叹之。”在孔子看来，战争杀伐需主皮之射，而仁道王政只需不主皮之射。

综上所述，鲁国遵从周礼，并以礼射作为礼教的重要手段。鲁国由周王在鲁地举行大射并亲自参射，到鲁隐公“观鱼于棠”而举行射鱼礼；由鲁襄公主持的享礼之射到孔子提出“射不主皮”并在矍相之园和弟子习射，可以看出鲁国礼射由王公贵族参与的规模宏大的礼射逐渐走向社会平民的乡射，礼射的礼教功能被弱化。孔子对弟子进行的礼射教育，为春秋战国时期周礼的传承发挥了重大作用。

三、“斗鸡政变”与“西狩获麟”

春秋战国时期鲁国三桓势力强大，国君权威衰微，鲁国由西周强国逐渐变成弱小国家，需要凭借与周王朝的亲密关系周旋于各大国之间方能得以保全。国力衰弱与礼治思想的式微，君臣之间僭越礼制的行为缺乏了约束，公卿贵族的安逸享乐思想蔓延开来。射箭、田猎等活动的礼教功能、军事功能被弱化，而休闲娱乐色彩增强，同时斗鸡、走犬等活动成为公卿贵族热衷的娱乐方式。

(一)“斗鸡政变”

“斗鸡”是古代斗戏的一种，源于夏朝，春秋战国时期已成为达官贵人娱乐的重要方式。鲁昭公时期三桓几乎掌控了鲁国的军政大权，尤其是季平子势力膨胀超过了鲁昭公，季平子与大夫郈昭伯的一次斗鸡致使鲁国政权之争加剧，鲁昭公流亡并客死他国。在这次斗鸡过程中，季平子与郈昭伯都对斗鸡进行了“武装”。“季氏芥鸡羽，郈氏金距”，季平子在斗鸡的羽毛上撒上芥末，斗鸡过程中翅膀扇动以伤害对方的眼睛；郈昭伯在斗鸡的鸡爪上绑上金属制护具，以增强杀伤力。在这次争斗过程中，季平子的斗鸡被打败，“季平子怒而侵郈氏，郈昭伯亦怒平子”(《史记·鲁周公世家》)。郈昭伯联合与季平子有矛盾的臧昭伯以及对季平子强权不满的鲁昭公，共同对付季平子，季平子在被围困时得到叔孙氏、孟氏的帮助，一起打败了鲁昭公。鲁昭公被迫流亡到齐国、晋国，由于三桓的阻挠，鲁昭公最后客死在晋国乾侯。孔子在此次斗鸡政变之后深感鲁国公室衰微，礼治思想难以实施而离开鲁国，开始了周游列国的历程。

斗鸡不仅是一种娱乐，而且是斗鸡主人较量的方式。季平子与郈昭伯斗鸡并不是为了娱乐，而是以斗鸡的方式进行了一场权势的较量。季平子权倾一时，不能容忍任何一个超过自己的对手的存在。为了取胜不惜违背规则，采用“芥鸡羽”的方式置对方于死地。在礼治思想的影响下，季平子把持鲁国朝政的野心尚需要君臣礼数的掩盖与粉饰，在斗鸡场上则通过斗鸡的争斗得到了淋漓尽致的体现。斗鸡的关注点不在于“鸡”，而在于“斗”，斗鸡成为季平子权势、武力的象征符号。季郈斗鸡引发了激烈的权力之争，斗鸡的“斗气”“赌博”的一面被放大，成为达官贵族斗富、斗权的一种方式，由此也成为被儒家正统思想抑制的一种活动。

(二)“西狩获麟”

田猎是古代一项历史悠久、功能多样的活动，殷商时期的甲骨卜辞中有着大量的记载。西周时期将其作为获取祭祀品、讲武习兵的重要活动，“故春蒐夏苗，秋狝冬狩，皆于农隙以讲事也”(《左传·隐公五年》)。周礼对田猎的礼制作出了详细的规定：“天子不合围，诸侯不掩群，天子杀则下大绥，诸侯杀则下小绥，大夫杀则止佐车。佐车止则百姓田猎，獭祭鱼，然后虞人入泽梁，豺祭兽，然后田猎。鸠化为鹰，然后设罻罗，草木零落，然后入山林。昆虫未蛰，不以火田，不麛，不卵，不杀胎，不殀夭，不覆巢。”(《礼记·王制》)田猎不仅是礼治教化的重要方式，而且是一项较量体能、技能的比赛，参与者需要具有高强的射箭、骑马、搏斗等技能与排兵布阵的能力，内含丰富的体育文化因素。

春秋战国时期礼崩乐坏，王公贵族在田猎时不再遵守周礼的要求，而更注重其休闲娱乐性。“西狩获麟”则是关于孔子因鲁人狩杀麒麟而悲叹的事件。鲁哀公十四年，叔孙氏狩猎于大野[①]，车夫钽商猎获了一只难以识别的怪兽，孔子看到是麒麟，悲叹不已。麒麟是中国古代传说中的一种瑞兽，能够给人们降瑞纳福，拥有和君子一样的美德，“麒麟，狼头，肉角，含仁怀义，音中钟吕，行步中规，折旋中矩，游必择土，翔必有处，不履生虫，不折生草，不群不旅，不入陷阱，不入罗网，文章斌斌”(张揖《广雅》)。麒麟一般在明君盛事出现，而今鲁国衰弱不堪且公侯大夫骄奢淫逸，此时麒麟出现反而是一个不好的征兆，孔子故而悲泣。据宋人胡仔考证：

> 春，西狩于大野，叔孙氏之车子鉏商获麟，折其前左足，载以归。叔孙以为不祥，以赐虞人。孔子观之，曰：“麟也！胡为来哉！胡为来哉！”乃反袂拭面，涕泣沾襟。叔孙闻之，然后取之。子贡问曰：“夫子何泣尔？”孔子曰：“麟之至，为明王也，出非其时而见害，吾是以伤焉！”先是，孔子因《鲁史记》作《春秋》……及是西狩获麟，孔子伤周道之不兴，感嘉瑞之无应，遂以此绝笔焉。[②]

---

① “大野”，是鲁西南地区的一个巨大湖泊，位于巨野、郓城、梁山、嘉祥四县之间。据考证，“西狩获麟”发生地距离巨野、嘉祥较近。巨野一带流传着许多关于麒麟的传说，巨野县东有“麒麟镇”，尚有一村名“获麟集”，麒麟文化在巨野颇为兴盛。

② (宋)胡仔：《孔子编年》卷五。这一内容是根据《春秋》《左传》《孔子家语·辩物》《史记·孔子世家》等文献资料综合而成。

因狩猎麒麟而悲泣乃至不再编写《春秋》，孔子将多年来坚持周礼而不被采纳、认可所产生的坎坷、失望找到了一个让自己释怀的理由。叔孙氏猎获麒麟，因其长相怪异而认为不祥，打算赐给虞人。对于叔孙氏，这次田猎没有多少娱乐可言。对于"西狩获麟"，历史给予了高度的关注，反映了人们对于孔子所揭示的麒麟寓意的认同。而对于一次"不愉快"的狩猎的关注，也可以看到儒家崇礼思想对于史书撰写的影响。虽然对于娱乐活动缺乏应有的关注，但仍可以看出鲁国春秋战国时期田猎活动礼制约束、规模、功能等与西周时期已有很大的差异，其娱乐休闲的属性逐渐凸显出来。

综上所述，鲁国从西周时期取得赫赫战功到春秋战国时期衰弱之后曹沫、孔子以一己之力力挽狂澜的胆识与勇气；从遵从周礼的礼射到"斗鸡政变""西狩获麟"，虽然国家势力衰弱，疆域不断缩小，周礼在鲁国的践行及影响式微，但和其他诸侯国相比，周礼的影响及渗透仍然十分明显，作战、射箭、斗鸡、田猎等体育文化现象具有鲜明的礼教色彩。

第三节　孔子体育思想

孔子为鲁人，身材高大健壮，且善射、能御、巨力，在鲁国的政治、外交、军事活动中有过杰出的表现。有关孔子的射御技能及非凡体能的记载散见于《论语》《左传》《史记·孔子世家》等文献资料中，需要仔细耙梳方能找到。孔子将具有军事战备性质的射御置于其礼治体系中，将勇武、竞争以及长寿养生皆纳入其仁学思想中，形成了具有鲜明礼教色彩的体育思想。

一、"仁智之勇"

为国家、民族的利益而不怕挫折牺牲、敢于拼搏争取的勇武精神是民族英雄主义精神的写照，也是中华体育精神的重要内容。追根溯源，勇武精神与孔子的"仁智之勇"思想有着密切的联系。

孔子将"勇"作为君子品格的重要内容，并将其与"仁""智"融合为一体来阐明其内涵："君子道者三，我无能焉：仁者不忧，智者不惑，勇者不惧。"(《论语·宪问》)"仁"，是针对君子的德行而言，是界定君子的首要标准；"知"，是针对君子的智慧而言，是君子承担其社会责任以实现仁德的能力；"勇"，指君子内心的勇敢与强大，君子"仁""智"得以实现需要有问心无愧的强大的内心。

孔子所谓的"勇"与"畏""惧"相对，包括以下三个方面的内涵：首先，真正的"勇"须是仁者之勇。"仁者必有勇，勇者不必有仁。"(《论语·宪问》)仁者以天下为公，内心坦荡，方才无忧无惧。仁者之勇是勇于反省、勇于改过。"吾日三省吾身”(《论语·学而》);“见贤思齐,见不贤而内自省也”(《论语·里仁》);“知耻近乎勇”(《中庸》),时刻将荣辱记在心上的人,这才是真正的勇者。其次,真正的“勇”须是智者之勇。孔子曰:“暴虎冯河,死而无悔者,吾不与也。必也临事不惧,好谋而成者也。”孔子不赞赏那种赤手空拳和老虎搏斗或不用船只渡河死了都不后悔的人,临事不惧且能善于谋划后作决断的人才值得称道。孔子推崇智者之勇,力量与智慧相结合才能产生价值,匹夫之勇、逞一时之快之勇缺乏谋划,其弊端是容易引起祸乱,“好勇不好学,其弊也乱”(《论语·阳货》)。其三,真正的勇要以礼法道义为前提。孔子厌恶“勇而无礼者”(《论语·阳货》),认为“勇而无礼则乱”(《论语·泰伯》)。“义”,宜也。真正的勇要以“义”加以约束,“君子义以为上,君子有勇而无义为乱,小人有勇而无义为盗”(《论语·阳货》)。君子有勇无义就会造反,小人有勇无义就会成为匪盗之徒。由此看来,孔子所谓“勇”是指仁智之“大勇”,并将其与无仁之勇、无智之勇区别开了,只有具有仁智之勇的人,才能有所担当,有所成就。孔子在夹谷会盟上以“仁智之勇”为鲁国赢得了外交、军事上的胜利,后世得到认可的民族英雄、武术大家也皆有“仁智之勇”。

勇武是传统竞技文化的重要内容,也是传统武术武德的组成部分,但尚武之人常有因一己私利或为一时之快而逞强斗狠的现象,孔子“仁智之勇”的观点对于改变这一现象,塑造优秀竞技文化与武术武德都有积极的作用。

二、“君子之争”

竞争是竞技文化的核心内容,也是竞技体育文化的基本特征,孔子“仁”“礼”思想体系中将“争”与“和”“礼”结合起来,倡导“和争”“礼争”。

孔子多讲“仁”与“礼”,而少言“争”,《论语·八佾》中则专门论到了“争”:“君子无所争,必也,射乎！揖让而升,下而饮,其争也君子。”君子有谦让之德,如若论争,只有射箭最合适,射箭比赛是周朝最为普遍的竞赛活动。射箭竞赛不仅比试射箭的力量、技艺,还需要通过射箭培养参与者的礼仪,在赛前的揖让到赛后的同饮,尽显君子之风,谓之“君子之争”。

审视孔子的思想,可以从以下几个方面理解“君子之争”:首先,“君子之争”是培养君子风度的重要方式。“射者,仁之道也。”(《礼记·射义》)通过君子在射箭过程中前进、后退、转身、反身等一举一动中培养自身的礼仪规范和内在素养。观射之人则借此判断君子的品行,并将其作为甄选诸侯、卿大夫、士的重要依据。其次,“君子之争”不是只注重结果的竞争,而是提倡文明竞赛。以射观士、以射选士,观选的依据不仅仅是射的结果,还包括射箭过程中的举止、神情。同时,孔子认为射箭只要正、直、固且中礼,便可射中,而对于射箭力量的大小并不看重,“射不主皮,为力不同科,古之道也”(《论语·八佾》)。射箭是否射破箭靶并不是衡量的标准,孔子并不赞同以力量强大而显示霸气的竞争方式。其三,“君子之争”并不忽视竞技的过程,而是对射箭过程中的问题进行了具体分析。在射箭的过程中,君子需要“内志正,外体直”,“持弓矢审固”,射箭时内心要纯正,即心诚,精神高度集中、身体端正挺拔、执弓搭箭要稳。如果射箭不中,需要从自身找原因,“射求正诸己,己正而后发,发而不中,则不怨胜己者,反求诸己而已矣”(《礼记·射义》)。射箭的最高境界是技术娴熟且中礼合乐,达到人与弓箭合一、合乎礼仪且“随心所欲不逾矩”的境界,“射者何以射?何以听?循声而发,发而不失正鹄者,其唯贤者乎。若夫不肖之人,则彼将安能以中”(《礼记·射义》)。

孔子的“君子之争”对后世的竞争观念及赛场礼仪产生了深远的影响。在竞争观念上,孔子倡导“和争”,认为竞争是自我培养的一种方式,不注重结果,而注重竞争的过程给竞争双方乃至观赏者产生的影响。在此种观念下,传统武术形成了“武德为首,以和为贵”的比赛观念。当今“友谊第一,比赛第二”的赛场文化也与孔子“和争”观念一脉相承。在赛事礼仪上,孔子认为竞争者乃至观众都是比赛的参与者,每个人的举止神情都要符合特定的礼仪,因此,“君子之争”倡导“礼争”。受“礼争”的影响,武术比武形成了固定的礼仪模式,遵守比武礼仪成为比武者必备的素养。目前随着竞技体育赛事的增多,赛场礼仪和看台文化成为赛事文化的重要组成部分,从君子礼争中继承优良传统以规范赛场礼仪和观赛礼仪,有助于高品质赛场文化的建设。

三、文武兼备

孔子在治国上主张文武兼备;在自身修养上,既熟知《诗》《书》《礼》《乐》,又擅长射、御,能文能武;在教育上,亦是既重视仁、义、礼、智,又注重武勇,二者不可偏废。孔子文武兼备的主张对于后世的身体教育、体育传承均有一定的借鉴意义。

在治国安民上,孔子主张文武兼备,张弛有道:“张而不弛,文武弗能也。弛而不张,文武弗为也。一张一弛,文武之道也。”(《礼记·杂记下》)孔子在推行礼治思想的同时,提出在诸侯争霸局面下军事战备的重要性。孔子的政治理想是“祖述尧舜,宪章文武”,建立仁怀天下、礼治万民的社会。孔子在坚守政治理想的同时,也看到了春秋战国时期礼崩乐坏的混乱局面,对于治国提出了文武兼备的观点:“有文事者必有武备,有武事者必有文备。”(《史记·孔子世家》)在诸侯争霸的环境下,国家的治理不仅需要礼治,还需要增强军事力量。鲁国与齐国的夹谷会盟上鲁国取得的胜利,不仅来自于孔子的仁智之勇,而且与鲁国武将左右司马的同行所带来的威慑力有一定关系。

在自身修养上,孔子既重礼教修养,成是后世敬仰的谦谦君子,又注重身体运动能力的培养，具有非凡的武勇气质。一方面，孔子潜心学习商周礼治文化，整理《诗》《书》《礼》《乐》，撰写《易传》《春秋》，开创了儒家伦理道德思想。在日常生活中，孔子躬身实践礼教思想，在言谈举止、服饰装束上符合“礼”的规定。另一方面，孔子喜爱射、御且技艺精良。孔子射于矍相圃，“盖视者堵墙”；相较于射箭，孔子认为自己更喜欢驾车，“吾何执？执御乎？执射乎？吾执御矣”（《论语·子罕》）。孔子身材高大，力气很大，能徒手打开城门，“孔子之劲杓国门之关”；“勇服于孟贲”，勇力屈服了大勇士孟贲；“足蹑郊兔”，能追踏野兔；曾担任“司寇”，掌管刑狱、纠察之事。顾恺之所绘的《孔子出行图》中，孔子在前，腰悬长剑，孔子武勇之气概可见一斑。孔子在鲁国难以推行礼治思想，开始周游列国，结果处处碰壁，只得回国授徒著书。孔子的伟大在于“知其不可而为之”的勇气与坚韧，其思想在后代成为历代统治王朝治国观念的思想基础。

同时，孔子将文武兼备的观点渗透在其教育观念中，对于弟子的教育不仅注重诗书礼仪的学习，还注重射、御的练习，形成文武并重的教育思想。孔子在周礼衰微之际，大力倡导“礼治”思想，在教授子弟过程中，亦是将“六艺”中“射”“御”作为教学的主要内容之一。“射”即射箭，“御”即驾驭战车，二者的讲授学习有助于增强身体素质，提高作战技能。孔子弟子中亦不乏身材健壮、武艺高强的弟子。“弟子盖三千焉，身通六艺者七十有二人。”（《史记·孔子世家》）孔子经常通过日常为人处事教育弟子，还带着学生登山、游水、郊游，在休闲游乐中讲解其礼治思想。孔子身体力行、文武兼备、张弛有道的教学方式对后世教育产生了积极的影响。

综上所述，孔子所倡导的儒家礼治思想对鲁国的政治、经济、军事、民俗文化等影响深远，诸多的体育现象也成为承载孔子思想的重要载体。射箭是其礼治思想传播的工具，“仁智之勇”“君子之争”“文武兼备”是其礼治思想的延伸与发展。由此看来，孔子体育思想是其仁礼思想体系的组成部分。由于儒家思想在后世两千多年中一直居于主流地位，孔子体育思想为后世竞技文化、体育文化的发展提供了价值导向，成为传统体育文化精神的重要内容。

第三章 齐文化与传统体育

第一节 齐文化概述

齐文化是指齐国从公元前1056年太公姜尚受封建国到公元前221年被秦灭亡800余年的文化。齐文化是中原文化与东夷文化碰撞的产物，是内陆文化与海洋文化融合的结果。政治上，齐国君臣修明法度，任用贤能；经济上，积极开展农业、渔业、工业、商业，都城临淄成为当时繁华的大都市；军事上，开疆拓土，疆域广阔，几度争霸诸侯；思想上，广开言路，广纳贤才，“稷下学”成为后世自由学术思想的代称。齐文化不仅在政治、经济、军事、思想等方面对当时产生了广泛的影响，而且为民众的休闲娱乐生活营造了宽松的人文环境和浓厚的文化氛围，为传统体育活动的开展提供了适宜的土壤。

一、齐国历史

齐国历史根据国君宗族的不同，分为“姜齐”和“田齐”两个阶段。自太公姜尚在营丘建国至齐康公被专权的田氏迁至海滨，这一阶段被称为“姜齐”，即“姜姓齐国”。自齐侯太公(田)和即位至齐王建被秦灭亡，这一阶段被称为“田齐”，即“田氏齐国”。

(一)姜齐

太公姜尚于营丘建立齐国，并将齐国建成周朝东部的大国。太公对周王朝的建立功勋卓著，因与周王室异姓，且是东海海滨人，被分封在东夷文化与中原文化交界的营丘。周王朝刚刚建立，还未平定安抚远方的东夷各国。齐地紧邻东夷莱国，莱国出兵与太公争夺营丘。太公不仅平定了东夷，而且在政治、经济等方面进行了一系列的改革，卓有成效。“修政，因其俗，简其礼，通商工之业，便鱼盐之利，而人民多归齐，齐为大国。”齐国得到周王朝的允许，享有广阔区域的征伐大权，“东至海，西至河，南到穆棱，北至无棣，五侯九伯，实得征之”(《史记·

齐太公世家》)。自此,齐国作为东方大国的地位确立。

齐桓公任用管仲为相,成就了诸侯霸主的地位。齐襄公去世后流亡在外的公子小白和公子纠争做国君,公子小白抢先回国被拥立为国君,即齐桓公。齐桓公不计前嫌任用了曾辅佐公子纠的管仲。管仲在内政上确立了运用货币调整鱼盐税收的制度,并重用贤士、周济穷人,种种举措深得民心;在外交上,不仅加强了军事战备,增强了在诸侯国中的震慑力,而且以礼义之师得到诸侯国的信任和周王的礼遇。齐桓公三十五年在葵丘会盟诸侯,周王派宰孔参加,将祭祀过文王、武王的祭品赏赐给齐桓公,并免去跪拜大礼。齐桓公成为中原地区的首位霸主,诸侯国都愿意依附于齐国。管仲去世后,齐桓公任用了一味谄媚君主且不近人情的易牙、开方、竖刀三人,三人专权,齐桓公去世后五位公子争夺君位,导致朝政混乱,国势衰微。

齐庄公、景公时,由于卿大夫崔氏、庆氏、田氏、鲍氏、高氏、栾氏之间的权力争斗,致使齐国衰弱。景公时晏婴为相,晏婴修内政、任贤才,对外则机敏善辩,不辱使命,齐国在诸侯中的地位有所提高。晏婴去世后,田氏专权。齐康公十九年,康公被迁至海滨,"二十六年,康公卒,吕氏遂绝其祀"(《史记·齐太公世家》),姜齐被田齐取而代之。

(二)田齐

田氏齐国是在田氏家族几代人的谋略下建立起来的。齐国田氏始祖陈完本是陈国陈厉公的儿子,在陈国残酷的权力之争中落难来到齐国,改姓田。田氏代齐前的世系为:田敬仲(完)—田穉孟夷—田湣孟庄—田文子(须无)—田桓子(无宇)—田釐子(乞)—田成子(常)—田襄子(盘)—田庄子(白)—田太公(和)。在田氏代齐的过程中,田文子、桓子、釐子、成子为其中的关键人物,田氏家族发动了多次政变,动用了大量的计谋权术。[①] 田文子始为大夫,田氏父子文子、桓子二人联合鲍氏、高氏、栾氏赶走了位高权重的庆氏。大夫晏婴去世时,田氏专权已露端倪。田釐子拥立公子阳生即齐悼公,田成子杀死齐简公,拥立齐平公,自此,田氏独揽齐国政权,并进一步扩大田氏封地。齐康公时,田太公在魏文侯的帮助下位列诸侯,周天子也应允了。"康公十九年,田和立为齐侯,列于周室,纪元年。"(《史记·田敬仲完世家》)在田氏几代人的权谋运作之下,姜姓齐国灭亡,田氏齐国取而代之。

齐威王将齐国霸业推向高峰。齐威王继位时齐国国力尚弱,三晋、鲁国、卫国、赵国先后攻打齐国,夺取了灵丘、阳关、博陵、薛陵、甄地等。齐威王对内从严治政,重用贤能的驺忌子为相,视贤才如珍宝;对外收回被侵占的领地,成为诸侯

① 参见徐北文、张华松:《齐国田氏家族谋略文化略论》,《齐鲁文化研究》2005年第12期。

国中的强国。齐威王自称为王，以此号令天下。齐宣王时围魏救赵，进一步提高了齐国在诸侯国中的威信。齐威王、宣王时期也是稷下学宫发展的鼎盛时期，在各国礼贤下士的风气下，齐国通过开明的文化政策、自由的学术氛围、优厚的待遇聚集了天下的人才贤士，儒、道、名、墨、法、兵、阴阳各思想流派自由争鸣，稷下学大大提高了齐国的影响力。

齐国在诸侯国合纵连横策略中走向了灭亡。齐湣王时期，强秦崛起，诸侯混战，由于湣王晚年骄横、穷兵黩武且好大喜功，齐国国力衰落难以与强秦对抗。齐国以大国自居，在秦攻打其他国家时没有施与援手，而是隔岸观火，致使众叛亲离，不仅丧失了与秦国抗衡的实力，还遭到燕、赵、秦、魏、韩五国的联合攻打，齐国被掠取了70余座城，几乎亡国。最后一个齐王建胸无大志且懦弱无能，齐相后胜是一个投降秦国的卖国贼。秦国攻打齐国不战而胜，曾经的中原强国、诸侯霸主最终走向了灭亡。

二、齐文化

齐国西接内陆，东临海洋，特定的地理环境衍生了农业与渔业等多种生产方式。太公姜尚建齐，将中原礼教文化与尚武勇的东夷文化融合在一起。多元文化背景下，齐人重实效、尚智谋，将齐国建成中原强国。国家的强大与富庶培育了尚奢、尚美的民风民俗。

（一）多元文化的融合

从文化源流来看，齐文化融合了东夷文化与中原文化。东夷文化主要分布在河南东部、江苏北部以及整个山东地区[①]，是齐文化的主要来源。相关考古资料证实，东夷文化历史悠久且内容丰富，在石器、陶器、音乐、文字等方面都卓有成就。太公姜尚由周王分封到齐地，带来了周人的中原文化。中原文化是黄帝、炎帝两系合流的华夏文化。齐国建国之初，东夷文化渊源深厚，东夷各国势力强大，太公因地制宜，采用了“因其俗，简其礼”的文化政策，有效地缓解了东夷文化与中原文化的矛盾与冲突，以开放、融合的姿态建设齐文化。在太公文化政策的引导下，齐国建设卓有成效，很快就具有了大国的风范。

从地域来看，齐文化融合了内陆文化与海洋文化。齐国建国之初建都营丘，方圆只有百里。通过对周围各国的征讨杀伐，疆域扩大“东至海，西至河，南至穆棱，北至无棣”，东至大海；西至黄河；南到穆棱，指穆陵关，在今山东临朐县东南大岘山上；北到无棣，指无棣水，在今河北盐山县南。[②] 齐国地域广阔，“膏壤两

① 参见孟天运：《齐文化通论》，《社会科学战线》1999年第2期。

② 参见李晓杰：《战国时期齐国疆域变迁考述》，《史林》2008年第4期。

千里”。太公充分发挥了齐国内陆与沿海各自的地理优势,不仅大力发展农业,而且发展沿海的渔业、盐业以及工商业,“通商工之业,便鱼盐之利”(《史记·齐太公世家》),把“负海舄卤,少五谷而人民寡”(《汉书·地理志》)的齐国发展为诸侯国中最富庶的国家。

东夷文化与中原文化、内陆农业文化与海洋文化的融合是太公根据齐国的历史渊源和地理环境确定的发展策略,稷下学则是战国时期田齐为齐国争霸作出的主动选择。战国时期各诸侯礼贤下士,争夺人才,形成了以“士”争霸的风气,士“去齐齐轻,附秦秦重,得士者昌,失士者亡”①。齐国建立稷下学宫,以开放、自由的文化传统和优厚的待遇吸引天下贤士。“齐国人才荟萃,群贤毕集,人人握灵蛇之珠,家家抱荆山之玉,议论风发,高潮迭起,争鸣齐放,精采纷呈,著述之丰,汗牛充栋,学风浓厚,冠于诸国。儒、道、名、墨、法、兵、阴阳诸派并列,淳于髡、尹文、田骈、慎到、孟柯、邹衍、荀况等大家辈出,齐国文化界、思想界呈现出一派全方位开放、蓬蓬勃勃、兴旺发达的局面。”②诸子百家争鸣的盛况成为中国文化史上前所未有的繁荣景象,对中国文化、思想的发展影响深远。

(二)开放务实,注重谋略

齐国是诸侯国中的大国、强国,在800余年的历史中,几度称霸诸侯。姜齐时期,齐桓公是中原第一个霸主;田齐时期,齐威王在诸侯中首先称王,齐国成就霸业主要源于其开放务实、注重谋略的文化特征。

齐国的开国君主太公姜尚善用谋略。据《史记·齐太公世家》记载,周王朝之所以能够推翻殷商并让天下诸侯归顺是由于太公的谋略:“周西伯昌之脱羑里归,与姜尚阴谋修德以倾商政,其事多兵权与奇计,故后世之言兵及周之阴权皆宗太公为本谋……天下三分,其二归周者,太公之谋计居多。”太公到营丘建齐,面对土地贫瘠、人民贫困却常遭东夷人侵犯的状况,制订了“因其俗,简其礼”的民族文化融合政策、“通商工之业,便鱼盐之利”的经济发展政策、“举贤而上功”的用人方针,受封仅五个月,就向周公报告其政绩,得到了周公的高度赞赏。周王朝建立之初,边远的蛮夷地区尚未安抚,朝中管叔、蔡叔争权作乱,太公积极参与叛乱的平定。鉴于此,周王给予太公“东至海,西至河,南至穆棱,北至无棣”这一区域内的征伐大权,所有五等诸侯、九州长官,只要是不服从周王的命令,太公都有权力征讨。齐国的疆域迅速扩大,成为诸侯中的大国。

齐桓公霸业的成就得益于管仲的谋略。管仲坚持以民为本,依法治国,在政治、经济、军事、外交等方面提出了一系列的方略,成效显著。管仲提出“予而后

---

① 孟天运:《齐文化通论》,《社会科学战线》1999年第2期。

② 孟天运:《齐文化通论》,《社会科学战线》1999年第2期。

取，藏富于民”(《管子·牧民》)的观点，只有百姓富裕安居乐业，国家才能富足强大；“圣人之所以圣人，善分民也”(《管子·乘马》)，圣人善于分利于民；反对国家向百姓收受赋税，建议通过官家控制盐铁来增加国库收入，“官山海”(《管子·海王》)。管仲重视农业，“五谷粟米，民之司命也”，并对农业发展提出了具体的发展策略。管仲不仅重视农业，而且提出了加强工商业的主张，“务本饬末则富”(《管子·幼官》)，认为工商贸易是国富民富的重要途径，并提出了“买贱鬻贵”的经营规律。为了贸易的繁荣，管仲提出了“侈靡之术”(《管子·侈靡》)，鼓励百姓致富并提倡高消费。在国家管理上，管仲提出了“利出一孔”，国家要进行宏观调控，“国有十年之蓄”(《管子·国蓄》)，应“取之有度，用之有止”(《管子·权修》)等。为了发展齐国经济，减少人们的贫富差异，加强了货币流通的管理，提出了“轻重”理论。管仲的治国方略秉承了太公开放务实的原则，未被周礼所束缚，因地制宜，因势利导，根据齐地齐民的实际状况提出。管子之论“卑而易行”(《史记·管晏列传》)，且务实有效，在管仲的辅佐下，齐国国富民强，齐桓公成为中原霸主。

晏婴是齐国名相之一，辅佐齐灵公、庄公、景公三世，备受齐人推崇。晏婴不仅节俭，礼贤下士，勤于政事，而且睿智，能言善辩，在外交活动中不辱使命，提高了齐国在诸侯国中的地位。晏婴对于政事及齐国卿大夫复杂的权力之争，国君有话问他，他就严肃地回答；不向他问话，他就严肃地办事。国家有道时，顺命办事；无道时权衡办事，“其在朝，君语及之，即危言；语不及之，即危行。国有道，即顺命；无道，即衡命”(《史记·管晏列传》)。晏婴事齐王三世，在于凡事能权衡度量之后去做，不仅坚持了自己的原则，而且保全了自己。

田氏几代人坚持不懈地策划筹谋，最终取代姜齐。驺忌子因弹琴的技艺见齐威王，以乐理比拟政事，齐威王任其为相；虚心听从淳于髡的教导，齐威王也越发重用他，并封其为侯。齐国从太公到管仲，从姜齐到田齐，从晏婴到驺忌子，重谋略尚实务成为齐文化的重要内容。

(三)尚奢、尚美的民风民俗

齐国民殷国富的治国政策与开放自由的思想文化氛围，造就了齐国的霸主地位与繁荣富庶。受周礼思想的影响，齐国君王成就霸业不仅仅依靠强大的国力与武力，而是通过文治教化的方式征服诸侯国。齐桓公对内藏富于民，对外广施恩惠，在齐国面前，大国自惭不如，小国纷纷归附，甲盾刀剑封存不用，诸侯列国形成了以齐桓公为中心的和谐的秩序。同时齐国在管仲的影响下，注重工商贸易的发展，提倡奢侈富贵的生活。强大的国力与礼治文饰下的霸主地位涵养了齐国泱泱大国的风范，也形成了尚奢、尚美的民风民俗。

齐国是诸侯国中最富有、生活最奢华的国家。管仲倡导“侈靡”生活，认为

“侈靡”不仅可以刺激消费，促进经济的发展，而且是教化百姓的重要策略。让老百姓衣食富足是教化他们的重要方式，“仓廪实则知礼节，衣食足而知荣辱”（《管子·牧民》）；饮食享乐是老百姓的愿望，满足他们的愿望就可以管理他们。管仲的治政理念被齐人所接受，随着齐国国势的强大和经济的繁荣，奢侈之风也逐渐形成。“管仲富拟于公室，有三归、反坫，齐人不以为侈。管仲卒，齐国遵其政，常强于诸侯。”（《史记·管晏列传》）管仲富贵可以和齐国国君相比，有诸侯才可以享用的三归高台和祭祀燕饮反坫台，但齐人并不认为管仲奢侈。管仲去世后，齐国依然遵循他制定的政令，齐国也因此常常强大于其他诸侯国。齐国的富庶与侈靡在苏秦的描述中可见一斑：“临淄甚富而实，其民无不吹竽、鼓瑟、击筑、弹琴、斗鸡、走犬、六博、蹹踘者；临淄之途，车声击，人肩摩，连衽成帷，举袂成幕，挥汗成雨；家敦而富，志高而扬。”（《战国策·齐策》）在铺排夸张的言辞中可以感受到齐国临淄繁华享乐的景象。

齐国的富有与尚奢之风促成了齐人对美的追求，对音乐、衣饰、房屋、车马装饰美以及人自身美的关注成为齐人审美风尚的重要内容。齐人崇尚音乐，齐国《韶》乐至善至美。孔子“在齐闻《韶》，三月不知肉味，曰：‘不图为乐之至于斯也’。”（《论语·述而》）善歌者韩娥在齐国雍门唱歌，唱完之后离开了，雍门的老百姓感觉“余音绕梁，三日不绝，左右以其人弗去”（《列子·汤问》）。由此可见齐人对音乐的热爱。在繁华的都市临淄更是“其民无不吹竽、鼓瑟、击筑、弹琴”，宫廷之内“钟鼓竽瑟之声不绝”（《战国策·齐策》）。齐国不仅“冠带履天下”，而且服饰的形制、色彩、纹饰、质料、配饰等方面也非常考究，制作精美。从目前出土的山东临淄郎家庄一号东周殉人墓、章丘女郎山战国墓、长岛王沟东周墓、临淄商王战国墓出土的大量彩绘人物陶俑的衣着服饰，可以看出齐国“错彩镂金，雕缋满眼”服饰审美观。①

齐人不仅对服饰、住所、出行车马等方面颇为讲究，而且对人自身也形成了独特的审美品味。勇武成为男性美的重要内涵，女子的坦诚自信、热情乐观得到了赞美，齐国女子之美博得世人的认同与倾慕。“岂其食鱼，必河之鲂？岂其娶妻，必齐之女？”（《诗经·陈风·衡门》）。吃鱼一定要吃黄河名贵的大鳊鱼吗？娶妻一定娶齐国女子吗？诗句中暗含了世人以娶到齐国女子为荣的现象。对于男性美，对自身与孔子所倡导的“里仁为美”的观念不同，齐人推崇健壮与修养并重的审美标准。《诗经·齐风·卢令》从猎犬写起，通过描写猎犬佩戴的颈圈叮当的声音，表现猎犬的迅捷，由猎犬烘托猎人的勇武与仁心。其诗曰：

---

① 参见张越：《齐国服饰艺术初探》，《东岳论丛》2009年第3期。

诗经·齐风·卢令

卢令令，其人美且仁。

卢重环，其人美且鬈。

卢重鋂，其人美且偲。

【译文】

黑犬颈圈丁当响，猎人英俊又善良。

黑犬脖上套双环，猎人英俊又勇敢。

黑犬脖上环套环，猎人英俊又能干。[①]

第二节 齐国传统体育文化现象

东夷人尚武传统的影响与齐相管仲军事武备新举措形成齐国尚武的社会习俗，受尚武习俗影响，齐人形成了崇技击、重谋略、尚功名的性格特征。齐国国力强盛，民众富庶，盛行的民间休闲娱乐活动田猎、射箭、投壶、斗鸡、走狗、秋千、飞鸢、蹴鞠、棋类、登山、游水等种类繁多，形式多样，直接影响了后世休闲娱乐活动的发展。发源于齐都临淄的蹴鞠，在几千年的历史传承中经历了兴起、繁荣、衰落、复兴的历程，积累了丰富的蹴鞠文化。

一、尚武的社会习俗

齐国成为诸侯强国，与其军事实力及尚武的社会习俗有着内在的联系。齐国尚武习俗的形成，一方面与东夷人的尚武传统有着密切的关系，另一方面则由于齐国对军事武备的重视。在尚武习俗影响下，齐人形成了崇技击、重谋略、尚功名的性格特征。

（一）东夷人尚武传统的影响

齐文化的来源主要是周文化、商文化和东夷文化。东夷文化是齐地的土著文化，在殷商、周王朝统治时期，作为主流文化的商文化、周文化在齐地不断地与东夷文化碰撞、融合。由于东夷人生活地域偏远且东夷人勇武强悍，东夷地区一直难以征服，始终未被主流文化所同化。太公姜尚建齐采取了“因其俗，简其礼”的治国方针，对强大的东夷文化因势利导，东夷文化与周文化相融合，其文化特质得以保留。

东夷文化历史悠久、文化发达。考古资料证实，东夷人创造了制陶业、铜器

① 《先秦诗鉴赏辞典》，上海辞书出版社 1998 年版，第 198～199 页。

制造业、纺织业、文字，形成了后李文化、北辛文化、大汶口文化、龙山文化、岳石文化的发展序列，积累了丰富的文化遗产。东夷人好战、喜斗，从字源学的角度分析可见端倪。东汉许慎《说文解字》云："夷，东方之人也，从大从弓。"清人朱骏声《说文通训定声》释曰："夷，东方之人也。东方夷人好战，好猎，故字从大持弓会意，大人也。"《说文解字・矢部》云："古者夷牟初作矢。"意为东夷人最早发明了箭。"'夷'字的'弓'绕缠在'大(人)'字的中间，像是人背弓之形。弓放在人身上背着，必是大弓，非小弓。"[①]东夷人身材高大魁梧，勇武善战，在远古时期艰苦的生活环境和氏族部落的战争中顽强地生存下来。

在古代传说中有两位勇武善战的东夷英雄：蚩尤与后羿。传说蚩尤是炎帝的孙子，东夷部落的首领，勇猛善战且本领高强，制作了剑、矛、戟、盾等作战兵器。黄帝与蚩尤争战胜少败多，在九天玄女布阵兵法与专收云息雨的女魃的帮助下，黄帝于涿鹿之野打败并杀死蚩尤。黄帝担心蚩尤死后作怪，便把他的尸首分开埋在了两个地方。在"成者王侯败者寇"的观念下，传说中的黄帝被塑造成爱民的明君形象，而被黄帝费神劳力打败的蚩尤则被塑造成为人所不齿的残暴血腥的战争贩子。蚩尤之战的传说从侧面反映了东夷人勇猛善战的性格。后羿射日的神话则塑造了为民除害的东夷英雄形象。传说后羿是东夷首领，在十个太阳烤炙着大地而人民苦不堪言时，勇敢的后羿射落了九个太阳，人们得以生存。后羿射日的神话反映了东夷人射箭技术的高超。

在东夷尚武传统影响下，君臣百姓皆以武勇为荣。管仲曰："其民贪粗而好勇。"(《管子・水地》)吴起曰："夫齐性刚。"(《吴子兵法・料敌》)《晏子春秋・内篇杂下》云："齐人甚好毂击，相犯以为乐，禁之不止。"齐国国君崇尚武勇，有的国君喜爱在田猎中尽显勇士风采，有的则以武勇作为选臣荐士的基本要求。《公孙龙子・迹府》云："是时齐(愍)王好勇，于是尹文曰：'使此人广庭大众之中，见侵侮而终不敢斗，王将以为臣乎？'王曰：'讵士也，见侮而不斗，辱也！辱则寡人不以为臣矣。'"齐愍王认为在大众广庭之下受辱而不敢与之决斗的怯懦之人，是没有资格做臣子的。

(二)管仲军事武备新举措

"民富国强，称霸诸侯"是管仲治理齐国的目标，国家强大不仅是国家富庶，还需要有强大的军事力量。为加强齐国的军事战备，与藏富于民一样，管仲采用寓兵于民的策略，将士兵训练与农民生产有机地结合起来，以民富民强来实现国富国强。寓兵于民的策略培养了百姓健身强体、保家卫国的意识，尚武习俗盛行。

---

① 逄振镐：《齐鲁文化研究》，齐鲁书社 2010 年版，第 384 页。

首先，实行“连五家之兵”的兵制。管子劝诫齐桓公行伍军备的建设需要寓之于民，否则会引起诸侯国的防备，难以出奇制胜称霸天下。对于寓兵于民制度的建立，管仲提出了具体的做法：

> 管仲对曰：“作内政而寓军令焉。为高子之里，为国子之里，为公里，三分齐国，以为三军。择其贤民，使为里君。乡有行伍，卒长则其制令，且以田猎，因以赏罚，则百姓通于军事矣。”桓公曰：“善。”于是乎管子乃制五家以为轨，轨为之长；十轨为里，里有司；四里为连，连为之长；十连为乡，乡有良人，以为军令。是故五家为轨，五人为伍，轨长率之。十轨为里，故五十人为小戎，里有司率之。四里为连，故二百人为卒，连长率之。十连为乡，故二千人为旅，乡良人率之。五乡一师，故万人一军，五乡之师率之。（《管子·小匡》）

齐国兵制建立在“轨—里—连—乡—五乡”的乡民组织体系基础上，军队由五人之“伍”—五十人之“戍”—二百人之“卒”—二千人之“旅”—万人之“军”逐级组建，军队统帅由轨长—里有司—连长—乡良人—元帅组成。齐国三军元帅由齐桓公、国子、高于三人担任。齐国军队整个体系完备严谨，军令上传下达有效统一，军队便于管理。

寓兵于农，不仅便于管理，而且行伍内并肩作战的士兵是休戚相关的乡人，关系亲密则人心团结。“故卒伍之人，人与人相保，家与家相爱，少相居，长相游，祭祀相福，死丧相恤，祸福相忧，居处相乐，行作相和，哭泣相哀。是故夜战其声相闻，足以无乱；昼战其目相见，足以相识；欢欣足以相死，是故以守则固，以战则胜。君有此教士三万人，以横行于天下，诛无道，以定周室，天下大国之君莫之能圉也。”（《管子·小匡》）制度严谨且军心一致，齐国军队战斗力大大增强。《史记·张仪列传》云：“天下强国无过齐者……齐，负海之国一也，地广民众，兵强士勇。”《史记·苏秦列传》云：“齐地方二千余里，带甲数十万，粟如丘山。三军之良，五家之兵，进如锋矢，战如雷霆，解如风雨……齐之强，天下莫能当。”

其次，实行勇士选拔制度。寓兵于农政令的实施，致使齐国尚武之风大盛。在此基础上，齐桓公延续了开国君主太公姜尚“举贤上功”的用人政策，举贤任能，并将拳勇力健者与好学仁义者相提并论，作为国家需要的人才给予重用。“于子之乡，有拳勇、股肱之力、筋骨秀出于众者，有则以告。有而不以告，谓之蔽才，其罪五。”（《管子·小匡》）齐桓公要亲自过问乡长举荐的情况并进行赏罚。齐桓公以国家政令的方式明确了勇武之士的地位与作用，进一步增强了齐民习武练兵的热情。

其三，实行田猎与练兵的融合，不仅加强了齐国军队的作战能力，而且将田猎活动推向民间。田猎集祭祀、军事训练、休闲娱乐等功能于一体，是商周时期王公贵族经常开展的一种活动。齐国历代国君都喜欢田猎，齐桓公时将田猎与民兵训练结合起来，将田猎发展为民兵训练的一种方式。“春以田，曰蒐，振旅。秋以田，曰狝，治兵。是故卒伍政定于里，军旅政定于郊。内教既成，令不得迁徙。”(《管子·小匡》)与周王朝所倡导的春蒐、夏苗、秋狝、冬狩的田猎安排不同，齐国用以练兵的田猎主要是在春天和秋天举行。春天田猎即春蒐，主要用来整顿军队，操练士兵；秋天田猎即秋狝，主要用于训练如何进军、作战、指挥等。寓兵于农，田猎练兵，在内政中完成了军队的组建，在郊野上完成了习武练兵，将这一制度确定下来不得改变，则军事武备就有了保障。田猎与兵民训练的结合，打破了田猎活动的阶层限制，由王公贵族逐渐走向乡村民间，成为民间农闲时节老百姓休闲娱乐的一种方式。

同时，为了对抗越国水兵的进攻，管仲因地制宜，训练水兵，采用重赏的方式培养了一支游泳技能高超的队伍，还带动更多的人参与到游泳活动中来。“‘能游者赐千金。’未能用金千，齐民之游水，不避吴越。”(《管子·轻重甲》)

齐国通过寓兵于民加强军事战备的新举措，不仅提高了军事力量，而且在民众中推广了各种力量、技能及战术的练习，为拳术、休闲娱乐活动的开展奠定了基础。

(三)尚武习俗与齐人性格

齐国受多元文化的影响，思想自由开放，农、工、商、渔、盐业并行发展，齐国成为诸侯大国。齐地传统文化及齐国繁荣富庶的大国之风，形成了尚武、尚奢的习俗，养育了齐人独特的性格。汉唐以来，由于儒家俭以养德思想的影响，尚奢之风在后世被诟病，对后世影响不大，而尚武之风则得到了进一步发扬。受尚武习俗影响，齐人形成了崇技击、重谋略、尚功名的性格特征。

崇技击。《荀子·议兵》云：“齐人隆技击，其技也，得一首者，则赐赎锱金，无本赏矣。是事小、敌毳则偷可用也，事大、敌坚则涣然离耳。”“隆”意谓尊崇；技击，唐代杨倞《荀子注》曰：“齐人以勇力击斩敌者，号为技击。”《荀子》认为，齐人尊崇以勇力击斩敌人，每杀敌一人，只能得到赏金八两，这种重赏之下的勇士，难以抵挡魏国之武卒、秦国之锐士。齐庄公时期设置了勇士爵位，在战场上表现勇敢者皆可得到爵位。齐国设立了技击之士，技击之士作为一个兵种，经过严格的军事训练，具有优秀的战技素养。技击的内涵则由勇力逐渐过渡为战技素养。《汉书·刑法志》对齐兵、魏兵、秦兵进行了对比分析，肯定了齐兵善技击的特点：“齐愍以技击强，魏惠以武卒奋，秦昭以锐士胜。”唐代颜师古《汉书注》中引曹魏时期学者孟康对齐兵技击的解释：“兵家之技巧。技巧者，习手足，便器械，积机关，以立攻守之胜。”由此看来，到了齐愍王时期，齐人技击的含义已由勇力、战技素养发展为搏杀的手法、腿法、步法、功法、器械运用之法、心法等技艺综合运用的技击法术。

齐人不仅擅长技击之术，而且认识到兵甲在技击中的重要性，十分重视兵甲的制作。兵甲精良是作战取胜的关键，《管子·参患》曰："兵不完利，与亡操者同实；甲不坚密，与俴者同实；弩不可以及远，与短兵同实；射而不能中，与无矢者同实；中而不能入，与无镞者同实；将徒人，与俴者同实；短兵待远矢，与坐而待死者同实。故凡兵有大论，必先论其器、论其士、论其将、论其主。故曰：器滥恶不利者，以其士予人也；士不可用者，以其将予人也；将不知兵者，以其主予人也；主不积务于兵者，以其国予人也。"管仲将兵甲是否精良作为作战的首要因素，以对比的方式分析了兵甲不精良的严重后果。管仲并对兵甲进行试用评选，"春秋角试以练，精锐为右。"（《管子·七法》）春秋两季进行比试，精锐的列为上等。

齐兵高超的技击本领与精良的兵甲提高了军队的战斗力，在诸侯国争战时期与魏国武卒、秦国锐士并称三支实力强大的军队。同时齐人善技击的传统对后世齐鲁大地武术技艺的形成与发展产生了深远的影响。

重谋略。齐人足智多谋在史书中多有记载。《史记·货殖列传》对齐人的描述："其俗宽缓阔达，而足智，好议论，地重，难动摇。"司马迁认为齐地民俗开阔舒展，豁达不拘小节，齐人富于智慧，喜好议论，秉性稳重，意志坚定，颇有大国风范。《史记·齐太公世家》记载了司马迁根据自己的见闻切身感受到的齐民的智慧："其民阔达多匿知，其天性也。"齐人胸怀豁达且深沉多智，这是他们的天性。《汉书·地理志》中亦记载齐民"舒缓阔达而足智"的性格。齐人"足智"的特点在"尚武"习俗的影响下，形成了"隆技击"的对抗风格和"重谋略"的作战方式。在与对手的直接对抗中，齐人擅长技击之术，通过精湛的手法、腿法、脚法、心法以及兵器使用技法以战胜对方。在作战中，齐人则擅长以谋略取胜，与敌方交战，善于通过运筹帷幄，以最少的损失取得最大限度的胜利。

尚功名。齐人在太公姜尚"举贤上功"用人政策的引导下，形成了"矜功名"的性格。齐桓公重视勇武之士的举荐与任用，以武勇获取功名成为许多勇武之士的价值追求。在孟尝君门下食客三千，众多食客中在胆识、谋略、技击、拳术等某一方面与众不同，在孟尝君遇到重要事情的时候，食客则挺身而出，以报知遇之恩，并博得美名，或获得认可得到一定的官位。以勇武博取功名，齐地出现了各类勇武之士。勇士对获得的功名十分看重，晏婴"二桃杀三士"则是利用了勇士"矜功名"的弱点，轻而易举地杀害了三位勇士。齐景公时，齐国三位勇士公孙接、田开疆、古冶子武艺高强，勇气盖世，战功赫赫，名闻天下。三人因武艺高、功劳大而骄横傲慢，不把晏婴放在眼里。齐景公按照晏婴的计谋，将两个桃子赐给三位勇士，让他们论功而食。公孙接、田开疆自认为功劳大抢先拿到了桃子，古治子因没有拿到桃子愤然讲述自己的卓越功劳，拿到桃子的两位听后因自己贪婪无耻的举动而羞愧难当，自杀身亡，古治子因自己羞辱朋友的无义之举而痛悔，也自杀身亡。三位勇士先是争功，后则为道德仁义皆弃桃自杀。三位勇士争桃子体现了齐国勇武之士对功名的追求。然而，三位勇士又不同于诸多追求功名的勇士，成为勇武之德教化的榜样。三位勇士争功名过程中发现自己道德品行的弱点，为保护自己的道德荣誉而放弃对功名的追求。由争功名到保德行，并杀身成仁，三位勇士的做法对后世武术文化以德为首观念的形成影响深远。

此外，尚武习俗影响下的齐人尚有“怯于众斗”的特点。崇技击、重谋略、尚功名的性格反映了齐人逐利观念对尚武习俗的影响。武勇与逐利相结合还形成了齐人“怯于众斗，勇于持刺，故多劫人者”(《史记·货殖列传》)的特征。齐人多人对阵时显得胆怯，而勇于独自拿着兵器去行刺，这一现象在史书中多有记载。一方面，齐兵胆怯，战斗力不强。齐桓公时管仲治兵有方，军队战斗力加强，然而到了战国时期，齐国以爵位、重金激励齐兵作战，导致齐兵胆怯。孙膑与庞涓作战，孙膑因“齐号为怯”而减灶设下重兵，庞军因“固知齐兵怯”(《史记·孙子吴起列传》)而上了孙膑的圈套，由此看来，齐兵怯战在诸侯国中远近闻名。另一方面，齐人逞个人之勇，以个人之勇武、技击之高强、计谋之高明而名闻天下者甚众。“齐国士民中，无不争强斗勇，甚至决斗杀人，并以此标榜夸耀。终齐一世，仗剑行义、热衷格斗者有之，暗杀行刺、鸡鸣狗盗者亦有之，至于剑士、武夫、力士、刺客、拳勇之类，始终充溢于邑野。”[①]齐人“怯于众斗，勇于持刺”特点的形成不仅与齐人的逐利思想有关，而且与重赏制度有关，在危难时刻，重赏都会变成无利或利小之举，因此，建仁义之师方是治兵之道。

二、民间休闲娱乐活动的兴盛

经济的繁荣与思想较少束缚造就了齐国民间娱乐活动的兴起。一方面，传统习兵练兵的训练方式和祭祀礼仪活动逐渐走向娱乐化，休闲娱乐活动的种类增多了。根据文献资料记载，齐地的民间休闲娱乐活动有田猎、射箭、投壶、斗鸡、走犬、秋千、飞鸢、蹴鞠、棋类、登山、游水、手博、角力、奔跑、跳跃、投石、逾矩以及百戏舞蹈等，种类繁多，形式多样。另一方面，王公贵族的休闲娱乐活动逐渐走向市井民间，开展的范围广阔了，参与的群体扩大了。我国古代的休闲娱乐活动几乎都可以在齐国找到痕迹，齐民的富有成为参与各种娱乐活动的经济基础，思想的开放自由激发了齐民参与的热情，丰富多样的休闲娱乐活动带来了齐都临淄的繁华。

---

① 陈恳:《“齐国之武技”考论》,《中山大学学报论丛》2005 年第 4 期。

(一)习兵、礼教活动走向娱乐化——田猎、射箭、投壶

1. 田猎

商周时期,田猎是王公贵族进行军事训练、祭祀、礼教的重要方式。在田猎过程中,贵族子弟可以进行排兵布阵、作战方式的练习,可以训练射杀、追杀的能力,培养勇武之气和对抗的技能;田猎所获猎物是祭祀牲祭的主要来源;周王与各诸侯田猎的规模、时间及狩猎对象、方式都需要遵循礼制的具体要求,因此田猎又是贵族子弟学习礼制的重要方式。田猎与军事、祭祀的密切关系决定了周王及各诸侯对田猎的重视。田猎在齐国君臣的治国方略下与祭祀、礼教的关系逐渐疏离。太公姜尚"因其俗,简其礼"的举措在一定程度上削弱了礼制对田猎的约束;齐相管仲寓兵于民建立兵制,将田猎作为民兵练兵的重要方式,其形制规模及时间安排都有了很大的改变。

田猎与祭祀、礼教关系的疏离致使其休闲娱乐的功能凸显出来。齐国国君对田猎的痴迷多源于其娱乐功能。齐襄公"田狩,不听国政"(《国语·齐语》);齐桓公、齐景公等都十分喜欢田猎。《诗经》305 篇中田猎诗共 7 首,《齐风》就有 2 首。《卢令》一诗则写出了猎人的健壮勇武和猎犬的轻快迅捷;《还》通过两位猎人相遇同行,赞美对方狩猎的英姿,展示了猎人田猎的场面。

诗经·齐风·还

子之还兮,遭我乎猺之间兮。并驱从两肩兮,揖我谓我儇兮。

子之茂兮,遭我乎猺之道兮。并驱从两牡兮,揖我谓我好兮。

子之昌兮,遭我乎猺之阳兮。并驱从两狼兮,揖我谓我臧兮。

【译文】

你真敏捷又矫健,咱们相遇在猺山。共同追赶两野兽,向我行礼夸我好。

你真英俊又貌美,咱们相遇猺山道。共同追赶两雄兽,向我行礼夸我好。

你真强壮又勇武,咱们相遇猺山南。共同追赶两只狼,向我行礼夸我好。[①]

汉代《毛诗序》认为这首诗是对齐哀公沉溺于田猎的讽刺:"《还》,刺荒也。哀公好田猎,从禽兽而无厌。国人化之,遂成风俗,习于田猎谓之贤,闲于驰逐谓之好焉。"在毛诗对《还》的注解中,可以看出齐人在齐哀公的影响下热衷田猎的风俗。后世民间百姓在农闲时节"细狗撵兔"即由田猎演变而来。

---

① 《诗经·还》,http://www.gushiwen.org/GuShiWen_6620a26dbb.aspx.

2.射箭

射箭是西周六艺之一，是维护社会秩序、培养贵族子弟品行的重要工具。齐人善射，齐地流传着后羿射日的传说。《诗经·齐风·猗嗟》一诗以女子的口吻塑造了一位善射的美男子形象：

诗经·齐风·猗嗟

猗嗟昌兮，颀而长兮。抑若扬兮，美目扬兮。巧趋跄兮，射则臧兮。

猗嗟名兮，美目清兮。仪既成兮，终日射侯。不出正兮，展我甥兮。

猗嗟娈兮，清扬婉兮。舞则选兮，射则贯兮。四矢反兮，以御乱兮。

【译文】

哎哟这人真健壮，身材高大又颀长。前额方正容颜好，双目有神多漂亮。进退奔走动作巧，射技实在太精良。

哎哟这人真精神，眼睛美丽又清明。一切仪式已完成，终日射靶不曾停。箭无虚发中靶心，真是我的好丈夫。

哎哟这人真英俊，眼睛清澈又明亮。舞姿端正节奏强，箭出穿靶不空放。四矢同中靶中央，抵御外患有力量。①

诗中的男子英俊潇洒且射技高超，射箭过程中的一举一动不仅符合礼仪规范，而且箭不虚发，四箭皆中，穿靶有力。诗中虽然提到男子射箭进退奔走的动作符合仪式要求，但整首诗的基调并不是庄严肃穆的，而是洋溢着愉悦与轻松，从一个女子的视角去描写，所展现的男子美是刚健有力的阳刚之美。对于这首诗的解释，有的认为与鲁庄公有关，鲁庄公的母亲文姜是齐襄公的妹妹，此诗在对鲁庄公赞颂的背后蕴含了其母不贤与齐襄公兄妹乱伦一事。此种解释颇为牵强，这首诗无疑展现了齐人善射的习俗。与孔子"射不主皮"不同，齐人射箭的礼教色彩淡化，技艺精良且勇武有力成为衡量的重要标准。

3.投壶

投壶是古代士大夫燕饮时的一种投掷活动，也是古代礼治教化的重要方式。《礼记》详细记载了投壶的用具、程序、步骤等。有关投壶活动的记载最早是《左传·昭公十二年》，由此看来，投壶在春秋时期已经在王公贵族中流行。《左传》记载了晋昭公与齐景公宴饮投壶，按照礼仪要求先后投矢，并吟诵诗句表达自己的心意：

晋侯以齐侯宴，中行穆子相。投壶，晋侯先。穆子曰："有酒如淮，有肉如坻。寡君中此，为诸侯师。"中之。齐侯举矢，曰："有酒如渑，有肉如陵。

① 《诗经·猗嗟》，http://www.gushiwen.org/GuShiWen_edeeccbc7f.aspx.

寡人中此，与君代兴。”亦中之。伯瑕谓穆子曰：“子失辞。吾固师诸侯矣，壶何为焉，其以中俊也？齐君弱吾君，归弗来矣！”穆子曰：“吾军帅强御，卒乘竞劝，今犹古也，齐将何事？”公孙叟趋进曰：“日旰君勤，可以出矣！”以齐侯出。（《左传·昭公十二年》）

后人认为，投壶是由射礼演变而来，“投壶，射之细”（东汉郑玄注《礼记·投壶礼》）。纵观历代对投壶礼的解释，可将射礼演变为投壶礼的原因概括为以下两个方面：一是文士阶层崛起，宾主缺乏精良的射箭技艺，而投壶相对来讲力量要求低、技术难度低；二是射礼规制宏大，空间太小或人数太少难以进行，而投壶礼不受空间和人数的限制。通过晋昭公与齐景公宴饮投壶的过程，可以看出投壶礼与射礼的差异。投壶礼在用具上、程序上已大大简化，其礼教功能被弱化，晋昭公与齐景公借投壶表现二人争霸的雄心，投壶礼成为一种粉饰的工具。投壶活动在器具、力量、技术等方面要求不高，娱乐功能凸显，后来发展为民间投戏之一。1975 年在山东莒南殉人墓出土的陶壶是最早的投壶器具，该陶壶颈长、腹鼓、底平，口沿有明显的撞击和磨损痕迹，整支陶壶以雷纹表装饰。经专业人士鉴定，这支陶壶就是春秋时期的投壶实物。①

(二)休闲娱乐活动走向民间——斗鸡、走犬、秋千、飞鸢

1. 斗鸡、走犬

齐国斗鸡游戏盛行，参与者众多，既有达官贵人，也有平民百姓。据《史记·苏秦列传》记载，齐都“临淄甚富而实，齐民无不吹竽鼓瑟，弹琴击筑，斗鸡走犬，六博蹋鞠者”。在富庶的经济条件下，临淄民众或吹拉弹唱，或以鸡狗为乐，或下棋踢球，不一而足，甚是快乐。齐人斗鸡不仅参与者多，而且驯鸡、斗鸡颇为讲究。《庄子·外篇·达生》中记载了纪渻子为齐王养斗鸡的故事②：

> 纪渻子为王养斗鸡。十日而问：“鸡已乎？”曰：“未也，方虚骄而恃气。”十日又问，曰：“未也，犹应向景。”十日又问，曰：“未也，犹疾视而盛气。”十日又问，曰：“几矣，鸡虽有鸣者，已无变矣，望之似木鸡矣，其德全矣。异鸡无敢应者，反走矣。”

纪渻子养斗鸡不仅注重斗鸡的力量与技巧，而是通过观察斗鸡的神态、气势培养斗鸡的品质与境界。斗鸡经过十日的训练，表面看上去盛气凌人，但内心空虚且傲慢，这是一种浮躁的状态，尚需训练；又过十日，斗鸡看到对手已经有了反

---

① 参见赵九平：《春秋时期集礼仪与娱乐为一身的投壶运动述考》，《兰台世界》2015 年第 5 期。

② “纪渻子为王养斗鸡”中对于“王”的解释有两种说法：一为周宣王，一为齐王。齐国富庶，有斗鸡活动开展的经济基础，且市民中斗鸡者甚众。本文认为齐王喜爱斗鸡，有专业的养斗鸡、驯斗鸡的人是合理的，故将“王”释为“齐王”。

应，但缺乏斗志；又过十日，斗鸡斗志昂扬，目光敏锐，但锋芒毕露，充满了傲气与怒气，此时斗鸡参战难以稳操胜券；又过十日，此时的斗鸡面对挑战者的挑衅，神色自若，精神专一，不惊不动，投入战斗则必胜无疑。“呆若木鸡”即是对斗鸡最高境界的描绘。《庄子》通过纪渻子驯养斗鸡的故事阐释了道家恬淡无为的思想，这则小故事也反映了齐民对斗鸡经验的总结，对后世的斗鸡游戏具有一定的借鉴意义。

“走犬”一词古今异义，古代是指一种娱乐方式；今人所言“走犬”即“走狗”，多用其比喻义，指受人豢养而帮助作恶的人，是一个贬义词，与古代的博戏娱乐毫无关系。古代的“走犬”指供人们娱乐的狗，主要有两种用途：一是猎狗。古人打猎时放出猎狗追捕野兽，体味与猎狗共同追赶及获取猎物的乐趣，“飞鹰走狗”中的“走狗”即是指猎狗。另一种是赛狗。主人组织狗与狗比赛，在观赏比赛中获得乐趣。狗与狗的竞争也是主人间的竞争，以期通过赛狗谋得钱财、地位、名声等，因此，赛狗具有赌博的性质。《史记·苏秦列传》记载齐民娱乐盛况时描述道：“齐民无不吹竽鼓瑟、弹琴击筑、斗鸡走犬、六博蹋鞠者。”此处“走犬”与“斗鸡”并列，在齐都临淄广为开展，齐民大多有经济条件养狗以娱乐，由此可以推断，其义是指后者，是与“斗鸡”一样具有赌博性质的博戏。“斗鸡”取胜不仅需要斗鸡健壮有力，而且要有斗的技巧，因此，斗鸡需要精心驯养；而“走犬”比试的主要是速度，技巧难度较低，易于驯养，在民众中更易普及，因而在富庶的临淄参与“走犬”者甚众。

2.秋千、飞鸢

秋千是古代的一种娱乐方式。对于秋千的起源，诸多文献记载源于北方少数民族，由北方传入中原则是齐桓公的功劳。北方少数民族攻打燕国，燕国求救于齐国，齐桓公北征打败少数民族，并将他们的秋千游戏带回了齐国。《汉书·匈奴传上》也载：“山戎伐燕，燕告急齐，齐桓公北伐山戎，山戎走。”宋代高承《事物纪原》是专门记载事物源流变化的一部书，“自博弈嬉戏之微，鱼虫飞走之类，无不考其所自来”。此书记载了秋千由齐桓公传入中原的说法：“秋千，山戎之戏，其民爱习轻娇之态，每至寒食为之。自齐桓公北伐山戎，此戏传人中国。”秋千是山戎寒食节民俗之一，传入中原之后，渐渐融入到清明节中。明代谢肇淛《五杂俎》卷五也曾如是记载，并提到明代时期齐地秋千之戏十分盛行：“南方好傀儡，北方好秋千，然皆胡戏也。……秋千源自齐桓公伐山戎，传其戏入中国。今燕、齐之间，清明前后，此戏盛行。所谓北方戎狄爱习轻趫之能者，其说信矣。”秋千经齐桓公传入中原，已融入了人们的民俗生活中。

秋千有多种玩法，最常见的是荡秋千，荡秋千者或坐或踩在木板上，一前一后荡来荡去，以高为胜。荡秋千操作简单，颇得女子与少年儿童的喜爱。还有一种玩法是转秋千。清代郑板桥曾任潍县（今山东潍坊）县令，十年后对潍县的转秋千习俗念念不忘。《怀潍县》一诗描述了众多女子打秋千的美妙情景:“纸花如雪满天飞,娇女秋千打四围。五色罗裙风摆动,好将蝴蝶斗春归。”《潍县志稿》记载了潍县转秋千的特点:“转秋千,高与城齐,十余岁的女子坐其上,可容二十余人。其下有十余壮夫推之如推磨,然则秋千飞转。”潍县转秋千的“架子是单杆的,需要底盘或架子固定,中间竖起的高杆上有齿轮样的把手,杆的顶部横一杠,杠两头各拴一秋千,转秋千者坐好后,由身强力壮的小伙子转动高杆把手使其旋转,并带动高杆上的秋千转动”①。清末潍县诗人陈恒庆曾为转秋千赋诗:“秋千矗立转东风,倒影河流夕照红;群女如花天上坐,哗然笑语五云中。”

清代以后,随着转秋千经验的积累,秋千的架子增高了,转的技术难度也不增加,每年春分过后,潍县人在北沙滩搭建秋千架,练习转秋千,清明节前几天举行盛大的秋千会。据相关资料记载,潍县北沙滩的秋千架高大复杂。中间是一根高达十几米的大圆柱,绑在柱身上供推转的横柱离地1米多,秋千架的平台离地约5米,供转秋千的女子和敲锣的人使用,再往上是拴秋千座位的8条木柱,呈漏斗状,像鸟窝,被称为“老鸹窝”。“老鸹窝”一圈可挂秋千座位8个,根据需要和承重能力可以增加。秋千盛会持续三天,男子推转横柱增加动力,女子争先恐后转秋千,感受半仙之戏带来的欢乐。不仅如此,在盛会的最后,还有青壮男子以竞技的方式爬上圆柱顶上“拔旗”。“拔旗”者在柱顶上展示高超的技艺,被称为“打故事”,动作惊险,颇似现在高难度的杂技。

莒县转秋千历史悠久,据说“此地居齐长城之阳,居穆陵关之门户,或许是秋千(由齐桓公)传入的最早地域”②。虽然记载古代莒县转秋千情形的文献资料较为缺乏,但通过1949年后莒县秋千会的盛况仍然可以了解转秋千的特点。莒县转秋千流传的范围是莒北碁山主峰以东,长城岭下,以大林茂、大野场、小河等村为中心,秋千会举办的时间是寒食至清明期间。莒县转秋千与潍县转秋千一样,在历史传承过程中,积累了丰富的秋千技艺。在秋千盛会上,人们转秋千的技艺令人眼花缭乱,拍手叫绝。女子的绝技有“凤凰展翅”“织女飞梭”“天女散花”等;男子技艺更是惊险刺激,有“金鸡独立”“壁虎倒爬”“喜鹊登枝”“金钩倒挂”“鹞子翻身”“麒麟送子”“霸王观阵”“老虎蹲山头”“老虎睡觉”“鹞鹰亮翅”“太公钓鱼”“王小摸鱼”“鲤鱼打挺”等。③ 莒县转秋千因其传承历史悠久、秋千会规模盛大、秋千技艺精妙绝伦等特点于2007年列为日照市第一批非物质文化遗产名录,于2009年列为山东省第二批非物质文化遗产名录。

---

① 张从军:《打秋千》,《民俗研究》2013年第4期。

② 《日照文化遗产寻访之莒县转秋千》,http://www.kaixian.tv/roll/n2777781c7.shtml.

③ 《日照文化遗产寻访之莒县转秋千》,http://www.kaixian.tv/roll/n2777781c7.shtml.

秋千由齐桓公自北方山戎传入齐地，逐渐融入到齐地乃至中原的日常和民俗生活中。荡秋千的秋千架制作简单，可以因地制宜，便捷随意，在民众日常生活中极为常见，成为女子和少年儿童娱乐的重要方式。转秋千的秋千架则制作难度很大，从需要的材料和搭建的工艺上都需要众人协作方能完成，因此，转秋千在流传中势必融入民俗生活中，承载特定的民俗文化。转秋千的民俗文化意义在历史的流传过程中随着时代的变化也有所不同。首先，转秋千具有古代祭奠遗风，表达了人们对平安幸福的祈求。转秋千又名"打秋千"，在方言中，"打秋千"与"打悠千"音似，意谓越打越有钱。秋千盛会之前要集体焚香烧纸，祈求平安，"悠千神，悠千神，光打悠千别跌人"。打秋千之前登上秋千高台撒糖果，大家争相哄抢，期望生活如糖果般甜美。打秋千者在高空转秋千时抛洒纸符、黄豆，意谓驱灾辟邪。人们通过转秋千聚在一起，以表达对美好愿望的追求，体现了一种积极乐观的生活态度。其次，在追求自由爱情上，转秋千与荡秋千在青年男女之间都扮演了重要的角色。纵观中国古代有关秋千的诗词，可以看到秋千是自由爱情的媒介和见证之一。荡秋千多为庭院中女子独自玩乐，对自由情感的追求较为含蓄，更多则是情感倍受压抑所带来的感伤。而转秋千是众人集会的方式，青年男女表达情感也更为直接、炙热。转秋千传递着人们对生活的热爱和美好情感的追求。其三，现今转秋千成为联系乡谊、密切乡谊的民俗游艺活动。

飞鸢是风筝的前身，起源于战国时期。据记载，飞鸢的制作者有两种说法：一是墨子。《列子·汤问》："夫班输之云梯，墨翟之飞鸢，自谓能之极也。"《韩非子·外储说》："墨子为木鸢，三年而成，蜚一日而败。"墨子三年做成木制飞鸢，结果飞了不到一天就掉落下来。二是公输班。《墨子·鲁问》："公输子削竹木以为鹊，成而飞之，三日不下，公输子以为至巧。"公输班以竹木制作飞雀，飞了三日不落。无论飞鸢最早制作者是墨子还是公输班，可以看到制作的技巧和材质是飞鸢能否成功的重要因素。齐地富庶且养蚕业、丝织业十分发达，"齐带山海，膏壤千里，宜桑麻，人民多文彩布帛鱼盐"，齐国对外贸易往来频繁，"故齐冠带衣履天下，海岱之间敛袂而往朝焉"(《史记·货殖列传》)。飞鸢的制作采用齐地的丝绸绢帛和竹木，飞天的效果更好。作为齐地之一的潍坊，其风筝文化历史悠久且独具特色，与传统飞鸢的制作有着内在的联系。

三、蹴鞠文化

蹴鞠又名"蹋鞠""蹴球""蹴圆""筑球""踢圆"等，是一项起源于齐地的古老运动。从战国时期一直到唐宋，蹴鞠发展为不同阶层喜爱的健身娱乐活动，出现了"球不离足，足不离球，华庭观赏，万人瞻仰"(马端临《文献通考》)的繁盛局面。元明清时期，由于多方面的原因，蹴鞠逐渐被边缘化，进而走向沉寂衰落。进入

21世纪以来，随着休闲文化的兴起，民间体育得到了广泛的关注，蹴鞠文化再度进入人们的视野。临淄蹴鞠被论证为世界足球的起源，蹴鞠文化也大放异彩，成为淄博城市文化、世界足球文化的一个重要事件。此外，由蹴鞠衍生了多种运动项目，如踢足球、踢毽子、打马球、冰上蹴鞠（已失传）、打鞠球（石质鞠球），进一步丰富了中国传统体育文化。

（一）蹴鞠的起源

对于蹴鞠的起源，古代典籍中语焉不详。最早的记载是《战国策》与《史记》的《苏秦列传》《货殖列传》，在记述齐国的繁荣富庶时提到了蹋鞠流行的盛况，而对于蹴鞠的起源仍是不得而知。刘向《别录》对蹴鞠的起源及特点作了简约而谨慎的说明："蹴鞠者，传言黄帝所作。或曰起战国之时。蹋鞠，兵势也，所以练武士知有材也，皆因嬉戏而讲练之。"传说蹴鞠源于黄帝，无从考证；言说蹴鞠起于战国，却也言之稍晚。据《史记》记载，齐都"临淄甚富而实，其民无不吹竽鼓瑟，弹琴击筑，斗鸡走犬，六博蹋鞠者"。或许言语有些夸张，但仍可推断蹴鞠在战国时期的齐地已发展颇为成熟。蹴鞠最早的记载与齐地有关，且后世有关蹴鞠的记载也大多与齐国临淄联系在一起，这一现象说明蹴鞠与齐国有着很深的渊源。再加以传说中蹴鞠是由黄帝而作，黄帝与齐地东夷部落的首领蚩尤作战，以战败者蚩尤的胃做成球让士兵踢来踢去。综合蹴鞠起源的多种说法，蹴鞠源于齐国临淄亦顺理成章了。

对于蹴鞠的起源，不仅需要查阅文献典籍和考古资料，还需要从文化发生学的角度对其进行客观的分析。蹴鞠源于齐地，与齐国繁荣的经济、手工业的发达以及尚技击的民风有着内在的联系。

首先，齐国临淄的富庶是蹴鞠产生的前提与基础。蹴鞠与吹竽鼓瑟、弹琴击筑、斗鸡走犬以及六博是齐国百姓的休闲娱乐活动，休闲娱乐活动盛行的前提是民富国强。在古代史书中多有记载，齐国不仅是中原霸主，而且施行了藏富于民的治国策略。管仲相齐，把富民放在首位，"凡治国之道，必先富民"。重视发展农业生产，大力发展工商业，削减百姓税收，因此，齐国国力大增："齐南有太山，东有琅邪，西有清河，北有渤海，此所谓四塞之国也。齐地方二千里，带甲数十万，粟如丘山。齐车之良，五家之兵，疾如锥矢，战如雷电，解如风雨……临淄甚富而实，其民无不吹竽鼓瑟、击筑弹琴、斗鸡走犬、六博蹹踘者；临淄之途，车毂击，人肩摩，连衽成帷、举袂成幕，挥汗成雨；家敦而富，志高而扬。""天下强国无过于齐者，大臣父兄殷众富乐，无过于齐者。"（《战国策·齐策》）国家安定强大，百姓安居富庶，为各种休闲娱乐活动提供了适宜的土壤。

其次，齐国发达的手工业为鞠的制作提供了工艺支持。所谓蹴鞠，即球也。球形物体弹跳、活动能力强，不仅是生产实践中的重要工具，也具有较高的娱乐价值,球戏成为古代重要的娱乐方式。蹴鞠的规则是用脚踢球,对球的材质及工艺有着极高的要求:球的材质不能太坚硬,以免对脚及身体的其他部位带来伤害;需要坚韧,否则容易踢破;球体越圆越好,这样运动性能高;球重轻便一些更好,运动会更便捷。唐人颜师古在《汉书·艺文志》中注曰:“鞠以韦(经去毛加工制成的柔皮)为之,实以物,蹴蹋之以为戏也。”根据相关文献记载及考古发现,齐国发达的手工业可以制作出适宜脚踢的球。齐国建立之初就确立了发展工商业的治国策略:“通商工之业,便鱼盐之利”(《史记·齐太公世家》),“劝女工,极技巧”(《史记·货殖列传》),认识到工商业在国家政治、经济、军事方面的重要性。《管子·七法》“为兵之数”分析了“工”“器”对增强军事战斗力的重要作用:“财盖天下,而工不盖天下,不能正天下;工盖天下,而器不盖天下,不能正天下”,技术发达、工具先进是增强国力、军事实力的重要手段。《考工记》是我国目前所见年代最早的手工业技术文献,该书记述了齐国官营手工业各个工种的设计规范和制作工艺,虽未注明作者及成书年代,一般认为是春秋战国时期由齐人完成的,称其为齐国的官书。《考工记》中“鲍人”部分详细记述了各类皮革的鞣制工艺:

鲍人之事,望而视之,欲其荼白也;进而握之,欲其柔而滑也;卷而抟之,欲其无迆也;视其著,欲其浅也;察其线,欲其藏也。革欲其荼白,而疾浣之,则坚;欲其柔滑,而脂之,则需。引而信之,欲其直也。信之而直,则取材正也。信之而枉,则是一方缓、一方急也。若苟一方缓、一方急,则及其用之也,必自其急者先裂。若苟自急者先裂,则是以博为帴也。卷而抟之而不迆,则厚薄序也。视而著其浅,则革信也;察其线而藏,则虽敝不甐。

【译文】

观察鲍人[鞣制皮革]过程,远看那皮革,要像茅、芦的花那样白;进前用手握一握,要感到很柔滑;把它紧紧地卷起来,要整齐而不斜;看皮革上两皮缝合处,要又薄又窄;看那缝合处的线,要隐藏不显。皮革要像茅、芦的花一样白,而清洗时很快捷[不使入水时间过久],就会坚韧;要使皮革柔滑而涂上厚厚的油脂,就会很柔软。拉而伸展皮革,要它很平直。拉伸开来很平直,就说明所取革材纹理很正。伸展开来歪斜不直,就因为[拉伸时用力]一边紧,一边松。如果[拉伸时用力]一边紧,一边松,到用皮革的时候,一定会从紧的一边先断裂。如果从紧的一边先断裂,那就是使宽的皮革反而变窄了。将皮革卷紧而不歪斜,就说明厚薄均匀。看到皮革缝合处又薄又窄,皮革就不会伸缩变形;看到皮革上的缝线隐藏不显,即使皮革用坏了,缝线也不会受损伤。①

① 《冬官考工记第六·筑氏/玉人》,http://shici.chazidian.com/shi47896/.

《考工记》记述的手工业分工细密，人尽其能，技术精湛，“攻木之工七，攻金之工六，攻皮之工五，设色之工五，刮摩之工五，抟埴之工二”。由此看来，齐国的手工业水平能够制作出既圆又轻、适宜于脚踢的球。

其三，齐民尚武勇技击的民风为蹴鞠玩法规则的创造提供了丰富的智慧。蹴鞠即用脚踢球，这一运动项目不仅对球的制作有着较高的要求，而且体现了对于技能、技巧的运用。不用手而用脚或身体的其他部位踢球，具有较高的技术难度。颠球要控制球不落地，踢球需要注意力量、角度以及脚触球位置、面积的大小，运球则在自己掌控的范围内推拨球，接球要求将运行中的球接控在需要的位置上。球运动灵活多变，用脚掌控球需要娴熟的技术，齐人“隆技击”的特点为蹴鞠的产生提供了技术支持。由于齐人多智慧，重权谋，因此，在竞争对抗中，齐人注重技术、战术的运用，创造了丰富的兵家文化。善技击的齐人对于球戏进行了更多创造性的改变，创新的球戏蹴鞠不仅脚法富有变化、技术要求高，而且在比赛中需要布阵、战术与协同配合等多项技能，蹴鞠体现了齐人较高的技击水平。同时，齐地尚武勇的风尚促使齐人参与到蹴鞠活动中。与斗鸡、走狗、六博等其他娱乐活动相比，蹴鞠需要参与者自身参与到运动中，并要求具备一定的力量素质。齐人受东夷文化的影响，性格豪放，身材高大健壮，善于搏斗。齐人尚武勇的风尚得到了统治者的倡导与激励，齐国国君不仅身体力行，喜爱练力搏斗，而且对于战场上的获胜者，给予重金奖励。相较于其他娱乐活动，蹴鞠是具有勇武之风的一项运动，后世逐渐成军队训练的一种方式。

此外，蹴鞠的产生与齐国的寓兵于农的制度有关。齐相管仲实行了“连五家之兵”的制度，五户农家为一轨，作为兵农的基层单位。据考证，最早的蹴鞠比赛是六人制，“由伍长或轨长率领五人参加，故为六人制，只有齐国最有可能使这种军事训练项目走向民间”①。

（二）汉至唐宋时期蹴鞠文化的繁荣

汉代至唐宋时期，蹴鞠逐步完善，并发展到鼎盛阶段。在这1500年间，蹴鞠的规则、场地都有了新的变化，鞠的制作工艺也有了极大的提高，参与的群体既有帝王将相、达官贵人，也有平民百姓、女子儿童，成为深受不同阶层人群喜爱的一项运动。

首先，蹴鞠的规则及玩法的演变。自汉至宋，蹴鞠玩法多样，从乐舞蹴鞠到白打，从同场直接对抗到隔门间接对抗，蹴鞠规则也相应地进行调整并趋于完善。汉代百戏盛行，乐舞蹴鞠多是贵族阶层在鞠城观赏蹴鞠表演，并有音乐伴奏。音乐随着蹴鞠的舒缓紧急的节奏以及审美风格的不同而有所变化。“一般

① 解维俊主编：《齐都蹴鞠》，百花文艺出版社2006年版，第44页。

情况下，男子蹴鞠伴舞乐，女子蹴鞠伴管乐，男子强调雄壮，女子偏重婀娜。”①汉画像石中展示了乐舞蹴鞠的美妙情景。西晋陆机《鞠歌行》“序”对于鞠歌亦有记载：“汉宫阁有含章鞠室、灵芝鞠室，后汉马防第宅卜临道，连阁通池，鞠城弥於街路。鞠歌将谓此也。”唐宋时期，军中蹴鞠、蹴鞠比赛保留了配乐伴奏的形式，唐朝诗人韦应物《寒食后北楼作》曰：“遥闻击鼓声，蹴鞠军中乐。”目前，在大型足球比赛中，观众席上的球迷仍然通过敲鼓、吹喇叭等方式为球员加油助威。

白打是不用球门，比试踢高、踢出花样的蹴鞠形式。白打可以自己娱乐，也可以多人娱乐或分班比赛，形式多样灵活且对场地要求不高，在民间便于推广。在汉代散踢式蹴鞠类似白打，是一种表演性舞蹈。到了唐宋时期，随着蹴鞠技能的提高与普及，白打花样翻新且高难度的动作备受追捧，“球终日不坠”“球不离足，足不离球”，蹴鞠技艺高超。“白打”作为散踢蹴鞠的名称正式确定下来，白打中的花样、动作则称为“解数”。根据身体控球部位的不同，解数分为上截解数、中截解数、下截解数，三种解数临时组合为成套的解数，经典的成套解数成为众人提高蹴鞠技能的套路，为了便于学习记忆，人们以比拟的方式加以命名：“转乾坤”“燕归巢”“斜插花”“风摆荷叶”“叶底摘桃”“玉佛顶珠”“双肩背月”“拐子流星”“金佛推磨”等等。

同场直接对抗是汉代蹴鞠的形式之一。汉代休养生息的治国理念不仅带来了国家的稳定富有，而且促进了民间休闲娱乐活动的繁荣，蹴鞠也由齐地推广到汉朝各地。汉代是封建社会上升时期，充溢着豪放昂扬的时代精神，与时代精神相契合，汉代蹴鞠注重力量性与竞争性，并成为军队训练的一种重要方式。西汉刘向《别录》曰：“蹋鞠，兵势也，所以练武士知有材也，皆因嬉戏而讲练之。”由此看来，蹴鞠是训练提高士兵作战技巧、能力的方法。东汉班固《汉书·艺文志》亦将介绍蹴鞠运动的文献《蹴鞠》二十五篇归类为“兵技巧十三家”。汉代蹴鞠的规则是同场直接对抗，将鞠踢入对方鞠室为胜，比赛过程运动强度大，对抗激烈。东汉李尤《鞠城铭》简要概括了蹴鞠的基本规则：“圆鞠方墙，仿象阴阳。法月衡对，二六相当。建长立平，其例有常。不以亲疏，不有阿私。端心平意，莫怨其非。鞠政由然，况乎执机。”该文从鞠的形状、鞠城的建制、蹴鞠队人数、裁判的标准、比赛的心态等方面展示了汉代蹴鞠的特点。

隔网间接对抗是唐宋时期蹴鞠的重要形式。汉代蹴鞠比赛注重力量与对抗性，唐宋时期蹴鞠比赛则注重技巧性，比赛的规则发生了很大的变化。蹴鞠场建制由汉代两个鞠室演变为中间单个鞠门；对抗方式由直接对抗变为间接隔门对抗；规则由将鞠踢进对方鞠室为胜改为踢入中间鞠门上的“风流眼”为胜。由鞠

① 解维俊主编：《齐都蹴鞠》，百花文艺出版社 2006 年版，第 64 页。

室演变为鞠门，蹴鞠的场地要求低了，较小的平整的空地就可以进行蹴鞠比赛；蹴鞠的人数变少了，活动开展更为便捷；直接对抗变为隔门间接对抗，蹴鞠的力量性、对抗性减弱了，不同年龄、性别的群体都可以参加；蹴鞠的技巧性增强了，蹴鞠者痴迷于花样翻新的蹴鞠技法的练习，形成了与汉代蹴鞠审美风格迥异的娱乐方式。但同时可以看到，三丈二尺高的鞠门增加了蹴鞠的难度，追求蹴鞠技法的风气在一定程度上影响了蹴鞠在民间的推广。明代《蹴鞠谱》对蹴鞠的规则、踢法等进行了具体描述，被称为最早的蹴鞠专业书籍，对了解唐宋蹴鞠具有重要意义。

表 3-1　　中国历代蹴鞠形制①

时间	蹴鞠形式	人数	裁判	规则	场地	其他特点
汉及汉以前	分队直接对抗	12 人	“长”和“平”	可冲击对抗、球进对方鞠室	小球门半月形；方形蹴鞠城	配鼓乐；男女可同场
	表演性散踢蹴鞠				平整的空地	配乐，类似舞蹈
唐	间接对抗	5～7 人	教正、知宾	球不着地、球过“风流眼”多者为胜	单球门；平整的空地	配乐；出现充气鞠
	白打	1～10 人		赛花样、技巧和准确性		
宋	间接对抗	5～7 人	教正、知宾	球不着地、球过“风流眼”为胜	单球门；平整的空地	配乐；出现球迷组织和比赛
	白打	1～10 人或更多		赛花样、技巧和准确性		
元明清	沿袭唐宋	沿袭唐宋	沿袭唐宋	沿袭唐宋	沿袭唐宋	清代出现“冰上蹴鞠”

其次，鞠的制作工艺日渐成熟。鞠的制作经历了近 2000 年的探索，材质的选择、加工以及制作的手法不断改进，由最初的“毛丸”演变为近似现代足球的“鞠”，极大提高了蹴鞠活动的魅力。鞠的材质与制作工艺直接影响着蹴鞠活动

① 本表借鉴《齐都蹴鞠》（解维俊主编，百花文艺出版社 2006 年版，第 100 页）中表格，并略有调整、增添。

的形制及普及的程度，宋代蹴鞠活动的繁荣即与鞠制作工艺的成熟及大量的生产销售有着密切的关系。

鞠的材质选自皮革。东汉许慎《说文解字》曰："鞠，从革匊聲。"意谓"鞠"是形声字，左形右声，"革"表其意，是指鞠为皮革类制品。皮革制作的鞠是由"毛丸"发展而来，晋郭璞注《三仓解诂》中，将"毛丸"与"鞠"联系起来："鞠，毛丸，可蹋戏。"毛丸是用毛发缠成球状，用脚踢的一种游戏。鞠的材质选用皮革，在汉代已广为流行。唐颜师古注《汉书》云："鞠，以韦为之，中实以毛，蹴蹋为乐。"唐司马贞《史记索隐》中云："鞠戏以皮为之，中实以毛，蹴蹋为戏也。"徐锴《说文解字系传》曰："蹋鞠，以革为圆囊，实以毛，蹴蹋为戏。"由此可以推断，由皮革制作鞠在战国时期已经存在，这与齐国皮革制作工艺的发展有着内在的关系。唐宋时期，皮革制作工艺有了进一步发展，"熟硝黄革，实料轻裁"，鞠的材质更加精细。

蹴鞠活动的一大变革是鞠由实心球演变为空心球。汉代的鞠是用毛发填充的实心球，"中实以毛"，至唐代出现了充气鞠。充气鞠是鞠由填充实物改为充气，充气鞠不仅形状更接近于圆形，而且弹性高。唐代仲无颇《气球赋》描述了充气鞠的特点："气之为球，含而成质，俾腾跃而悠利，在吹嘘而取实。尽心规矩方以致圆，假于弥缝，终使满而不溢。"宋代对充气鞠作了进一步改进：在鞠皮壳内放置一个动物膀胱，充气使之充盈，充气的方式由吹气变革为鼓风器充气，充气更为便捷。明代《蹴鞠图谱》记载了宋代充气鞠的充气要求："不可太坚，坚则健色浮急，蹴之损力。不可太宽，宽则健色虚泛，蹴之不起。须用九分着气，乃为适中。"同时，鞠的缝制工艺也有了很大的提高：一方面是鞠皮壳的片数逐渐增加。由起初的两片到四片、六片、八片、十二片，对缝制工艺要求越来越高，鞠的形状到宋代时已经"碎凑十分圆"了；另一方面，蹴鞠缝制方式由"外缝"演变为"内缝"。将缝好的鞠壳翻转，鞠壳表面不露线角，做成后的鞠更为美观。

宋代蹴鞠活动开展广泛，对鞠的需要量很大，而且宋代手工业和商业发展迅速，鞠的制作与销售走向行业化和商业化。宋代鞠不仅制作工艺精良，而且形成了诸多品牌，在明代《蹴鞠图谱》"健名色"中记载了当时知名度较高的品牌，有"六锭银""虎掌""人月圆""古老钱""锁子菊""葵花""不断云""曲水万字""云台月""五角""六叶龙""旋落虎掌""香烟篆""斗底""叶底桃""灵花虎掌""侧金盏""龟背""鹁鸽头""梨花虎掌""一对银""一瓶花""十二月""两朵云"等，其中部分品牌在后世还在沿用。

其三，参与的群体呈现多元化。汉魏六朝时期蹴鞠活动逐渐由达官贵人、军队走向民间。权贵人间以蹴鞠为乐，平民百姓也是"里有俗，党有场，康庄驰逐，穷巷蹋鞠"（《盐铁论·国疾》）。蹴鞠是汉代部队训练娱乐的重要方式，班固《汉书·卫青霍去病传》中记载：霍去病在塞外征战，"卒乏粮，或不能自振，而去病尚穿域蹋鞠也。”班固《汉书·艺文志》中记录曾有《蹴鞠二十五篇》，并将其归入兵家技巧类，这本书到唐代时已亡佚。东晋虞预《会稽典录》记载：“三国鼎峙，互兴金革。士以弓马为务，家以蹴鞠为学。”

汉朝有文字记载的“蹴鞠迷”有两位：一位是汉高祖刘邦的父亲。汉刘歆《西京杂记》记载：高祖父亲“徙长安，居深宫，凄怆不乐。汉高祖窃因左右问其故，以平生所好，皆屠贩少年，酤酒卖饼，斗鸡蹴鞠，以此为欢，今皆无此，故以不乐。高祖乃作新丰，移诸故人实之，太上皇乃悦。”汉高祖刘邦喜爱蹴鞠、斗鸡等娱乐活动，但痴迷程度史书记载颇少。另一位则是西汉项处，痴迷蹴鞠。患病请齐国国医太仓公为其诊脉，太仓公嘱其曰：“慎毋为劳力事，为劳力事必呕血死。”项处痴迷蹴鞠，未遵医嘱，结果蹴鞠出汗后咳血，第二天就死去了。此外，曹操也热衷于蹴鞠，鱼豢《魏略》记载：“孔桂字叔林，好蹴鞠，太祖(曹操)爱之，每在左右。”

唐宋时期休闲娱乐文化发达，蹴鞠空前繁荣。根据文献记载可知，蹴鞠参与群体日趋广泛，且出现职业化发展趋势，同时女子蹴鞠的绘画、诗词亦流传甚广。唐宋帝王如唐太宗、唐玄宗、唐僖宗、宋太祖、宋徽宗等都热衷参与蹴鞠、欣赏蹴鞠，帝王的喜好成为蹴鞠得以推广的强劲动力。宋代出现了全国性的蹴鞠组织“齐云社”，具有行会的性质，意味着齐云社成员是专业蹴鞠艺人，被称为“鞠客”。齐云社有严格的内部纪律和完善的组织机构，对宋代蹴鞠技艺的提高和社会影响力的提升都发挥了重要的作用。唐宋时期，蹴鞠活动的社会化程度逐渐提高，进而衍化为清明节习俗，为更多的女子参与蹴鞠创造了条件。女子蹴鞠多以白打的形式自娱自乐，具有较强的趣味性。

随着蹴鞠活动的广泛开展，世人对蹴鞠的认知也形成了多方面的认识。唐人对蹴鞠的认知更多停留在娱乐的层面，在唐诗中只是作为一个普通的物象。而在宋诗词中，蹴鞠已成为宋人认识社会的一种方式，涌现了诸多专咏蹴鞠的诗歌《蹴鞠谱》，兹录其中一首：

蹴鞠谱

巧匠圆缝异样花，身体轻贱实堪夸。

能令公子精神爽，曾诱王孙礼义加。

宜富贵，逞奢华，一团和气遍天涯，

宋祖昔日皆曾习，占断风流第一家。

此诗作者不详，诗句通俗简单，更像是一首打油诗。诗中描述了鞠的美观、蹴鞠人的轻巧矫健，而后对蹴鞠的诸种功能一一点明：蹴鞠运动能让人精神饱满；在蹴鞠活动中要遵守纪律、规定，以培养人的道德修养；蹴鞠作为集体性活动，能增强大家的团结意识；蹴鞠活动还是显示自身身份、地位的重要方式，在蹴鞠活动中最值得称道的是宋太祖。

(三)元明清时期蹴鞠文化的没落

蹴鞠运动在元代时期逐渐呈衰落趋势，至清代有关蹴鞠的记载已颇为稀少了。蹴鞠的没落与主流思潮以及社会的变革有着内在的联系。

首先，受主流社会观念的影响，人们对蹴鞠的价值定位发生了根本性的改变。汉唐时期是古代上升期，帝王开疆拓土，崇尚勇武精神；政治清明，南北文化、东西文化交流互融，思想相对自由，国家呈现盛世气象。在汉唐盛世蹴鞠的发展呈上升趋势。不仅帝王将相喜爱蹴鞠，而且将其作为军事训练的内容。上层社会的倡导，也促使蹴鞠走向了民间，并融入清明民俗，成为人们社会生活的一个组成部分。宋代蹴鞠发展到巅峰阶段，这与皇帝的喜爱、倡导密不可分，蹴鞠技能高超的高俅可以做上高官；同时与宋代市民阶层的崛起以及对休闲娱乐生活的追求有着内在的联系。至此，蹴鞠在社会中的多元价值得到了社会的认可。元明清时期，蹴鞠的社会定位逐渐被降低，价值功能被缩小，以至于成为负面价值的代表，其没落命运也就在所难免。元代与清代统治者皆为马背上的民族，对于中原文化孕育的技巧高超、装扮华丽的蹴鞠运动并不认同。元代时期不再自上而下提倡蹴鞠，蹴鞠逐渐演化为民间娱乐活动。清顺治皇帝曾口谕禁止蹴鞠。明代娱乐性蹴鞠逐渐沦落至赌博、淫乐的地位上，明朝皇帝并明令禁止蹴鞠："蹴圆者卸脚。"由于主流社会的压抑与打压，蹴鞠最终走向衰亡。

其次，蹴鞠的衰亡与儒家思想也有着必然的联系。儒家思想是中国古代社会两千年来的主流思潮，明清时期儒学的新形态"理学"逐渐走向极端，八股科举考试严重禁锢了人们的思想。在思想备受束缚的时代，缺少蹴鞠文化所倡导的竞技与对抗、公平与竞争得以生存的土壤。儒家重文轻武、重修心轻练力，明清时期的蹴鞠是一项纯娱乐性活动，不仅不能修身，反而被认为是游手好闲之徒热衷的玩意，蹴鞠与"玩物丧志"相提并论，蹴鞠因此而消亡。

蹴鞠由唐宋的巅峰走向元明清的没落，其走过的历程犹如在空中划过的一条弧线。蒲松龄在《聊斋志异》卷三的《汪士秀》中描述被踢破的鞠落入水中的一段话，与蹴鞠走过的历程何其相似："中有漏光，下射如虹；蚩然疾落，又如经天之彗，直投水中，作沸泡声而灭。"繁盛时期如长虹贯日，异常耀目；犹如划过长空的彗星，星光熠熠。但灿烂之后，却消失得无影无踪。

[附录]

聊斋志异·汪士秀

蒲松龄

汪士秀,庐州人。刚勇有力,能举石舂。父子善蹴鞠。父四十余,过钱塘没焉。积八九年,汪以故诣湖南,夜泊洞庭。时望月东升,澄江如练。方眺瞩间,忽有五人自湖中出,携大席,平铺水面,略可半亩。纷陈酒馔,馔器磨触作响,然声温厚,不类陶瓦。已而三人践席坐,二人侍饮。坐者一衣黄,二衣白;头上巾皆皂色,峨峨然下连肩背,制绝奇古,而月色微茫,不甚可晰。侍者俱褐衣;其一似童,其一似叟也。但闻黄衣人曰:"今夜月色大佳,足供快饮。"白衣者曰:"此夕风景,大似广利王宴梨花岛时。"三人互劝,引竟浮白。但语略小,即不可闻,舟入隐伏,不敢动息。

汪细审侍者,叟酷类父;而听其言,又非父声。二漏将残,忽一人曰:"趁此明月,宜一击为乐。"即见僮没水中,取一圆出,大可盈抱,中如水银满贮,表里通明。坐者尽起。黄衣人呼叟共蹴之。蹴起丈余,光摇摇射人眼。俄而然远起,飞堕舟中。汪技痒,极力踏去,觉异常轻。踏猛似破,腾寻丈;中有漏光,下射如虹;蚩然疾落,又如经天之彗,直投水中,作沸泡声而灭。席中共怒曰:"何物生人,败我清兴!"叟笑曰:"不恶不恶,此吾家流星拐也。"白衣人嗔其语戏,怒曰:"都方厌恼,老奴何得作欢?便同小乌皮捉得狂子来;不然,胫股当有椎吃也!"汪计无所逃,即亦不畏,捉刀立舟中。

倏见僮、叟操兵来。汪注视,真其父也,疾呼:"阿翁!儿在此。"叟大骇,相顾凄断。僮即反身去。叟曰:"儿急作匿。不然,都死矣!"言未已,三人忽已登舟。面皆漆黑,睛大于榴,攫叟出。汪力与夺,摇舟断缆。汪以刀截其臂落,黄衣者乃逃。一白衣人奔汪,汪剁其颅,堕水有声,哄然俱没。方谋夜渡,旋见巨喙出水面,深若井。四面湖水奔注,砰砰作响。俄一喷涌,则浪接星斗,万舟簸荡。湖人大恐。舟上有石鼓二,皆重百斤。汪举一以投,激水雷鸣,浪渐消;又投其一,风波悉平。

汪疑父为鬼。叟曰:"我固未尝死也。溺江者十九人,皆为妖物所食;我以蹋圆得全。物得罪于钱塘君,故移避洞庭耳。三人鱼精,所蹴鱼胞也。"父子聚喜,中夜击棹而去。天明,见舟中有鱼翅,径四五尺许,乃悟是夜间所断臂也。

(四)新时期蹴鞠文化的复兴

蹴鞠运动虽然在明清时期逐渐没落,但新时期蹴鞠文化得到了复兴,得到了国内外足球界的认可,并在发源地临淄(今山东淄博)得到了保护和传承。蹴鞠文化的复兴成为体育文化界的一个大事件。

首先,临淄蹴鞠被论证为世界足球的起源。学者通过大量的文献及考古资料研究了临淄蹴鞠的起源、发展历程以及鞠的制作、鞠室的规制、蹴鞠的玩法及规则、蹴鞠的裁判等问题,对蹴鞠文化形成了一个系统、全面的认识。在蹴鞠的传播与传承以及与现代足球的关系的研究方面,学者经过缜密的探索,发现了蹴鞠与现代足球的内在关系,并提出了一个观点:“世界足球起源于临淄蹴鞠。”2004 年 6 月 9~11 日,中国体育史学、考古学、齐文化领域的学者、专家及中国足协官员等在临淄召开了“足球起源专家论证会”,经过科学的探讨和论证,最后形成一致结论——“中国古代蹴鞠(足球)起源于春秋战国时期的齐国首都临淄。”2004 年 7 月 8 日,国家体育总局正式批准将这一学术成果“公布介绍和使用”。2004 年 7 月 15 日,在中国第三届国际足球博览会和亚洲足球赛的开幕式上,国际足联主席布拉特郑重宣布:“足球起源于中国,起源于淄博临淄。”①

其次,采用多种途径传承、发展蹴鞠文化。2005 年 9 月,临淄足球博物馆建成开馆,向世人宣传、展示蹴鞠运动的悠久历史和发展现状。2006 年 5 月 20 日,蹴鞠作为非物质文化遗产经国务院批准列入第一批国家级非物质文化遗产名录。淄博人先后拍摄了电视剧《一脚定江山》、电影《蹴鞠》等作品向世人展示、宣传蹴鞠文化。临淄足球博物馆组建了蹴鞠队,为参观的游客提供表演服务。临淄蹴鞠队参加了北京奥运会部分重大主题活动的展演。临淄区金茵小学多渠道创设足球文化氛围,通过校园广播站和校园电视台及宣传橱窗等途径让学生了解蹴鞠、了解足球。2010 年 3 月,学校被表彰为“亚足联中国展望淄博项目示范学校”。2015 年 7 月 22~26 日,第一届中国临淄蹴鞠推广大赛暨第四届国际青少年足球夏令营活动在临淄区齐都体育城和齐都文化城举行。参赛队伍共 12 支,其中大学生队伍 4 支:山东大学、青岛大学、天津体育学院、山东体育学院;中学生队伍 4 支:韩国高灵郡,北京八一学校、浙江台州协和体育俱乐部、临淄实验中学;小学生队伍 4 支:上海市金山区兴塔小学、北京八一学校、泰安体校、临淄体校。

新时期以来,随着我国群众体育的大力发展,古老的蹴鞠文化将与现代足球文化相融合,探索更多样化的渠道以传承、创新、传播蹴鞠文化。

第三节　齐国体育思想

齐国在多年的战争中积累了重智谋、尚技击战术的兵家思想,建立了以智谋

① 解维俊主编:《齐都蹴鞠》,百花文艺出版社 2006 年版,第 156、162、164 页。

取胜的竞争观，总结了丰富多变的技击战术，是中国传统体育思想的重要内容。《管子》的精气生命观和师法自然、淡泊寡欲的养生观对后世养生思想产生了深远的影响，齐国神仙方术中的养生术则与道教养生有着密切的关系。

一、兵家体育思想

齐国的兵家思想历史悠久且影响深远，从兵家始祖太公姜尚辅佐周王建立周朝并建立齐国到齐相管仲成就春秋霸业；从田齐未建之前诸位田氏的筹划到田齐代姜后的治国治军策略；从《孙子兵法》到《孙膑兵法》，中国古代的兵家思想代表人及兵书论著大多出于齐地，明朝抗倭名将戚继光亦是齐地人。齐国兵家思想是对齐国及其他诸侯国战争经验的总结，为后世武术文化、棋类活动提供了丰富的战术思想，并为现代竞赛运动战略战术提供一定的借鉴。

（一）以智谋取胜的竞争观

战争能否取胜主要取决于军队的战斗力和将帅调兵遣将的谋略。为了增强军队战斗力，各诸侯国都注重加强士兵身体素质及行军能力、搏斗技能的训练，但在将帅的谋略方面总结较少。在齐国谋略治国的影响下，齐国兵家思想认为“上兵伐谋”，形成了以智谋取胜的竞争观。

首先，谋略是双方对抗取胜的关键。台湾曹元中先生对“谋略”一词作出如下解释：“谋为欺骗；略为计划之方案、方策、方法。则予以贯解释：谋略者，欺敌以方也。”[①]士兵身体强健、搏击技能高超固然重要，但取胜的关键在于谋略是否神妙。《孙子兵法》曰：“兵者，诡道也。”“诡道”并非狭义的欺骗之意，而是如何把握全局、知己知彼、随机应变，在合适的时机选择适宜的战术。“诡道”包括准确的判断力、深入的思考力和针对不断变化的战况作出选择的应变力，因此“诡道”是谋略的竞赛，是关于如何调动自己的智慧以找寻克敌制胜方略的“道”。兵家重谋略思想与中国传统文化中“和”的思想有着内在的一致性。兵家谋略以“和平”思想为出发点，认为最核心的谋略是“不战而胜”，并提出了“百战百胜，非善之善者也；不战而屈人之兵，善之善者也”“上兵伐谋，其次伐交，其次伐兵，其下攻城”（《孙子兵法·谋攻》）的重要论断。

其次，智慧是谋略形成的基础。兵家谋略以掌握知识并灵活运用知识为前提，《孙子兵法》认为任何一个作战谋略都是知“兵势”通“九变”的结果。一方面，兵家谋略运用整体性、统一性的思维方式，注重作战“兵势”的营造。“兵势”营造需要掌握整个军队的组织、机构、编制等以便于调遣，通过对军队实力的把握，根据作战意图造就险峻态势，如同激流漂动大石、猛禽搏击雀鸟，胜利则尽在把握

① 柳伯力：《漫谈我国古代兵家权谋与现代运动竞赛谋略思考》，《体育文史》1992 年第 4 期。

之中。另一方面，精通战事需要了解各方面知识，以知“九变”之术。兵家所谓通“九变”是指需要根据每次战争的不同情况以及战争中军情的变化，制定实施有效的战术战略。“故将通于九变之利者，知用兵矣；将不通于九变之利者，虽知地形，不能得地之利矣。治兵不知九变之术，虽知五利，不能得人之用矣。”（《孙子兵法·九变》）通“九变之利”、知“九变之术”是用兵、治兵应具备的基本能力。同时，《孙膑兵法》对“王者之将”的知识才能提出了很高的要求，认为“王者之将”掌握了包括天时、地利、民心、士气、敌情、战法、战机等多方面的“道”，方能取得战争的胜利：“知道者，上知天之道，下知地之理，内得其民之心，外知敌之情，阵则知八件之经，见胜而战，弗见而诤，此王者之将也。”（《孙膑兵法·八阵》）

由此看来，兵家以谋略取胜，是传统“和争”竞争观的一种体现形式。兵家谋略富有实践理性精神，是人们生产、斗争经验的总结，是以广博的知识为基础的大智慧。

（二）基于朴素辩证法的谋略战术

道家“有无相生”的观念发展了中国古代朴素的辩证法，成为兵家谋略的方法论基础。《孙子兵法》通过“奇”与“正”“虚”与“实”之间对立统一关系的论述，阐明了作战取胜的基本战术思路。“奇正相生，出奇制胜”是兵家对道家“以正治国，以奇用兵”思想的运用。“奇”与“正”是指不同的用兵之术，常法为正，变法为奇，如摆开战场为正，伏兵偷袭为奇。二者相对相含且变化无穷。

凡战者，以正合，以奇胜。故善出奇者，无穷如天地，不竭如江海。终而复始，日月是也。死而更生，四时是也。声不过五，五声之变，不可胜听也；色不过五，五色之变，不可胜观也；味不过五，五味之变，不可胜尝也；战势不过奇正，奇正之变，不可胜穷也。奇正相生，如循环之无端，孰能穷之哉！（《孙子兵法·兵势》）

“虚”与“实”指交战双方的利与弊。《孙子兵法》认为作战要造成敌虚我实的态势，采用避实击虚的战术方能取胜。而与敌交战的最高境界是通过避实击虚达到主宰敌人的命运于无形无声的神妙状态。

攻而必取者，攻其所不守也；守而必固者，守其所不攻也。故善攻者，敌不知其所守；善守者，敌不知其所攻。微乎微乎，至于无形。神乎神乎，至于无声，故能为敌之司命。进而不可御者，冲其虚也；退而不可追者。速而不可及也。故我欲战，敌虽高垒深沟，不得不与我战者，攻其所必救也；我不欲战，画地而守之，敌不得与我战者，乖其所之也。（《孙子兵法·虚实》）

同时，《孙膑兵法》的《积疏》《奇正》对积疏、盈虚、径行、疾徐、众寡、佚劳、奇正等相对相生的事物间的关系及转换的条件进行了集中描述。

《孙子兵法》《孙膑兵法》等齐国兵家论著总结了多种作战谋略及战术思想，

流传至今已两三千年。在流传的过程中，兵家谋略不仅对军事战争产生了直接的影响，而且广泛应用于社会生活的各个领域。在传统文化中影响最为显著的是武术、棋类活动。武术与兵家二者同源异流，是既有差异又互融互通的两种文化现象。传统武术脱胎于军事武艺，其技击战术以兵家谋略思想为基础。《孙子兵法》认为作战取胜的前提是"知己知彼""因敌制胜"，这一思想成为武术各家拳术致胜的先决条件。清李亦畲在《走架打手行工要言》中论述了太极拳技击"知己知彼"的重要性："欲要引进落空、四两拨千斤，先要知己知彼；欲要知己知彼，先要舍己从人。"技击战术的调整与变化因循了兵家"避实击虚""奇正相生"的谋略，在实战中虚虚实实、奇奇正正，变化无穷。技击对抗过程中战胜对方，要有夺人而不夺于人的气势，这一心理战术是《孙子兵法》"善战者，致人而不制于人"谋略的运用。武术拳术讲求速度，要求身、步、手、眼法迅速敏捷，这一特点与《孙子兵法》中"兵之情主速"的谋略一脉相承。

齐国兵家思想对围棋、象棋等棋类活动的攻防思路提供了借鉴，促进了棋类活动的发展。围棋以黑白两色棋子在方格棋盘对弈，象棋根据军队的编制、布阵遣将的方法创制而成，虽然二者棋制、规则不同，但二者及其他棋类活动皆在棋局上以直观的形式展示了战场上两军对垒的格局，弈棋之道与兵家之道有着内在的联系。一方面，兵家思想为棋类活动提供了最基本的对弈战术和多样化的攻防策略。下棋和作战相同，需要知己知彼、客观理性地面对棋局，采用虚虚实实的战术以巧妙地战胜对方。兵家扬长避短、以攻代守、迂回作战等战略被应用于对弈之中。棋类活动通过对弈在一定程度上促进了兵家思想的传播。另一方面，棋类活动在一定程度上丰富了兵家谋略。"兵家善弈"，对弈过程有助于培养棋手掌握双方战局的整体视野，训练虚实、正奇等攻防策略，摸索、实践新战术、新谋略。

综述所述，齐国兵家思想树立了以智谋取胜的竞技观，总结了诸多对抗取胜的战术战略，是中国谋略文化的集大成者。兵家谋略思想对于武术技击战术、弈棋之道的发展都产生了深远的影响。时至今日，齐国兵家谋略的价值在现代竞赛活动中得到了进一步挖掘，借鉴、运用兵家谋略提高运动员、教练员的技战术水平成为现代体育文化的一个重要内容。

二、养生思想

纵观养生术发展的历史，齐地是养生术的发源地。从古代先民对健康、长寿的追求，到方士、道士对养生方式的探索、尝试、传播，齐地先民一直走在前列，为后世养生思想体系的形成奠定了基础。

(一)《管子》养生思想

《管子》是记录齐国名相管仲及管仲学派言行的一部书,实存76篇,内容涉及哲学、政治、经济、法制、伦理、军事、教育以及天文、地理等方面。《管子》虽然没有专门论述养生思想,但在讲解牧民、治政、明法时,借助养生来说明道理。《管子》在不同情况下涉及的养生思想,从理论与实践两个层面阐明了养生观点和具体养生方法,具有较强的实效性,是管子经世致用思想的一个组成部分。

《管子》明确论及了"养生"的问题。《立政九败解》曰:"滋味也,声色也,然后为养生。"《白心》篇曰:"欲爱吾身,先知吾情,周视六合,以考内身,以此知象,乃知行情。既知行情,乃知养生。"并在《枢言》《君臣》《心术》《白心》《内业》《九守》《侈靡》《中匡》《水地》《轻重》等篇中论述了"修道""养生"的观点及实践方法。

综观《管子》的相关论述,可以概括出《管子》的精气生命观与师法自然、淡泊寡欲的养生思想。首先,《管子》认为"精气"是生命的根本。《内业》篇曰:"凡人之生也,天出其精,地出其行,合此以为人;和乃生,不和不生。""人之所失以死,所得以生也。"人体中充满精气才能身体健康,富有生机就会产生思考,从而就能有智慧,因此保精养气是养生根本之道。其次,《管子》提出了师法自然的养生观。《管子》认为,人是大自然的一部分,养生需要遵循自然的法则;提出养生要合于四时阴阳,"春采生,秋采蓏,夏处阴,冬处阳"(《宙合》)。其三,《管子》提出淡泊寡欲养生观。淡泊寡欲是保精养气的前提,因此"洁其宫,开其门,去私毋,神明若存"(《心术上》)。要做到淡泊寡欲,需要调理情志,忧、悲、喜、怒影响身体的健康,"忧则失纪,怒则失端,积忧则伤神,愤怒则神散,悲喜过度,适得其反"(《内业》),需要调节控制;要节制饮食、合理起居,"起居时,饮食节,寒暑适,则身利而寿命益;起居不时,饮食不节,寒暑不适,则形累而寿命损"(《形势解》)。并提出了通过诗、乐以调节情志、修养身心的文化处方。

《管子》思想并非专属道家,但其中的养生思想与道家思想有着内在联系。抛开《管子》的成书年代,从管仲、老子、庄子的生活年代分析,管仲比老子早200年,比庄子早400年,是对健身养生的理论和实践进行论述的先人。[①]《管子》养生思想对道家、道教养生及医学养生都有一定的影响。

(二)神仙方术中的养生术

齐地是中国古代盛行神仙方术的地方之一。在先齐时期,齐地流传着擅长养生的彭祖的传说,秦汉时期成为帝王追求长生不老的神仙之地。在追求长寿长生观念的影响下,各种养生术也在齐地不断孕育、发展起来。

首先,彭祖养生术注重养气,以行气术为实践的基础。行气术是指通过呼吸

---

① 参见张永军:《〈管子〉健身养生观探析》,《管子学刊》2000年第4期。

吐纳的调节养气，从而达到养身养心的目的。行气术的形成源于远古先民对自然界运行和人体自身生长发育规律的认识与体悟，体现了先民关注自然自身、追求天人合一的身体观念。被称为“中国古代养生术鼻祖”的彭祖，据考证是先齐鲁时代的东夷人。东晋道教养生家葛洪的《神仙传》中对彭祖的养生法作了如下描述：“（彭祖）常闭气内息，从旦至中乃危坐拭目，末搦身体，舔唇咽唾，服气数十，乃起行言笑。其体中或疲倦不安，便导引闭气，以攻所患。心存其体，头面九窍，五脏四肢，至于毛发，皆令俱至，觉其气云行体中……寻即体和。”由此可见，彭祖的养生术即体内气息运行的控制与调节，其行气术不仅具有养生、治疗之功效，而且通过实践提出了行气养生的最佳状态，即“体和”。随着后人对人体结构的深入了解，行气术逐渐形成了系统的理论和丰富具体的实践方式。

其次，寻找仙山仙药、服食养生等成为齐地养生文化的重要内容。追求健康长寿是世人对养生术的基本要求，齐地蓬莱是中国神仙方术的总源头。传说寿命长达 800 岁的彭祖系东夷人，彭祖的传说激发了世人追求长寿的动力，秦始皇三次东巡的动因之一则是对长生不老术的探求。秦汉期间道家思想的传人琅琊安期生重视个人修炼，修仙之处在日照天台山，传说为寻找神山仙药，曾周游四海，采仙药，炼仙丹，创出一条得道成仙的新路，成为方仙道的创始人。方仙道与蓬莱仙境共同增强了世人对服食仙丹寻求长生不老的愿望，同时也推动了服食养生术的发展。

综上所述，《管子》精气生命观与师法自然、淡泊寡欲的养生思想对道家、道教养生产生了深远的影响；为追求长寿、长生而探索、践行的养生术则开启了后世坐忘、服食、行气、导引等多养生方式。

第四章　齐鲁汉画像石中的体育文化

汉画像石是汉人以石为地、以刀为笔展示人们死后欢乐世界的表现载体，是汉代特有的一种文化现象。齐鲁地域的汉画像石数量多，内容丰富，刻画了人们战争狩猎、车马出行、乐舞百戏的场景，记录了孔子问道于老子、荆轲刺秦等历史故事，描绘了人们向往的羽化成仙的神仙世界，为我们探寻齐鲁传统体育文化在汉代的发展轨迹提供了一个新的途径。

第一节　齐鲁汉画像石概况

一、汉画像石概述

汉画像石是汉代地下墓室、墓地祠堂、墓阙、庙阙等雕刻有画像的建筑用石，是汉代丧葬文化的重要组成部分。汉画像石的出现与汉代的经济文化与思想观念有着内在的联系，且分布广，历时时间长，内容多样，成为研究汉代历史文化的重要文物。

汉画像石这一独特历史文化现象的形成具有多方面的原因。首先，汉代经济的发展为汉画像石的产生提供了经济条件。汉画像石用料讲究，雕刻精细，集高超的技术与丰富的艺术构思于一体，对墓主家庭的经济实力具有较高的要求。汉初国力尚弱，汉画像石的出现是在汉文帝、汉景帝时期。汉初施行休养生息的治国策略，国家的经济状况得到恢复，造就了“文景之治”的盛世局面，汉画像石开始出现。汉武帝时期国力强盛，厚葬之风盛行，直至东汉末年，为后世留下了大量的汉画像石。其次，汉代推崇“孝道”，汉画像石成为体现孝道、厚葬先人的重要体现。汉代皇帝将孝道作为衡量一个人道德修养的重要标准，除汉高祖和汉光武帝外，其他皇帝的谥号前都有一个“孝”字。对于选官制度，汉代实行“举孝廉”的方式，遵守孝道、清正廉明方能被推举为官。为争得孝廉之名，世人攀比厚葬，汉画像石的规模越来越大，制作也越来越精美。其三，汉人的生死观造就了汉代“事死如生”的丧葬方式。汉人在现实生活中期望长生不老，面对人的死亡，形成了人之“神”可以脱离“形”的形神观念，通过墓葬构建了可以永久延续人之“神”的“死后世界”。汉画像石不易腐朽且画面内容丰富、表现力强，“相比墓葬建筑和随葬器物对于‘死后世界’的建构更完满、更丰富、更具表现力和生命力”①。汉画像石刻画了人们理想化的衣、食、住、行及各种娱乐，营造了人们在人世间享受的幸福家园；描绘西王母、东王公以及富有仙气的龙、鹿、鸟，渲染了人们所向往的神仙境界。通过“云气仙境”“幸福家园”，汉画像石虚拟了人们需要的死后永生不朽的乐园。在此生死观的影响下，汉画像石得以盛行。

汉画像石始于汉文帝、景帝时期，于东汉末年逐渐消失，历时300年左右。汉画像石主要分布在黄河流域和长江流域，“以黄河流域中下游为中心，东起胶东半岛，西到甘肃、四川一线，北自陕西的榆林、北京、辽宁的辽阳，南至浙江的海宁，云南的昭通一线”②。学者大多将汉画像石分布划分为五大区域：

> 第一分布区是由山东省全境、江苏省中北部、安徽省北部、河南省东部和河北省东南部组成的广大区域，其范围以山东省西南部和江苏省西北部的徐州市为中心，东起海滨、西至河南省的安阳和永城一线，北自山东半岛的北端、南达江苏省的扬州，汉画像石的发现地点已达200余处……这个地域所发现的汉画像石数量占全国汉画像石总数的60%以上。第二分布区是以南阳市为中心的河南省西南部和湖北省北部地区。其范围北起河南省的叶县、襄城，南至湖北省的当阳、随县。这里汉画像石的出现时间可以早到西汉中晚期之交，是汉画像石的最重要的发祥地。第三分布区是陕西省北部和山西省西部地区。第四分布区是四川省和云南省北部地区。汉画像石集中分布在长江支流的嘉陵江和岷江流域。第五分布区是河南省洛阳市周围地区。③

由此看来，汉画像石分布较为密集的中心地区是鲁中、鲁南、徐州、南阳，其次在陕西、山西、四川等地的部分区域。

汉画像石的内容主要包括三个方面：神仙境界、人间乐园、历史故事。根据《山海经》以及诗赋典籍记载、民间流传的神话传说，汉画像石刻画了西王母、羽人、各种神灵异兽以及奇异树草的神仙境界，表达了汉人对神仙世界的向往。汉画像石记载的历史故事主要包括以下几种类型：一是宣扬“孝道”，如“孝哉闵子

---

① 袁野：《汉画像石造型研究——从汉代“气”论探讨汉画像石造型》，中央美术学院博士学位论文，2011年。

② 朱存明：《论汉画像石的地域分布及特征》，《地方文化研究》2013年第1期。

③ 信立祥：《汉画像石综合研究》，文物出版社2000年版，第14～15页。

骞”、董永“卖身葬父”等；二是富有积极进取精神的历史事件，如“高祖斩蛇”“鸿门宴”“完璧归赵”等；三是重信义的社会风尚，如“荆轲刺秦”“聂政刺侠累”等；四是重谦让、敬贤士的社会风尚，如“孔子见老子”“周公辅政”“秋胡戏妻”等。汉画像石中的历史故事表现了汉代人们重孝道，尚武任侠、重信义，重让敬贤，报恩复仇等社会风尚。[①] 汉画像石描绘的人间乐园是对汉代社会生活风貌的真实再现，其内容主要涉及以下几个方面：一是讲经、授业、战斗、射猎场景；二是出行、拜谒、宴饮、庖厨等仕宦家居情景；三是乐舞、百戏、揖射、投壶、六博等娱乐休闲场景；四是渔猎、耕织、开采、酿造、市井等底层百姓生产生活场景。[②]

汉画像石是了解汉代社会历史的重要途径，具有极高的历史价值。考古学界通过对不断发现的汉画像石的考证、整理、研究，对汉画像石的认识越来越深入，不同领域也相继阐发了汉画像石多方面的价值。20 世纪初人们就发现了汉画像石的史料价值，通过对其图像、榜题的梳理、分类及分析，透视汉代的社会思想、经济生活以及典章制度、风俗习惯。近年来，汉画像石成为研究汉代不同文化现象的百科全书，不同门类的历史研究都要从汉画像石中找寻各自在汉代走过的历程，如农耕、祭祀、医学、军事、手工业以及美术、音乐、舞蹈、服饰、饮食、体育等。汉画像石因其直观的形式、记述的客观性等特点成为历史研究中不可多得的图像资料。

二、齐鲁汉画像石概况

齐鲁汉画像石起源早，数量多，目前齐鲁地域“有半数以上的县市出有画像石，为数达二三千石之多”[③]，在全国汉画像石中具有极强的代表性。齐鲁汉画像石的集中分布缘于齐鲁地域发达的经济和丰富的文化底蕴。汉代时期行政区划实行郡国并行制度，齐鲁地域分封了齐国、鲁国等封国。先秦时期齐国是繁荣富庶的大国，鲁国是儒家思想发源地，文化氛围浓厚。西汉分封的齐国是当时经济繁荣的最大的封国，分封的鲁国是西汉时期文化最发达的地区。在汉画像石的形成及发展上，齐鲁亦成为发源地及代表性区域。

在整个齐鲁地域，汉画像石主要分布在鲁南、鲁中一带，其中济宁地区最多，临沂地区次之。济宁地区的滕州、邹城、嘉祥、微山、济宁、曲阜、兖州、金乡、鱼台、泗水等地，皆有画像石出土；临沂地区的临沂、费县、平邑、沂水、沂南、苍山、

---

① 参见赵耀双：《从汉画像石上所刻历史故事看汉代社会风尚》，《文物世界》2003 年第 3 期。

② 参见顾森：《秦汉绘画史》，人民美术出版社 2000 年版，第 209 页。

③ 瓯燕：《评介〈山东汉画像石研究〉》，《考古》1984 年第 9 期。

莒县、莒南等地均有发现。① 这一现象的出现则由于济宁、临沂地域多豪门望族的缘故。汉高祖刘邦故里沛县，春秋战国时期属宋国，宋国被齐国灭掉，沛地归属于齐国，后楚国打败齐国，沛地又归于楚国。汉武帝时期设徐州刺史部，巡视掌管琅琊郡、东海郡、临淮郡、泗水国、广陵国、楚国的吏治，今济宁、临沂地区及沛县、丰县、徐州同归属于徐州刺史部。作为高祖故里，此地是汉室宗亲的封地。汉高祖十一年立刘濞为沛侯，吕后元年封吕种为沛侯，汉景帝三年从楚国辖县中分出一个新郡即沛郡。古代琅琊历史悠久，西汉初年归属于封国齐国，之后吕后将其从齐国中分离出来，并封刘泽为琅琊王；光武帝十五年再立琅琊国，封刘京为琅琊王。琅琊王刘京建都临沂，皇亲国戚、达官贵人云集于此。据史书记载，被封侯的就有 30 多人。汉王朝对沛地、琅琊的分封，鲁地深厚的文化渊源以及齐地经济的富庶使鲁中、鲁南及徐州地区出现了众多的豪门望族，如鲁国孔氏、泰山羊氏、东武伏氏、琅琊王氏等。同时，济宁、临沂等鲁中南地区自古以来是南北文化交会之地，进一步促进了此地区经济、文化的发展。由于儒家仁孝思想的影响以及豪门望族强大的经济实力，此地厚葬之风兴盛，造就了齐鲁地域汉画像石数量多、内容丰富、做工精美的特点。

齐鲁是儒家思想的发源地，齐鲁汉画像石具有鲜明的儒家思想的印迹。汉朝的礼仪制度由汉高祖时期鲁国儒家学者叔孙通制定，汉武帝时期董仲舒提出的“罢黜百家，独尊儒术”的主张确立了儒学在社会的统治地位。虽然汉画像石是儒家仁孝思想与厚葬之风的产物，但与其他地区相比，齐鲁汉画像石在题材内容及构图方式等方面都体现了儒家思想的渗透与影响。

首先，“孔子见老子”是齐鲁汉画像石的重要题材之一。“孔子问道于老子”汉画像石 30 幅左右，以齐鲁地域最多，大约占总数的 80%。② 嘉祥县武宅山村北出土的“武氏西阙正阙身南面画像”中《孔子见老子图》，孔子与其 4 名弟子捧简恭立，向持曲杖而立的老子请教。1977 年在山东省嘉祥县齐山村出土的《孔子见老子图》，孔子带领 19 名弟子与老子相向，躬身施礼，谦虚请教。画像石上有孔子三位得意弟子的榜题：“颜回”“子路”和“子张”。1959 年山东安丘董家庄出土的《孔子见老子图》中，则是孔子拜谒老子，中间是睿智的神童项橐，孔子的谦逊、老子的深奥、项橐的天真聪慧，画面构图生动。无论是孔子率众弟子拜谒老子，还是与项橐一起请教老子，都印证了文献典籍记载的“孔子问道于老子”的真实性。“孔子见老子”的题材都反映了汉代儒家思想对道家思想的借鉴与融合，也反映了中国传统文化儒道互补的特征。

---

① 参见李发林：《山东汉画像石概述》，《文史哲》1981 年第 2 期。

② 参见李强：《汉画像石〈孔子见老子图〉考述》，《华夏考古》2009 年第 2 期。

其次,“忠孝节义”是齐鲁汉画像石价值观念体系中的重要内容。齐鲁汉画像石中描绘了诸多以孝道、忠信、仁义为核心的历史故事,成为传承儒家价值观念的重要载体。臣子忠于君王、鞠躬尽瘁甚至献出生命的故事是汉画像石的重要内容之一。嘉祥武氏祠、长清孝堂山的画像石描绘了周公跪向年少成王的情景。沂南县北寨村墓地中室北壁东段的画像“蔺相如完璧归赵”,再现了这一故事的关键场景,并在人物旁分别刻有榜题“令相如”(即蔺相如)、“孟贲”,塑造了蔺相如冒着生命危险以维护国家利益的忠臣形象。嘉祥武宅山画像石“赵氏孤儿”呈现了程婴一家与公孙杵臼冒死救下赵氏孤儿的情景,并于画像右侧以简单文字记述了这一过程。“孝道”是齐鲁汉画像石表现的重要内容,在嘉祥武氏祠更是得到了集中的表现。闵子骞,春秋时期鲁国人,孔子弟子,武氏祠西壁画像“闵子骞失棰”表现闵子骞虽然遭受后母虐待受冻而御车失棰,但仍然宽厚仁孝的典型情节。曾子是春秋末期、战国初期鲁国人,孔子弟子,一生实践并推行以仁孝为核心的儒家思想,是著名的孝子。武氏祠西壁画像“曾母投杼”刻画了曾子仁孝的画面。武氏祠左石室的“邢渠哺父图”描绘了邢渠跪着为年迈的父亲喂食的动人场景。武氏祠后壁画像“柏榆伤亲”与“董永侍父图”、西壁画像“丁兰刻木”、后壁画像“金日禅拜母像”等都以生动的画面展现了“仁孝”的思想。儒家思想忠信重义在齐鲁汉画像石中也得到了集中的体现。武氏祠有三块画像惟妙惟肖地刻画了荆轲刺秦的过程,分别是西壁画像、前石室后壁小龛画像、左石室后壁西侧画像,三幅画面各有侧重,对荆轲刺秦的动作、神情及周围人物、氛围的刻画栩栩如生,营造了惊心动魄的场面。聂政是战国时期广为赞颂的刺客,嘉祥武氏祠东壁画像与沂南汉墓中室西壁北侧画像“聂政刺韩相”,以不同的雕刻手法展现了这一激烈的场面,共同表现了聂政的勇武精神。此外,嘉祥武氏祠尚有“曹沫劫桓公”“专诸刺王僚”“豫让刺赵襄子”等刺客画像,成为儒家信诺、勇敢形象的代表。信立祥先生指出,武梁祠中的历史故事画像几乎完整地表现了儒家以仁为核心,以忠、孝、节、义为主要内涵的道德准则。① 齐鲁汉画像石以嘉祥武氏祠为代表,成为儒家思想宣传的重要载体。

其三,齐鲁汉画像石的构图方式体现与儒家思想相同的审美特征。一是追求整体感。儒家思想追求人与社会的和谐,注重社会的整体性建设,主张通过人的礼仪教化而建立一个和谐的社会秩序。齐鲁汉画像石的构图将整体有序作为最基本的原则。每一幅画像不论尺寸大小有怎样的差异,都采用了矩形形状。矩形形状的画像石画面的周边是规则整饬的装饰条带,画面丰富的内容纳入装

① 参见袁野:《汉画像石造型研究——从汉代“气”论探讨汉画像石造型》,中央美术学院博士学位论文,2011 年。

饰条带之内，带来整体感、稳定感。二是层次秩序之美。儒家思想的核心是建立一个尊卑有别、长幼有序的社会，社会整体性建设的前提是秩序的建立，要求每个人各得其所、各得其位，社会秩序层次井然。齐鲁汉画像石画面的设计一般采用上下分层或左右对称的构图方式。上下分层不仅可以容纳丰富的内容，而且体现了画像内容在人们生活中的地位与功能，左右对称则使画面内容具有整齐的美感。上下分层与左右对称等构图方式是儒家思想蕴含的整体有序美学思想的体现。三是充实之美。孟子在人格培养方面提出"养气"观，通过养"浩然之气"追求充满善与诚的光辉人格。孟子提出的"充实之谓美"到汉代衍化为磅礴阳刚之美。齐鲁汉画像石大多采用物象密集、无留白的构图方式，蕴含的审美品味与孟子美学思想一脉相承。"汉代艺术还不懂得后代讲求的以虚当实、以白计黑之类的规律，它铺天盖地，满幅而来，画面塞得满满的，几乎不留空白，这也似乎'笨拙'，然而，它却给予人们以后代空灵精致的艺术所不能替代的丰满朴实的意境。"[①]图 4-1 嘉祥宋山村出土的画像石《楼阁、人物、车骑出行》表现了祠主居室生活。图周边是装饰性条带，画面分上、下两层：下层为车骑出行，马儿扬蹄疾驰，画面动感十足；上层左为射鸟图，由人、树、鸟、马组成，给人以悠闲之感；右为楼阁内会宾客的情景，主客谦逊有礼，给人以典雅和谐之感。整幅画面内容丰富但不杂乱。在大树及楼阁之上并未留白，而是雕刻了不同情态的鸟及人的造型，生动有趣。

图 4-1 嘉祥宋山画像石《楼阁、人物、车骑》

① 李泽厚：《美的历程》，文物出版社 1981 年版，第 84 页。

第二节 从画像石看齐鲁体育文化的变迁

汉画像石记录了汉代社会生活的方方面面，必然包含了汉人对自身身体以及身体活动的理解与展示。透视齐鲁汉画像石蕴含的身体观念和运动技术特点，有助于客观地把握齐鲁体育文化在汉代时期的发展变迁。通过梳理齐鲁汉画像石的基本内容，可以看到汉代时期齐鲁地域的身体活动丰富多样，蔚为大观。在汉朝黄老思想的影响下，身体活动的礼教色彩有所淡化，其娱人或自娱的功能得以彰显。汉代身体活动以乐舞百戏为代表，融乐舞、杂技、角色扮演等于一体，为后世音乐、舞蹈、运动技击、杂技、戏曲等的发展提供了丰富的经验。

一、齐鲁汉画像石中娱乐活动较先秦时期呈现多样化发展趋势

齐鲁汉画像石中的现实生活内容是以人的活动为中心加以展现的。通过汉代人的衣、食、住、行及交往、娱乐、战争等方面再现了汉代的社会面貌。汉画像石作为墓葬文化的组成部分，在一定程度上摆脱了现实生活中种种的束缚与限制，汉人所喜爱的娱乐生活得到了集中、反复的表现。与先秦时期齐地的娱乐活动相比，汉代的娱乐活动种类繁多，达官贵人、下层百姓都热衷于此，并出现了以此为职业的群体。

首先，汉代娱乐活动因类别多样，又称“百戏”。汉代百戏包括步射、骑射等各种射艺，角力、器械技击、斗兽、兽斗等各种角抵，盘鼓舞、长袖舞等各种乐舞，寻橦、跳丸、飞剑、走索等各种杂技，通过角色扮演演绎的故事等等。汉代百戏的繁荣与社会稳定、经济繁荣有着直接的关系。先秦时期经济富庶、思想开放的齐国都城临淄盛行着各种娱乐活动，秦朝的暴政及秦汉交替时期的战争带来的贫困致使娱乐活动逐渐衰微。汉初治国思想——黄老思想首先由曹参在封国齐国推行，后又推行天下。齐地黄老思想的推行加快了当地经济的复苏与文化的发展，齐国很快发展为最大的封国。由于齐国强大对汉王朝带来极大威胁，齐国被分割成不同的郡。之后琅琊国的崛起，延续了当地的繁荣，娱乐活动也得到了广泛的开展。

其次，汉代娱乐活动受到了社会不同阶层的喜爱。汉代皇帝喜爱乐舞，汉高祖刘邦荣归故里醉唱《大风歌》；汉武帝时期李夫人因擅长乐舞而得到皇帝的喜爱。汉朝专门设立了音乐机构“乐府”，到民间搜集、整理各地民歌以供传唱。“乐府”的设立不仅为宫廷乐舞带来了丰富的民间俗乐，推动宫廷乐舞的发展，而且促进了民间俗乐的发展，民间娱乐活动也得以推广。同时，汉代统治者倡导“与民同乐”，经常在露天举办大型的乐舞表演活动，吸引当地百姓参与、欣赏，汉

代乐舞也呈现宫廷与民间相融合、雅俗共赏的特点。

其三,汉代乐舞百戏的表演者逐渐走向职业化、专业化。乐舞百戏主要是一种表演性娱乐活动,需要极高的技艺方能进行表演。汉代人对乐舞百戏的喜爱催生了这一职业群体的产生。一方面,齐鲁地域豪门望族为了满足自己休闲娱乐的需要,家养了众多专门从事乐舞百戏的艺人;另一方面,来自民间的乐舞百戏的表演者,在技艺方面达到了极高的水平,打破了官伎独霸一方的格局。乐舞百戏表演者队伍的壮大及其技艺的高超成为举办盛大娱乐活动的重要前提。1954 年出土于山东沂南北寨村"将军家"的乐舞百戏画像石,画像上的人物达 50 人之多,该石集歌、乐、舞、百戏等多种艺术形式为一体,是截至目前发掘出土规模最为宏大、气势最为壮观、内容最为丰富的乐舞画像石。[①]

"可以这样说,没有哪个时代会像汉代那样,勿论尊卑上下,不管四夷八方,几乎都在歌舞伎乐面前表现得如痴如醉,趋之若骛。"[②]正由于汉人对乐舞百戏的热爱,"百戏"成为汉代娱乐活动的专有名词。齐鲁汉画像石集中展示了"百戏"的盛况。

二、齐鲁汉画像石中身体活动逐渐回归其娱乐、休闲本质

齐鲁汉画像石如果褪去羽化升仙的梦幻色彩,其内容的核心则是汉人丰富的身体活动。从步行、骑马、乘车到烹饪、会客宴饮,从射箭、打猎到交战、厮杀,从蹴鞠、嬉戏到乐舞百戏的表演与欣赏,等等,汉人生活得到了全面展示,汉人的身体活动多样而富有生活气息。由于齐鲁文化渊源的深厚、经济的富庶、豪门望族众多,齐鲁地域的娱乐生活多样丰富,2000 多块齐鲁汉画像石中刻画较多的身体活动亦与娱乐休闲活动有关。

其一,齐鲁汉画像石刻画了汉人乘车骑马出行、参与射箭的身体姿态,这一类活动与先秦时期相比,礼教色彩淡薄,娱乐性增强,折射出汉代现实生活中乘车、骑马、射箭已逐渐成为人们日常的娱乐方式。车马出行是出现频率相当高的题材。汉代根据乘坐人官位的高低对车马的规格进行了具体的规定,因此乘车骑马出行是身份地位的象征。东汉时期在墓室画像石上雕刻超越规制的车马出行图,成为部分地位不高而又贪慕虚荣的人常采用的方式。在汉画像石中射箭姿态已与礼射不同,出行了多种射箭姿态:徒步弓射动作方式有立射、蹲射、单腿跪射、折腰射、弓步射、转身背射、坐射、步行射、跑步射 9 种;骑射技艺有静止的

① 参见王福银、王冰:《从汉画像石中探析"后齐"乐舞的繁盛景象》,《民族艺术研究》2011 年第 6 期。

② 仪平策:《中国审美文化史·秦汉魏晋南北朝卷》,山东画报出版社 2000 年版,第 12 页。

骑射和行进中的骑射两种方式。[①] 由此看来，汉人骑马乘车用以彰显尊贵，射箭用以自娱，与孔子倡导的六艺之“御”“射”的功能、旨趣已有很大的差异。

其二，齐鲁汉画像石刻画了众多乐舞百戏图景，真实呈现了汉人追求享受、娱乐的社会风气。汉代乐舞百戏在商周时期已有萌芽，是供王侯将相、达官贵人娱乐的方式之一。汉代社会的稳定、经济的繁荣以及人们享乐思想的蔓延，乐舞百戏受到不同阶层人们的喜爱，不断发展起来。汉朝南北方文化、东西方文化的交流与融合，进一步丰富了乐舞百戏的表演技巧及内容。在齐鲁乐舞百戏画像中，盘鼓舞动作敏捷灵动，节奏感强；长袖舞姿态优美飘逸；走索、寻橦惊险刺激；飞剑跳丸灵活巧妙；倒立、滚翻、空翻等高难度动作舒展流畅；马上站立、倒立、翻腾等骑技迅捷惊险，以及人兽搏斗的勇猛激烈等等，成为汉人宴饮享乐、节日庆典时娱人、娱神的重要方式。由于乐舞百戏具有强大的娱乐功能，乐舞百戏在汉代盛行的同时也交织着被禁毁的浪潮。汉武帝之后，汉朝国势衰微但奢侈之风盛行，皇亲国戚、达官贵人无不醉心于乐舞百戏，汉帝多次诏令去角抵、减乐府，以遏制社会的的享乐风气。乐舞百戏屡禁不止，其娱乐休闲的特征与人的自由本性相一致，在后世以不同的方式得以传承发展。

三、齐鲁汉画像石中乐舞百戏是各类表演艺术的先声

齐鲁汉画像石对于乐舞百戏的刻画，大多以巨幅画面的形式将各种活动容纳于一体，形成颇为壮观的《乐舞百戏图》。画面中刻画人物众多，不同的人展示不同的项目活动，通过分层、分列的方式井然有序地组织在一起。《乐舞百戏图》的构图方式，一方面表明汉代乐舞百戏因其娱乐功能而被归为一类文化现象，将一类文化现象置于一起也就顺理成章了；另一方面也说明乐舞百戏之间互融相通的特性，其融合性、综合性为后世表演艺术奠定了基础。

1. 舞蹈形象与舞蹈艺术

汉代由于乐府机构的设立及南北、东西文化的交流，乐舞成为汉人喜爱的一项文化活动。《乐府诗集》卷五二云：“……自汉以后，乐舞浸盛。”齐鲁汉画像石对盛行的乐舞表现颇多，绝大多数属于表演性舞蹈，即由舞技高超的艺人表演以供欣赏的舞蹈。画像石舞蹈形象根据舞蹈风格的不同，主要分为两类：一类是优雅柔美的舞姿，舞者多为女子，女子在奔跃跳动时多挥舞长袖或巾、拂，动作既轻盈潇洒又婉转轻盈，画面姿态富有强烈的动感韵味。这一类舞蹈又叫“长袖舞”，是汉代富有特色的舞蹈之一，也是齐鲁汉画像石中出现最多的舞种。据统计，齐

---

① 参见刘朴：《对汉代弓射技艺的研究——从汉画像石资料看汉代弓箭练习的各种动作》，《山东体育学院学报》2008 年第 10 期。

鲁乐舞画像石中的《长袖舞》有58幅，主要分布在济宁、枣庄、临沂地区。[①] 另一类是踏盘或鼓的豪放刚健的舞姿，舞者多为男子。这一类舞蹈或踏盘而舞，或踏鼓而舞，或踏盘鼓而舞。踏盘为"盘舞"，踏鼓为"鼓舞"，盘鼓皆有则称为"盘鼓舞"。盘鼓的数量比较灵活，根据舞者的技能与表演的场合确定，有三、四、五、七盘的，也有四盘二鼓、六盘二鼓、七盘三鼓[②]，最多的到八盘一鼓，七盘二鼓，少的仅一盘一鼓，甚至仅一鼓的[③]。齐鲁汉画像石中"盘鼓舞"画像数量约占全国的大半，盘鼓舞的动作有"跗蹋摩跌式""纵横腾踏式""退却蹈鼓、顿身倾折式""长袖踏鼓式""倒立式""跳丸式"，舞者集舞蹈、竞技、杂技于一体，舞姿刚健流畅，画面生动逼真，在"盘鼓舞"中具有代表性。[④] 此外，还有粗犷豪放、具有祭祀功能的建鼓舞，在齐鲁汉画像石中数量颇多。

齐鲁汉画像石众多长袖舞、盘鼓舞形象各具情态，不一而足，以静态的方式记录了汉代人对舞蹈的热爱与创造。东汉边让《章华台赋》描绘不同的舞姿，可作为汉画像石中舞蹈形象的注脚："舞无常态，鼓无定节，寻声响应，修短靡跌。长袖奋而出风，清气激而绕结。尔乃妍媚递进，巧弄相加，俯仰异容，忽兮神化。体迅轻鸿，荣耀春华。进如浮云，退如激波。虽复柳惠，能不咨嗟!"齐鲁汉画像石中舞蹈的表现形式、动作姿态以及蕴含的审美品味对后世舞蹈表演艺术都产生了深远的影响，现在舞台上的舞蹈表演依稀可见汉代舞蹈的影子。

2.技击动作与武艺表演

技击是指对抗双方进行搏杀的技能与方法。齐鲁汉画像石中一个重要的题材就是以对抗、较量为核心的技击活动，如角力、对搏、斗兽以及兽斗等。

首先是力量展示画面。汉人对"力"的崇尚在画像石的角力画面中有着集中的体现。枣庄、滕州、济宁等地出土的画像石中展示了大力士掰手腕、单手举物体、拔树、蹶张等角力情景。古代的弓弩因需要力量及拉开方式不同分三种：臂力拉开的称为"臂张"，用脚蹬张开的称为"蹶张"，需要运用腰部力量张开的称为"腰张"。蹶张，是古代练力项目之一，张弓表演至今仍然是力量展示的重要方式。

其次是对搏画面。双方对搏分为手搏与持械相搏两种。手搏，秦汉时又称"角力""角抵"，即徒手搏斗，通过较力以击倒对方，是中国摔跤的早期形态。枣庄市薛城区大闫巷出土的画像石中刻画了手搏一方将对手掼翻在地的情景；临

---

① 参见杜蕾：《山东汉画像石乐舞图像研究》，中国艺术研究院硕士学位论文，2005年。

② 参见王克芬、苏祖谦：《中国舞蹈史》，(台北)文津出版社1996年版，第116页。

③ 参见傅举有：《鸾飞天汉，袖舞长虹》，《故宫文物》第11卷第9期。

④ 参见杜蕾：《山东汉画像石乐舞图像研究》，中国艺术研究院硕士学位论文，2005年。

沂市莒南县延宾镇兰墩村出土的画像石中描绘了手搏双方对峙的画面。手搏由先秦时期军事训练的方式演化为汉代不同阶层观赏的娱乐活动。持械相搏在齐鲁汉画像石中表现为双方持剑、戟、刀等器械对练格斗。古人佩剑、击剑历史悠久，画像石中击剑表演是持械相搏中出现频率较高的画面，济宁、枣庄等地均有大量的击剑相搏的画像石出土。

图 4-2 《角抵图》(枣庄市薛城区大间巷出土)[①]

其三是斗兽画面。古人在生产生活实践中从与野兽搏斗到驯养兽类为人类娱乐，经历了漫长的过程，也积累了丰富的经验，斗兽、驯兽成为汉画像石表现的内容之一。齐鲁汉画像石中斗兽图像主要有搏虎、刺虎、戏虎、驯象、斗牛等。古代虎是人类的威胁，杀掉、制服虎是勇敢威武的体现。画像石中有的刻画了人徒手与虎搏斗的情景，其凶险令人不寒而栗；有的刻画了人持武器与虎相搏的画面，搏斗者沉着勇猛，毫无畏惧之色；有的则刻画了驯虎人徒手戏虎的情景。斗兽是汉朝上层社会欣赏的娱乐节目，斗兽者的身份多为罪囚、战俘和身份低微的奴隶，在表演过程中有一定的危险性，随着历史的发展，斗兽逐渐被兽斗所取代。

图 4-3 《斗兽图》(微山县微山岛乡出土)

其四是兽斗画面。汉代人征服、驯养了动物之后，发展了各种斗戏以供自己娱乐。战国时期齐国盛行斗鸡、走狗等斗戏，而有关大型动物的斗戏在汉代才有了较多的记载。齐鲁汉画像石中再现了虎斗、牛虎斗、牛斗、熊斗等情景。画面中虎、牛等搏斗激烈，动作刻画细致微妙，颇为传神。

图 4-4 《牛斗图》(邹城市郭里镇黄路屯出土)

① 以下三图均录自任昭君:《鲁南汉画像石角抵研究》,《浙江体育科学》2012 年第 6 期。

画像石中人与人、人与兽、兽与兽的对抗不仅体现了汉人对力量、勇武的推崇，也积累了技击对抗的技术与战术，为武术套路的形成奠定了基础，为武艺表演与驯兽表演积累了丰富的经验。

3.杂技动作与杂技表演

杂技是汉代百戏中的重要内容，山东出土的画像石表现杂技动作的数量颇多，沂南北寨村、安丘董家庄、微山县、苍山县、临沂市盛庄镇、滕州市龙阳镇与岗头镇等地均有出土。画像石多将各种杂技动作融为一个大的画面，在构图上，有的采用左右分列、上下分层相结合的方式，内容繁多而不乱，如沂南北寨村、安丘董家庄的《乐舞百戏图》；有的采用由中间到两侧的方式，中间多为具有祭祀意义的大型建鼓，通过敲击建鼓对现场中的各类表演进行统一安排掌控，画面中的建鼓在整个布局中具有统领作用，在建鼓的两侧各种杂技乐舞表演分层或交叉分布，如滕州市岗头镇西古村、微山县两城乡出土的《百戏图》。

图 4-5 《百戏图》(滕州市岗头镇西古村出土)

图 4-6 《百戏图》(微山县两城乡出土)①

① 两幅《百戏图》均录自：任昭君：《鲁南汉画像石百戏研究》，《体育文化导刊》2009 年第 1 期。

杂技是一门通过一系列难、险、奇、美的舞台动作展示为主要内容的造型艺术[①]，齐鲁汉画像石中刻画的杂技动作可以与现代杂技相媲美。画像石中刻画的杂技种类主要有：跳丸、跳剑等手技，都卢寻橦、戴竿等竿戏，高絙走索等绳戏，托举、叠罗汉等擎戴技，顶碗、瓶、壶、罐等碗瓶技，以及马术、柔术、幻术等。跳丸跳剑是将多枚丸、多把剑抛起交接、连续流转的技能，技能要求极高。枣庄市山亭区大岩头画像石中有七丸表演，微山县两城乡画像石中有八丸抛接表演。都卢寻橦是爬上高高的长竿，并在竿上做倒立、舞动等动作，身体需要掌握好平衡，动作要求轻盈敏捷；戴竿则是由一人顶竿，并有一人或几人在竿上做各种动作，顶杆之人不仅需要力量，也需要把握平衡的技巧。微山县微山岛沟南村画像石中有七人表演的橦戏，沂南北寨村画像石中有一人额上顶十字长竿的表演。高絙，即走索，后人走钢丝即源于此。走索表演不仅需要在绳索上保持平衡，而且需要做各种动作以提高观赏性。沂南画像石上的走索表演中，在绳索之下立有四把刀尖朝上的大刀，加大了难度，也增强了欣赏性。滕州市龙阳镇画像石中的擎戴技是由二人表演，下面一人将上面一人托举过头顶。临沂市盛庄镇吴白庄、苍山县城前村石墓画像石中的碗瓶技画面是艺人在做倒立动作时用头、口等身体的不同部位抛接壶、罐等器物，难度极高，表演者旁有保护者。马术类画像石的画面选取了表演难度最高的动作瞬间，在马疾驰中艺人做倒立、下马、上马等惊险动作，滕州、沂南出土的多幅画像石中展示了奔马上站立、倒立、翻腾的动作。柔术表演一般与其他杂技表演相融合，展示身体的柔性，如苍山画像石中的倒立衔壶、反弓衔壶等都是难度系数较高的柔术动作。

幻术是西域文化传入之后汉代兴起的幻化表演，即后世所说的魔术。《汉书·张骞传》记载："大宛诸国发使随汉使来，观汉广大，以大鸟卵及眩人献于汉，天子大说。"颜师古《汉书注》释曰："眩，读与幻同。即今吞刀、吐火、植瓜、种树、屠人、截马之术皆是也，本从西域来。""善眩人"，类似于现在的魔术师或杂技演员。在迄今发现的近十幅汉画像石中，均有"吐火"表演的图像。[②]

齐鲁汉画像石中的杂技表演在动作技术上具有很高的难度，最大限度地展现了汉人在身体动作姿态上唯美的一面。汉代艺人能够运用不同的方式娴熟地完成各自倒立、翻腾等动作，倒立动作有单臂、双臂、身体伸直、弯腰、分腿等姿势；翻腾动作有滚翻、前手翻、后手翻、空翻。[③] 画像石的图像刻画将各种技巧动

---

① 参见杨宇全：《以山东出土的汉画像石为例谈汉画像石上的杂技"绝活"》，《杂技与魔术》2012年第1期。

② 参见杨宇全：《以山东出土的汉画像石为例谈汉画像石上的杂技"绝活"》，《杂技与魔术》2012年第2期。

③ 参见刘朴：《山东汉画像石体操活动考略》，《山东体育科技》2003年第2期。

作与不同的百戏项目结合起来，融汇于各种项目表演中，比如寻橦、戴竿、马术、乐舞、幻术、鱼龙曼衍等。

齐鲁汉画像石中的杂技表演图像表明，汉代的杂技还没有成为一门独立的艺术形式，而是与音乐、舞蹈、武艺、杂耍、扮戏表演等乐舞百戏融合在一起，是增加乐舞百戏欣赏性的重要方式。正是由于融合性特征，使汉代杂技对后世的杂技、戏曲、马戏、舞蹈、武术、体操等表演艺术都有着不同程度的影响。

4."戏象""舞象"与戏曲表演

汉代乐舞百戏艺人的名称主要有"倡""优""俳""象人"。倡，是音乐歌舞表演艺人；优，主要是通过言语机锋以调笑的艺人；俳，则是表演各种小型的有一定故事性、情节性的滑稽杂戏的艺人；象人，是以化妆艺术为基础，装扮成动物、人物进行表演的艺人。这四种名称的分界是相对的，在汉代文献中多为连称或统称。① 由倡、优、俳、象人通过化装扮戏表演的小故事，即"戏象""舞象"是乐舞百戏中的重要内容之一，在齐鲁汉画像石中多有表现。

"戏象"是装扮成人的表演，通过发型、衣饰等装束装扮成特定的角色，根据底本的内容与程式进行表演。"戏象"流传下来的最典型的故事是"东海黄公"：

> 有东海人黄公，少时为术，能制御龙虎。佩赤金刀，以绛缯束发，立兴云雾，坐成山河。及衰老，气力羸惫，饮酒过度，不能复行其术。秦末有白虎见于东海，黄公乃以赤金刀往厌之。术既不行，遂为虎所杀。三辅人俗用以为戏，汉帝取以为角抵之戏焉。（刘歆《西京杂记》）

根据历史记载，象人分别装扮成主角黄公和配角猛虎，表演了东海黄公由制御龙虎、兴云雾、成山河到衰老、饮酒过度、其术不行，直至被东海猛虎所杀的过程。临沂出土的汉画像石中《东海黄公图》选取了故事中东海黄公与猛虎激烈搏斗的情景。东海黄公戴面具，左手持刀，右手抓住猛虎后腿，而猛虎回首张口欲伤黄公，画面气氛紧张，颇有震撼力。

"舞象"是装扮成神仙或物的表演。在祭祀或节日庆典上，象人装扮成仙人或戴上龙、虎、熊、鱼、凤、鸟等的面具，模仿仙人升天或动物争斗的游戏，同时将杂技动作、幻术表演相结合，增强了舞象的表演力和欣赏性。汉代最有代表性的"舞象"表演是"鱼龙曼衍"。"鱼龙曼衍"是将"鱼龙""曼衍"两个幻术相连接表演的节目。"鱼龙"是瑞兽猞猁变成鱼、龙的戏法；"曼衍"是彩扎巨兽，如熊、虎、怪兽、大雀、白象等，象人模仿巨兽样子舞动彩扎巨兽。"鱼龙曼衍"因具有代表性而成为"凤凰来仪""仙人戏龙"等这一类扮戏的代称，沂南汉墓画像石出土的《乐舞百戏图》中刻画了"鱼龙曼衍"戏的画面。齐鲁汉画像石中多处描绘了龙戏、虎

① 参见雒启坤：《两汉民间乐舞百戏》，《四川大学学报（哲学社会科学版）》1988 年第 2 期。

戏、熊戏、鱼戏、鸟戏、猴戏，刻画精细，趣味盎然。

汉画像石中的“戏象”“舞象”等扮戏表演娱乐性强，是中国古代戏曲的萌芽，同时对民间民俗的秧歌戏、跑旱船、踩高跷装扮表演都有着直接的影响。

由此看来，舞蹈表演、技击表演、杂技表演、扮戏表演与汉代乐舞百戏有着很深的历史渊源。齐鲁汉画像石展现的丰富的身体姿态是汉代齐鲁民众乐舞百戏的经典动作。认真探究齐鲁汉画像石上的身体姿态，对认知齐鲁各类表演艺术的形成与发展历程具有重要的意义。

第三节　与传统体育有关的画像石举隅

齐鲁汉画像石中有关传统体育文化的图像颇多，现选取体育文化内容丰富、规模宏大的五块汉画像石：沂南北寨村《乐舞百戏图》、安丘董家庄石墓的《乐舞百戏图》、嘉祥五老洼出土《风伯、胡汉交战图》、邹城郭里乡高李村出土《胡汉交战图》、嘉祥武氏祠《水陆交战图》，分析其图像内容及构图方式，从而形成汉代画像石、汉代传统体育文化的感性认识。

一、《乐舞百戏图》

乐舞百戏是汉代文化活动的重要内容，汉武帝曾以规模宏大的乐舞百戏表演向域外宾客展示汉代盛大国势。民间祭祀活动及节日庆典中，乐舞百戏成为不可或缺的表演内容。齐鲁汉画像石以图像的形式对之加以记载，其中沂南北寨村和安丘董家庄石墓的《乐舞百戏图》规模宏大，内容丰富，堪称汉画像中集中展示百戏场面的双璧①。

1. 沂南北寨村墓《乐舞百戏图》

1954 年，沂南县西八里的北寨村汉代石墓出土的《乐舞百戏图》画面内容极为丰富，是展示汉代乐舞百戏的全景画卷。画面以“百戏”为主，采用了以左右纵向为主、上下横向为辅的构图方式，内容多而不乱。画面从左向右可分为三个部分：

第一部分是“跳丸跳剑”“戴竿”及“乐队”表演。左上角是抛接四把剑的“跳剑”表演；左下角是舞动长带的人同时在表演“跳丸”；在二人的右侧是“戴竿”表演，“戴竿”之人不仅额顶十字竿，竿上三个小孩在做翻转、旋转动作，而且脚下在跳“七盘舞”；“戴竿”右侧是乐队演奏。画面中的乐队乐器多样，演奏人员众多。

---

① 参见杨宇全：《以山东出土的汉画像石为例谈汉画像石上的杂技“绝活”》，《杂技与魔术》2012 年第 1 期。

乐队部分上面是锤击建鼓、击磬、撞钟表演；下面是三排坐在席上奏乐的人，左排在弹琴、吹埙与笙，中排敲鼓、吹排箫与埙，右排1人指挥，4人用手敲鼓。整个乐队由17人组成，打击乐器、吹奏乐器、弹奏乐器相组合，在汉代音乐表演中颇具代表性。

第二部分是“走索”与象人扮戏“鱼龙曼衍”表演。两种表演分为上、下两个部分。上部是“走索”表演。走索，是指艺人在悬空的绳索上表演杂技。画面中三位艺人在悬空绷直的绳索上表演，两边各一位艺人手持表演器具登上绳索，脚步轻盈矫健且自如优美，中间的艺人双手握住绳索表演倒立。绳索下有四把刀尖朝上树立的尖刀，给人以惊险紧张之感。下部是“鱼龙曼衍”戏中“凤凰来仪”的表演。扮戏中象人扮演了凤凰、鱼、龙及戴面具之人。扮戏与音乐、杂技相结合，进一步增强扮戏的情景氛围和欣赏性。

第三部分是马戏和车上建鼓表演。两种表演也是分上、下两个部分。上部分刻画了两位女子在奔腾的马上的高难度动作，左边女子站在马背上作长绳表演；右边女子一手抓马鞍，一手握一戟，双足腾空，在做下马动作。下部分车上建鼓表演较一般建鼓表演更具观赏性。在一辆疾驰的战车上有一人驾车，车厢内四人在建鼓下吹箫、吹笛、敲鼓演奏。同时，建鼓上的平板上有一女子在做倒立动作。车子之后是三人，前面三个鼓，各自手持长竿打鼓。

沂南北寨村墓《乐舞百戏图》内容含量大，表现了百戏的经典画面，代表性强。画面雕刻精细流畅，清晰有序，生动而富有感染力。

2. 安丘董家庄墓《乐舞百戏图》

1959年，安丘凌河镇董家庄村北发掘的石墓中室室顶北坡的《乐舞百戏图》，场面宏大，在百戏画像石中具有极强的代表性。画面由乐舞、六博、仙人戏龙、骑马出行、都卢寻橦、跳剑飞丸等内容构成，构图采用了上下分层、左右分列、交叉布局的方式，从左向右大体可以分为两部分。

左边部分包括乐舞表演、仙人六博、仙人戏龙、骑马出行。画面左上角为乐舞表演，中间二人对舞，其中一人敲鼓，一人舞长巾，刚健与柔美融于一体，二人左侧为两位观众，右侧为三人奏乐。乐舞表演的下方是仙人六博，中间摆有棋盘，周围六位仙人或坐或站、或近或远，情态不一。仙人六博的右侧是一人骑马出行，左右各有一人跟随。仙人六博与骑马出行的下方是“鱼龙曼衍”戏——“仙人戏龙”。龙衔鱼由右向左前行，刻画生动形象。

右边部分包括都卢寻橦、跳剑飞丸。都卢寻橦是由一人双手托举一个高竿，竿上有一横木，与竿成十字形。竿的顶部有一圆盘，上面有1人在做下腰动作，横木上左右两侧各有3人，在横木下腰以倒立或空翻者2人，或足或膝勾住横杆做悬空舞动动作者4人，另有2人缘竿而上。所顶之竿上共9人，各人动作姿态不同且灵活敏捷;顶竿之人弯腰曲臂,踮脚仰首,亦是轻松自如。画面中的"都卢寻橦"在汉画像石竿戏中是表演人数最多的一幅。竿戏的右侧是跳剑飞丸。表演者右足、左膝、左臂及双手各有1球,抛到空中6球,同时有3把剑亦在空中飞舞。表演者同时把玩丸、剑共计14个,是同类杂技中的最高纪录。在跳剑飞丸的下方是瑞兽,右侧有欣赏的观众。

董家庄《乐舞百戏图》内容博而不乱,整个画面留白处刻画了仙人、珍禽、瑞兽,共有人物42个,动物12个,不仅场面恢宏,人物众多,而且充满仙气。[①] 画面中"都卢寻橦""跳剑飞丸"刻画生动细致,再现了汉代竿戏、手技的最高水平。

二、《交战图》

《交战图》主要包括两类:一类是《胡汉交战图》。汉画像石中《胡汉交战图》最早发现于齐鲁地域,且分布广,肥城、费县、枣庄、微山、邹城、济宁、滕州、临沂、苍山、沂南、嘉祥、平阴等地均有出土。[②] 汉画像石中胡汉交战少于十人者称为"械斗图",下面所选都是参与作战人数较多、作战激烈或作战过程完整的图像。另一类是反映官民战争情景的《水陆交战图》,这一类数量较少,但画面布局、雕工技法等方面颇有代表性。

1. 嘉祥五老洼出土《风伯、胡汉交战图》

1981年,嘉祥县城东北五老洼出土《风伯、胡汉交战图》,纵123厘米,横82厘米,采用了凹面线刻的雕刻技法,生动地再现了交战以及献俘的情景,现藏于山东省博物馆。整幅画面纵向分为三层,分层清晰且内容表述各有不同。

2. 邹城郭里乡高李村出土《胡汉交战图》

1990年,邹城郭里乡高李村出土《胡汉交战图》,现藏于邹城孟庙汉画馆。此块画像石纵82厘米,横279厘米,采用了浅浮雕阴线刻的雕刻技法,刻画了胡汉两军对垒激战的情景。整幅画面分上、下两层,再现了汉兵战胜胡兵的场面。

这是一幅以山为背景的《胡汉交战图》。在画面的左侧是山的形象,有层层圆弧状图案堆叠起来,从底部堆到顶端,成为右侧胡汉交战的背景。在山中隐藏着尖角帽胡人和即将奔出的马,胡人的帽子和马头从山间露出,同时亦有战败的胡人逃入山中。

画面上层数名胡兵已束手就擒,跪在地上,四匹胡马向山的方向狂奔,其中一匹马上已无胡兵,另一匹马上的胡兵在逃跑中坠马。胡兵溃不成军时,右侧汉军步兵、骑兵、弩兵队列顺利地结束战斗。下层亦是汉军占据了画面的2/3,骑

---

① 参见孔令峰、夏申吾:《山东汉画中的体育活动》,《体育文化导刊》2010年第12期。

② 参见朱浒:《汉画像胡人图像研究》,上海大学博士学位论文,2012年。

兵与两辆战车继续前进追击，胡兵已是强弩之末，地上一胡兵被俘，另有两具胡人无首尸体，只有一名骑兵与汉兵对战。

整幅画面以汉军大获全胜为主题，刻画了汉军的强大与镇定，也反衬了胡兵战败的狼狈。左侧胡军大本营里即将出战的胡兵胡马，预示了战斗并没有完全结束。大队汉军人马已严阵以待，胜券在握。画面叙事色彩浓厚，给人以丰富的遐想。

3. 嘉祥武氏祠《水陆交战图》

嘉祥武氏祠画像石中两幅《水陆交战图》，一幅是前石室 6 幅，一幅是后石室 7 幅，二者自乾隆五十一年(1786)出土，至今已 200 余年。两幅画因构图宏伟、刻画精细而闻名中外。

前石室六幅《水陆交战图》纵 96 厘米，横 203 厘米，采用减地凸面线刻的雕刻技法，在构图上，以一条横线将画面分为两层：上层仅为一列画像，占整幅画面的 1/5 左右，横线之下为下层。整幅画面描述的主题历代众说纷纭。根据画面人物的相貌、衣饰、性别及乘车的情况，可以明确看到，画面中没有胡人，且交战的一方是男女共同参战，这场战争并非画像石广为刻画的胡汉战争，而是官与民之间的斗争。有的学者根据交战一方均为农夫、仆从打扮，且男女参战人数相当，认为应该是家人共同战斗，交战的另一方从帽饰、所乘之车等方面可以判断为官方军队，因此认为这是被压迫而起义的劳苦农民与官府作战的画面①；有的学者认为这两幅画表现的是“七女为父报仇”的故事，原因是莒县东莞镇出土了风格类似的画像石，且上面榜题为“七女”②。画像石的主题是对墓主歌功颂德、祈望死后仍然可以享受荣华富贵，官逼民反且官兵溃败的情景与画像石的主题有些格格不入。鉴于此，200 年来对于武氏祠《水陆交战图》的解释一直含混不清。上面提到的两种观点虽然有一些差异，但有一个共同点是官民矛盾带来的官兵与民众的厮杀。

① 参见叶又新、蒋英炬：《武氏祠“水陆攻战”图新释》，《文史哲》1986 年第 3 期。

② 黄鑫：《汉画像石“水陆攻战图”的类型学解析》，《解放军艺术学院学报》2009 年第 4 期。

第五章　齐鲁养生文化

齐鲁大地是儒家、道家思想的发源地，在身心兼修的观念下，思想家孔子、孟子、荀子、颜之推与庄子、王弼、张湛等的著述中蕴含着丰富的养生思想。道教养生思想与齐鲁文化有着内在的渊源，在宁海、栖霞一带兴盛起来的全真道教对道教养生在民间的传播发挥了重大作用。

第一节　齐鲁儒家养生思想

齐鲁之地作为儒家思想的发源地，形成了具有儒家思想特色的养生文化。从孔子的“仁寿”观到孟子“德”“生”兼养的养生观，形成了以德养生、以生养德的儒家养生思想。在此基础上，荀子从“形神兼养”“养备而动时”“以礼养生”等方面进一步丰富了“德养”的内涵，南北朝时颜之推在求仙问道的世风中坚持儒家一脉，提出了“中和适度”的养生观和“惜生而不苟生”的生死观。

一、孔子的“仁寿”观

孔子推行仁政、尊崇周礼，周游列国，其政治主张却屡遭拒绝，“累累若丧家之狗”(《史记・孔子世家》)，但通过《论语》记录的言行，可以感受到孔子是一个生活中充满快乐的人。孔子终年 73 岁，在当时人均寿命不到 30 岁的情况下，应该说孔子是很长寿的了。① 由此看来，孔子的养生思想及实践值得关注。孔子虽然没有专门论述养生的著述，但在《论语》《孔子家语》及相关文献中多处记载了孔子的饮食起居、生活习惯、生活状态及养生志趣，蕴含了丰富的养生思想。孔子养生思想以“仁学”为本，以德修身、润身，追求乐观旷达、乐而忘忧的境界，提出“智者乐，仁者寿”的观点，同时依据“礼”与“中道”确定了饮食起居、宴饮游乐的规范，倡导遵礼、节制的生活方式。

---

① 参见李殿元:《孔子养生之道述评》,《三峡学刊》1995 年第 1 期。

(一)以“仁”为本,以“德”修心

“仁”是孔子思想体系的理论核心。“仁”,即“爱人”,如何仁爱天下,“己欲立而立人,己欲达而达人”,“己所不欲,勿施于人”。孔子从周游列国推行仁政到教书育人、著书立说,一生践行仁道。“仁者无惧”,践行仁道则心胸旷达,消除了各种心理、精神上的压力,即使面对困境也心常坦然。心安则身安,人身心安泰则健康长寿。“仁”的境界不仅是道德境界,亦是养生的最高境界。“有大德必得其寿”(《中庸》),孔子并未专注于养生,长寿而终则源于其道德修养。孔子把践行仁道与养生结合起来,把道德修养标准与养生的原则融合在一起,形成以德养身、以身养德的养生观。

由“仁”而“乐”“仁乐”合一则是孔子养生思想的重要特征。践行仁道不仅可以身心安泰,而且得到精神的自由。孔子赞赏颜回的安贫乐道,“一箪食,一瓢饮,在陋巷,人不堪其忧,回也不改其乐”(《论语·雍也》);赞同曾点的志向,“莫春者,春服既成,冠者五六人,童子六七人,浴乎沂,风乎舞雩,咏而归”(《论语·先进》);孔子“道德高厚,教化无穷,实与天地参而四时同”(周敦颐《通书·孔子下》),被后代万民所敬仰。颜回安贫乐道,心底坦荡,故而心情愉悦;曾点不受外物拘泥而与天地精神相往来,故而自由自在;孔子教化万民而与天地并列。践行仁道所带来的“乐”是不为外物奴役而与天地精神相往来所带来的至善之“乐”。“子曰:智者乐水,仁者乐山;智者动,仁者静;智者乐,仁者寿。”(《论语·雍也》)孔子采用互文的手法,以山水喻君子之德,君子践行仁道而达到精神乐境,方能长寿。

(二)遵“礼”养身,践履“中庸”

孔子从礼教思想出发,对人们的饮食起居提出了具体的规范和要求,将其作为推行仁政、礼治思想的途径与手段。同时以“中庸”之德作为人们培养日常生活习惯、生活态度、生活方式的最重要的原则,倡导节制适度,将遵礼与养生有机地结合在一起。

首先,孔子提出“非礼勿动”,对于饮食起居中不符合“礼”的做法进行了具体规范,希望通过人们的饮食起居来寻找“礼”的意味,借以恢复和遵循“周礼”,规范社会行为的意图。[①]

> 食不厌精,脍不厌细。
>
> 食饐而餲,鱼馁而肉败,不食。色恶,不食。臭恶,不食。失饪,不食。不时,不食。割不正,不食。不得其酱,不食。肉虽多,不使胜食气。
>
> 唯酒无量,不及乱。

---

① 参见高嵘:《孔子养生思想的阐释及意义》,《体育文化导刊》2007年第1期。

沽酒市脯不食。不撤姜食,不多食。

祭于公,不宿肉。祭肉不出三日。出三日,不食之矣。

食不语,寝不言。

虽疏食菜羹,瓜祭,必齐如也。(《论语·乡党》)

《论语·乡党》记载了孔子的饮食习惯,提出了"八不食"。吃饭的礼仪要求是"食不语"。

在起居上,"席不正,不坐";"寝不尸,居不容",要侧卧而眠,坐姿要以舒适为佳;"曲肱而枕,乐在其中矣";"寝不言"。

在出行上,"升车,必正立,执绥。车中,不内顾,不疾言,不亲指"(《论语·乡党》)。上车的时候,一定端正站好,手拉着绥带。在车中,不回头看,不快速说话,不用手指指点点。

孔子所倡导的"仁爱"体现了对生命的珍视与尊重,具有鲜明的"重生"倾向。孔子饮食起居的规范既源于礼的约束与限制,也是对自身生活经验的总结。

其次,孔子养生思止的做法体现了对身体的关注,有助于形成健康的生活习惯。现代健康科学体现了中庸的方法论,主张生活中节制适度才是长寿之道。中庸,即不偏不倚,孔子将中庸视为至德,"中庸之为德也,甚至矣乎!民鲜久矣"(《论语·雍也》)。《孔子家语·五仪》中记载了孔子对于长寿的见解,突出了践行中庸之道的重要性:"哀公问于孔子曰:'仁者寿乎?智者寿乎?'孔子对曰:'然。人有三死而非其命也,己自取也。夫寝处不时,饮食不节,逸劳过度者,疾共杀之。居下位而上干其君,嗜欲无厌而求不止者,刑共杀之。以少犯众,以弱侮强,忿怒不类,动不量力,兵共杀之。此三者死非命也,人自取之。若夫智士仁人,将身有节,动静以义,喜怒以时,无害其性,虽得寿焉,不亦宜乎!'"孔子将非其命而死的原因概括为三种:一是不注重养生患病而死;二是僭越违制遭受刑罚而死;三是自不量力地争强斗狠,遭受各种战事而死。疾病产生的原因主要有三个:一是睡眠时间不适宜;二是饮食不节制;三是过度安逸或劳苦,不能遵守中道养生则易患病而死。仁人志士长寿的关键是秉承中道,持身有节制,行止合礼义,喜怒合时宜,这样身心不会受到伤害,故而长寿。

孔子根据中庸之道,对衣食住行如何节制进行了具体说明。孔子认为吃饭、饮酒、食肉、食姜等皆要适度,"饱食终日,无所用心,难矣哉"。对于人自身的情绪也要有所节制,"乐而不淫,哀而不伤"(《论语·八佾》),快乐、悲伤都要有所节制,才有利于人的健康。

其三,孔子针对不同年龄阶段的生理特征提出了"三戒"养生观。《论语·季氏》:"君子有三戒:少之时,血气未定,戒之在色;及其壮也,血气方刚,戒之在斗;及其老也,血气既衰,戒之在得。"年少时,身体发育还未成熟,过早的性生活对身体不利，因此不要贪恋女色；壮年时，气血旺盛，易冲动，不要争强斗狠；老年时，身体逐渐走向衰老，对于功名利禄，不要贪得无厌。孔子抓住人生不同阶段最易出现的问题“好色”“好斗”“好得”，告诫人们要有所节制。时至今日，“好色”“好斗”“好得”依然威胁着人们的健康。根据孔子“三戒”养生观，理性面对各种欲望，约束自己，方能身心双修。

(三)“游于艺”

孔子不仅是一位思想家、教育家，而且长于射箭、狩猎、钓鱼等各种游艺活动，并将游艺活动纳入其思想体系中，形成了鲜明特色的休闲观念。

孔子曰：“志于道，据于德，依于仁，游于艺。”(《论语·述而》)“道”“德”“仁”“艺”是孔子一生所志、所学及体悟、践行的总结。“道”指融天道与人道于一体的大道，“德”是大道践行的道德规范，“仁”是仁爱之内心。相较于前三者，“艺”是现实生活中以特定的技艺为基础的各种活动[①]，需要以“仁”爱之心为依据，并承载着“道”“德”。对于“艺”，不仅要有所知，而且要达到习练娴熟的程度，即“游于艺”，方能纳入孔子思想体系中，成为孔子思想的载体。由此看来，“游于艺”意谓为学者遍历、熟习六艺，故仁德日新，身心自适、顺畅而入优游之境、达明道之功。[②]

根据相关文献资料，可以看出孔子擅长各种运动技能，达到了“游于艺”的境界。孔子不仅善射，而且教弟子习射。“御”，即驾车。孔子认为在众多的技艺中自己更擅长驾车，“吾何执？执御乎？执射乎？吾执御矣”(《论语·子罕》)。孔子喜爱垂钓、狩猎，但崇尚适度而行，“子钓而不纲，弋不射宿”(《论语·述而》)垂钓不用网具断流捕鱼，狩猎不射归巢之鸟。孔子认为下棋可以锻炼人的智力，无所事事时下棋是一项不错的娱乐方式，“饱食终日，无所用心，难矣哉！不有博者乎？为之，犹贤乎已”(《论语·阳货》)。

孔子多次以山水喻君子之德。《孟子·尽心上》记载，孔子“登东山而小鲁，登泰山而小天下”，泰山一天门“孔子登临处”的人文景观留存至今。孔子“见大水必观焉”(刘向《说苑·杂言》)，“至于河……临河而叹曰：‘美哉水，洋洋乎！’”(《史记·孔子世家》)“子在川上曰：‘逝者如斯夫！不舍昼夜。’”(《论语·子罕》)

孔子兴趣广泛，不仅擅长射箭、驾车、垂钓、狩猎、下棋、登山、观水等活动，而且精通音乐，系统整理了《诗经》的音乐。孔子将自己精通的“艺”纳入思想体系

---

① 对于“游于艺”中“艺”的解释，历来存在两种说法：一为西周六艺，即礼、乐、射、御、书、数；二为被后代称作“六经”的六艺，即《诗》《书》《礼》《乐》《易》《春秋》。本文主要采用前者说法，并将下棋、垂钓、狩猎、登山、游水等活动纳入其中。

② 参见詹艾斌：《孔子“游于艺”命题读解》，《江汉论坛》2005 年第 4 期。

中。“艺”成为孔子思想的符号和象征，后世传统体育文化的仪式化特征及象征意味盖源于此。

孔子所倡导的以“仁”为本、以“德”养生、以“礼”养身的养生思想是对其自身生活实践的总结与体悟，是其建构的儒家思想的有机组成部分，对儒家养生思想具有开启的作用。

二、孟子“德”“生”兼养观

孟子从性善论出发，将道德修养与养生结合起来，以“养气”为主要方式，以“德”养“生”，以“气”育“德”，提出存“赤子之心”、养“浩然之气”，不仅修养道德，而且心神安定清静、身体健康长寿。孟子提出了“德”“生”兼养的观念，一生践行不辍，被后人称为“亚圣”，而且以德颐养天年，寿终 84 岁。

(一)“存心养性”以养生

孟子提出“性善论”，认为：“恻隐之心，人皆有之；羞恶之心，人皆有之；恭敬之心，人皆有之；是非之心，人皆有之。恻隐之心，仁也；羞恶之心，义也；恭敬之心，礼也；是非之心，智也。仁、义、礼、智非由外铄我也，我固有之也。”(《孟子·告子上》)由于仁、义、礼、智四个善端皆为人的本心，一个人的道德修养的途径则是保持人生来固有的“赤子之心”，存其本心，则可养性而知天命。虽然孟子思想的核心在于养德，而非养生，却取得了“德”“生”兼养的效果。“君子所性，仁义礼智根于心，其生色也睟然，见于面，盎于背，施于四体，四体不言而喻。”(《孟子·尽心上》)仁、义、礼、智根植于心的君子，其气色是纯正和润的，并通过其音容笑貌、言谈举止等方面充分展示出来。

从养生的角度来看，孟子将存养“仁、义、礼、智”的善端作为安身立命之本，这种道德修养的方法有助于人们避开或化解世事的纷扰，建立良好、和谐的人际关系，从而达到清静平和的精神境界。精神状态的平静与舒展则有助于身心健康，并提高个体生命的质量，延长生命的长度。因此，孟子的“存心养性”成为精神养生中重要的调神养生法。

(二)养“浩然之气”

对于“仁、义、礼、智”善端的存养，孟子提出了具体的存养方式：养“浩然之气”。春秋战国时期，“气”的概念较为普遍流行，《管子》《庄子》《孟子》皆论及“气”。管子曰：“凡人之生也，天出其精，地出其形，合此以为人。”(《管子·内业》)管子所言“精”即“精气”，提出保精养气的养生观。庄子曰：“人之生，气之聚也。聚则为生，散则为死。”(《庄子·知北游》)庄子有关“气”的认识表明人是大自然的一部分。与管子、庄子对气的论述偏重于物质属性不同，孟子将“气”视为集人体元气与精神意志于一体之“气”：

告子曰："夫志，气之帅也；气，体之充也。夫志至焉，气次焉。故曰：'持其志，无暴其气。'"

"既曰'志至焉，气次焉'，又曰'持其志，无暴其气'者，何也？"

曰："志壹则动气，气壹则动志也。今夫蹶者趋者，是气也，而反动其心。"

"敢问夫子恶乎长？"

曰："我知言，我善养吾浩然之气。"

"敢问何谓浩然之气？"

曰："难言也。其为气也，至大至刚，以直养而无害，则塞于天地之间。其为气也，配义与道；无是，馁也。是集义所生者，非义袭而取之也。行有不慊于心，则馁矣。"《孟子·公孙丑上》

以"仁、义、礼、智"培养人心中之正气，使其充盈于体内。充盈于体内之正气至大至刚，与身体元气相互贯通且循环畅通，并与天地自然之正气通贯起来。朱熹认为孟子所说"浩然之气"是以血气为本源、义理赋予其中而形成的，是义理与血气的统一。养"浩然之气"是用义与道养气，使之升华为浩然之气，是道德修养与养生的统一。①

(三)寡欲以养生

存养"赤子之心"，孟子认为不仅要善养"浩然之气"，而且要"寡欲"，因而提出"寡欲说"："养心莫善于寡欲。其为人也寡欲，虽有不存焉者，寡矣；其为人也多欲，虽有存焉者，寡矣。"(《孟子·尽心下》)先秦儒家所谓"欲"，有愿望、希望、欲望之意，是指一种具体的要求，既包括低层次的欲望，也包括高层次的愿望。孟子不是提倡禁欲，"欲"不应该禁绝，但"欲"多至贪，则心有旁骛，心境不能清静平和，浩然正气亦不能培养。只有"寡欲"，才能颐养心志，心志专一方能涵养正气。

从养生的角度来看，孟子所倡导的"寡欲"，是延年益寿的重要方式。人的疾病的发生与喜、怒、忧、思、悲、恐、惊等"七情"有着内在的关系，"寡欲"有助于稳定人的情绪，培养豁达大度的性格和光明磊落的心理，有利于神志安定、气血调和、精神饱满、身体健康。立志养德的养生效果在当今已得到科学的验证："现代生理学和生物信息反馈疗法研究证明，坚定意志和信念，能够影响内分泌的变化，改善生理功能，增强抵抗力，有益于健康长寿。"②

此外，孟子提出身体要经受磨炼、身体的保养要有大小主次之分等观点，也鲜明地体现了其立志养德以养生的观念。孟子曰："故天将降大任于斯人也，必

① 参见乐爱国：《孟子论"气"与儒家养生学》，《锦州医学院学报(社会科学版)》2005年第1期。

② 乐爱国：《孟子论"气"与儒家养生学》，《锦州医学院学报》(社会科学版)2005年第1期。

先苦其心志，劳其筋骨，饿其体肤，空乏其身，行拂乱其所为，所以动心忍行，增益其所不能。”（《孟子·告子下》）劳筋骨、饿体肤有助于提高身体的耐受力，具有养生的价值。又曰：“体有贵贱，有大小。无以小害大，无以贱害贵。养其小者为小人，养其大者为大人。”（《孟子·告子上》）身体保养要有大小、主次之分，不应养小害大。

三、荀子养生思想

荀子，战国后期赵国人，游学到齐国都城稷下学宫，曾三次担任稷下学宫祭酒[①]，享有很高的声望。后两度为楚国兰陵（今山东兰陵）令，被免官后定居兰陵，专门从事教学、著述，直至老死，现山东兰陵有荀子墓。荀子在稷下学宫总结、批判、吸收了诸子百家的理论主张，而独推孔子儒家思想，成为先秦时期著名的思想家和儒家思想的代表人物之一。荀子的“明于天人相分”“化性起伪”“所积而致的成圣之道”“虚壹而静”等观点不仅丰富了儒家思想，增强了儒家思想的实践性，而且蕴含丰富的养生思想，形成了“形神兼养”“养备而动时”“以礼节欲”等养生观。

（一）“形神兼养”

荀子“形神兼养”养生思想建立在“形具而神生”形神观的基础上。形神观是对人的身体与精神（或心灵）二者关系的探索与认识，是我国古代思想文化的重要内容之一。荀子借鉴了管子形为神之基础的观点，提出了“形具而神生”的论断：“天职既立，天功既成，形具而神生，好恶喜怒哀乐臧焉，夫是之谓天情。耳目鼻口形能各有接而不相能也，夫是之谓天官。心居中虚，以治五官，夫是之谓天君。”（《荀子·天论》）荀子从天道自然的观点出发，运用自然规律分析了人之“形”与“神”的关系，认为人的精神现象以身体器官的活动为基础，提出“形”是“神”的物质基础的观点。

“形具而神生”，“形”为“神”之基础，养生则需“形”“神”兼养。一方面是“治气养生”以养形。按照自然运行、变化的法则认知身体养生的规律，以此调理血气，保养身体，将会健康长寿。另一方面是修身以养神（心）。荀子认为身体的保养是修养心神的基础，而心神修养才是其理论的重心。荀子倡导以“礼”“乐”修养身心。“礼”能够适度地满足人们生活所需，“乐”能够宣导情感。人们内心的情感通过声音和身体的动作表露出来，古代《雅》《颂》则是引导人们情感的乐声。

（二）“养备而动时”

荀子认为“天行有常”，养生也有自身规律，提出了“养备”“动时”的原则：“养

---

① 祭酒，指稷下学宫中名望崇高、在祭祀时举酒祭神的老师。

备而动时，则天不能病"，"养略而动罕，则天不能使之全"(《荀子·天论》)。

荀子"天论"创造性地发展了天的自然属性和规律特征，认为人们要掌握并运用天地运行的规律以控制、变革大自然，"制天命而用之"。养生之道亦是掌握养生的规律并运用于实践之中，因此，人的身体是否康健，不在于天而在于人践行的状况。如果衣食给养齐备并时常运动，即使是天也不能使他生病；如果衣食给养不足且少有活动，即使是天也不能保全健康。养生的根本在于人，而不在于人之外的其他事物，这一观点对保健养生产生了积极的影响。

荀子养生观特别注重"动"的重要性，提出"动养"的原则。荀子的动养思想来自于对自然界的认识，天地自然是不断变化的，"肉腐出虫，鱼枯生蠹。怠慢忘身，祸灾乃作"(《荀子·劝学》)。养生也需要遵循自然天道，经常活动才能使身体充满活力，提高身体机能，促进身体健康。

(三)"以礼节欲"

荀子提出"性恶说"，认为人生来就有追求饱暖、享乐的欲望，而节制欲望是修养身心的关键，以礼节欲、以礼养心是修养身心的重要方式。

荀子所论"礼"是集礼节仪式、人伦道德、社会政治于一体的伦理制度。荀子提出"礼"能有效地养欲、节欲，对个体及社会都具有一定的积极作用。

根据"礼"，个体由于地位及宗族关系的不同，日常用度及需求亦不同，适度满足其欲望，是对其合理欲求的满足与保护，因此，"礼"具有"养欲"的作用。以"礼"养欲，人们的喜好憎恶得以节制而表现适宜。君子遵循"礼"而培养了敦厚高尚的品德、宽广博大的胸怀，"故厚者，礼之积也；大者，礼之广也；高者，礼之隆也；明者，礼之尽也"(《荀子·礼论》)。

荀子认为"礼"是取长补短、损有余而益不足，对于合乎"礼"的欲求是一种保护与支持，而对于不合乎"礼"的欲求则需要进行节制。如果随性而为，不加节制，其自身的欲求及性情也难以保持，"故人一之于礼义，则两得之矣；一之于情性，则两丧之矣"(《荀子·礼论》)。

此外，荀子借鉴道家"致虚极，守静笃"的思想而提出的"虚壹而静"的认识论对于后世养生学产生了深远的影响。

四、《颜氏家训》养生思想

《颜氏家训》被后世称为古代家训典范。著者为南北朝时期琅琊(今山东临沂)人颜之推。《颜氏家训》共7卷20篇，内容涉及家庭教育、社会文化风俗等方面，具有极高价值。颜之推为颜回的后代，颜氏家族"世以儒雅为业"，虽然南北朝时期儒学式微，但颜之推坚守儒学思想。《颜氏家训》的《养生》与其他各篇论述了颜之推的养生观及方法。

(一)中和有度的养生观

孔子视“中庸”为最高的道德,“中庸之为德也,其至矣乎,民鲜久矣”(《论语·雍也》)。颜之推深受中庸思想的影响,教子“威严而有慈”,治家“宽严适度”“俭而不吝”,治文“收放自如”“文质结合”①,对于养生也采用中和适度的方式。

首先,不言神仙而言家居养生。魏晋南北朝时期是道教、玄学、佛教盛行的时期,朝代更迭频繁且政治斗争残酷,为避祸长生,炼丹养生之风盛行。针对神仙之事,颜之推采取了儒家“敬而远之”的态度:一方面,颜之推推崇佛家生死轮回之说,对于神仙之事也并未全面否定,“未可全诬”,认为概率颇低,“千万不遇一尔”。另一方面,则从现实状况分析了求仙之道的虚妄与艰难。颜之推认为人生在世事务繁多,置这一切于不顾而去求仙得道,违背了儒家的立身之本。

其次,适度借鉴道家养生方法。对于家居养生,颜之推结合自身的实践,建议从穿衣、饮食、气息调理、精神保养等方面入手。同时可以借鉴道家丰富的养生经验,通过适度进食补药和导引健身等方法达到养生的目的。

(二)惜生而不苟惜的生死观

颜之推秉承古代“重生”思想,提出要珍惜生命。一方面,在黑暗的政治中要避祸以惜生。嵇康虽讲究养生,但因傲慢无礼而被杀害;石崇服食丹药以求延年益寿,但因对钱财贪得无厌而遭杀害。养生首要之务是保全自身,保全自身是养生的基础。另一方面,养生要内外兼养,不仅需要调理自身,还要避免外来的侵害。单豹虽很注意养生,但不防备外界伤害,结果被老虎吃掉;张毅很注重防备外来侵害,但不注重自身调养,结果得病而死。考虑避祸并内外兼养是养生的基本原则。

颜之推虽然珍惜生命,但对于忠孝仁义与生命产生冲突的时候,提出了“生不可不惜,不可苟惜”的观点。颜之推面对黑暗的政治,明确了生命取舍的基本原则,认为君子不应悖于忠孝仁义而追求自身的贪欲、恶念,也不应苟且偷生而置仁义于不顾。这一观点将养生与儒家道德观念联系起来,体现了颜之推对儒家思想的坚持。

[附录]

颜氏家训·养生

神仙之事,未可全诬;但性命在天,或难钟值。人生居世,触途牵絷;幼少之日,既有供养之勤;成立之年,便增妻孥之累。衣食资须,公私驱役;而望遁迹山林,超然尘滓,千万不遇一尔。加以金玉之费,炉器所须,益非贫士所办。学如牛

① 叶甜甜:《颜之推哲学思想研究》,山东大学硕士学位论文,2012年。

毛，成如麟角。华山之下，白骨如莽，何有可遂之理？考之内教，纵使得仙，终当有死，不能出世，不愿汝曹专精于此。若其爱养神明，调护气息，慎节起卧，均适寒暄，禁忌食饮，将饵药物，遂其所禀，不为夭折者，吾无间然。诸药饵法，不废世务也。庾肩吾常服槐实，年七十余，目看细字，须发犹黑。邺中朝士，有单服杏仁、枸杞、黄精、白术、车前得益者甚多，不能一一说尔。吾尝患齿，摇动欲落，饮食热冷，皆苦疼痛。见《抱朴子》牢齿之法，早朝叩齿三百下为良；行之数日，即便平愈，今恒持之。此辈小术，无损于事，亦可修也。凡欲饵药，陶隐居《太清方》中总录甚备，但须精审，不可轻脱。近有王爱州在邺学服松脂不得节度，肠塞而死，为药所误者其多。

夫养生者先须虑祸，全身保性，有此生然后养之，勿徒养其无生也。单豹养于内而丧外，张毅养于外而丧内，前贤所戒也。稽康著《养身》之论，而以傲物受刑，石崇冀服饵之征，而以贪溺取祸，往事之所迷也。

夫生不可不惜，不可苟惜。涉险畏之途，干祸难之事，贪欲以伤生，谗慝而致死，此君子之所惜哉！行诚孝而见贼，履仁义而得罪，丧身以全家，泯躯而济国，君子不咎也。自乱离已来，吾见名臣贤士，临难求生，终为不救，徒取窘辱，令人愤懑。

第二节　齐鲁道家养生思想

道家思想从春秋战国的老庄道学、黄老学到魏晋玄学，都是齐鲁文化的重要组成部分。庄子据考证生活于齐地，黄老学形成于稷下学宫，魏晋玄学家王弼、张湛对玄学的形成与发展举足轻重。老庄道学、黄老学、玄学都秉承抱朴守真、回归自然、清静无为的观念，成为后世中华养生学的思想基础。

一、庄子的养生思想

庄子虽为战国中期宋国人，但其生活之地蒙地在宋国被灭之后归属齐地，即现在山东东明。迄今为止，东明已发现了庄子在此地生活、为官等文物、遗存、遗址等百余件(处)，发现唐宋以来有关庄子的历史文献资料百余篇。[①] 庄子及其思想蕴含了丰富的养生内容，《庄子》中的《养生主》《人间世》《刻意》《达生》等篇集中论述了“养神”“静养”等养生思想。

(一)“养神”观

庄子哲学思想以追求自由澄明的精神境界为出发点和归宿，其养生思想以

① 参见王恩标等:《东明借助庄子故里发展庄子文化》，http://g.youth.cn/z/201109/t20110925_1733960.htm.

此为基础，将保养精神作为入道的一种体现，将养神作为养生的根本。

"形"与"神"是养生重要的两个方面。庄子对生命的养护以"养形"为基础，以"养神"为宗旨。庄子不同于古代"养形之士"。"养形之士"是将人作为一个自然人、生物人来看待，并未将人与社会的关系考虑在内。庄子"养神"观是将人作为社会人，认为生命存在的本质是心灵的自由，调养心神是处理人和人、人和社会关系以养护生命的关键所在。庄子虽然肯定了"形"对于养生的作用，认为"形"是养生的生理基础，但认为养形具有局限性，并不足以保全生命。而在社会中因应自然以守住自己的内心，怡养心神达到淡泊无欲的心境，则可以超越这种局限。

"为善无近名，为恶无近刑，缘督以为经，可以保身，可以全生，可以养亲，可以尽年"(《庄子·养生主》)，保护身体、保全生命、养护精神、尽享天年的关键在于游离于善恶之间，既不要过度追求美名而带来重负，也不要谨小慎微地防止"恶"而加重负担，保持较为适宜的"中"道是养生的根本原则。

《养生主》中以庖丁喻养生之人，以刀喻生命，以牛喻人生存于其中的社会，庖丁解牛"以神遇而不以目视，官知止而神欲行"，达到了游刃有余的自由境界，蕴含了因循规律而内心得以自由的养生之道。

(二)"静养"观

不同于"导引之士""吹呴呼吸，吐故纳新，熊经鸟申"的动养，庄子提倡"静养"以致虚静，并提出了"心斋"的静养方式。

"心斋"需要摈除杂念，专一心思，经过入耳、顺心、气虚三个层次，超越了入耳、顺心的执着与隔膜，达到虚无恬淡、澄净空明的心境。"心斋"不同于形体的隐藏，也不同于形坐心驰的"坐驰"，而是心灵的隐退。心灵的隐退，才能"心"飞"神"游，达到与大道冥合为一的最高境界。

二、黄老思想对养生的影响

黄老思想是战国时期齐国稷下学者田骈、接子、慎到、管子等融合道家与法家，并吸收儒、墨、名、阴阳等思想而形成的流派，在战国中后期成为显学，尤其是在齐国广为流传。黄老思想在西汉初成为治国之术，在东汉时期逐渐衍化为养生之道，与神仙方术相融合，为东汉末年道教的产生提供了思想土壤。

(一)"身国同治"

黄老学是黄帝学说与道家思想的结合，保留了早期道家"天道自然""无为而治""因应时势"的思想，改变了其消极弃世和反政治权威的原则，演变为新兴统治者乐于接受的治国之术。西汉初年曹参任齐国相国，针对社会经济凋敝的现状，采纳了盖公的建议，运用"无为而治"的治国之术，齐国经济得到了恢复与发展。曹参任汉朝丞相后继续推行黄老思想，实施休养生息的政策，国家治理取得了巨大成效。

黄老学将道家思想演化为治国之术，对于修养及养生，则提出了“身国同治”的养生理念。一方面，从治国的理念出发，百姓安康和睦是国家安定的基础，因此，养生不再为圣人、统治者所独有，每个人都有养生的权利；另一方面，养生的观念不再局限于个人，而是扩大到民众与国家的休养生息中。黄老学认为，天遵循天时的变化，既有生养万物之德，也有收杀万物之刑，人道遵循天道，社会政治也有休养生息与杀伐刑戮。[①] 西汉初年社会经济凋敝，推行休养生息的治理方式，对君王、国家及百姓都极为有利。

黄老学“身国同治”观念，是在“身国同构”的基础上形成的。《黄帝内经》提出，人的身体与国家的结构非常相似，并运用君主居住的宫城、国家府库的城郭、储存粮食的太仓比喻人体内的膻中、胸腹、胃。脏腑的概念本来就起于人事中的藏和府。由于“身国同构”，通晓身体的脏腑构成及运行规律，就能通晓国家治理的基本原则，“夫治身与治国，一理之术也”（《吕氏春秋·审分览》）。由养生的“治未病”推衍为“治于未乱”；养生与治国都要遵循“寡欲守静”“顺而不逆”“合道而治”的原则，方能达到治身治国的最高境界。[②]

（二）“治气养性”

早期道家追求形而上的“道”，崇尚虚无，将“气”作为从“道”到有形之物的中介。黄老学虽然也将“道”作为宇宙本源，但赋予“道”以“气”的属性，形成了以“气”为本体的宇宙观，从而将老庄的“道一元论”发展为“气一元论”，强化了“道”的现实性品格。

在“气一元论”的观念下，如何蓄养、保养精气成为养生的关键问题。黄老思想认为，“气”是宇宙的本源，不仅是天地万物的基础，也是养生的根本。人体内精气的运行状况是人的生理活动及疾病形成的内在原因，精气运行充足、通畅，则身体健康强壮。“气”同时也是自然界中存在的物质实体，由于阴、阳二气相互作用，不停地运动变化着，因而“气”动无形而“变化若神”。“气”的物质属性与运动的特性为导引等动养方式提供了理论基础，人们通过身体活动促进体内精气的畅通与活力成为养性、养生的重要方式。

对于“养形”与“养神”的关系，黄老思想认为“养形”以“养神”为归宿，养生的宗旨在于“养神”。精神是个体生命的源泉，并赋予外部形体以生命的活力。神清气爽则外形康健，而精神萎靡则外形孱弱。黄老思想注重“神”对“形”的主导作用和能动性，“形”是“神”的生理基础，但“神”控制、支配着“形”。黄老思想的

① 参见裘梧：《黄老道家“身国同治”的养生思想》，《中国道教》2013 年第 1 期。

② 参见裘梧：《黄老道家“身国同治”的养生思想》，《中国道教》2013 年第 1 期。

形神观为“太上养神”提供了理论基础。[①]

稷下黄老思想形成于战国时期，在西汉初年成为齐国及汉王朝的治国之术，取得了显著的效果。从西汉中期到东汉时期，在谶纬之风与神仙方术的影响下，黄老思想由“身国同治”的治国术逐渐成为养生术。东汉末年，由于政治黑暗，黄老思想中的清静少欲、怡情养性、独善其身、离世遁局、延年益寿成为人们关注的重点，黄老学完全成为养生术的代称。世人信奉黄老养生，以隐遁的方式追求长寿、长生，黄老学演化为黄老道，成为道教的思想来源之一。

三、玄学家王弼、张湛的养生思想

魏晋时期出现了崇尚老庄的玄学思想，是道家之学的一种新形式，因而被称为“新道家”。玄学祖述老庄、融合儒道，以三玄《老子》《庄子》《周易》为主要研究对象，围绕有无、本末、体用、动静、言意、自然与名教等抽象论题进行形上玄思。玄学发展经历了正始、竹林、西晋、东晋四个阶段。正始玄学代表王弼对玄学思想的形成与发展作出了卓越的贡献，东晋玄学代表张湛则在玄学养生方面有着突出的成就。

(一)王弼玄学对养生思想的影响

王弼，魏正始时期山阳高平(今山东金乡)人，24 岁英年早逝，是中国哲学史上的少年天才哲学家，魏晋玄学最重要的奠基人。王弼著有《老子道德经注》《周易注》《论语释疑》《老子指略》《周易略例》等大量思辨性极强的哲学论著，是魏晋时期思想最深邃的哲学家之一。[②] 王弼以“本末”论“有无”，提出了“以无为本”“崇本息末”等观点，将孔子思想道家化，融合儒道，解决了“以无为本”与“孔优老劣”的矛盾。王弼对“言”“象”“意”三者的关系进行了辩证的分析，提出了“得意忘象”说。王弼贵“无”的思想体现了对人内在精神的追求和人格本体的建构，为魏晋时期重在“养神”的养生观念提供了思想基础，同时提出了“静以养生”“返璞归真”的养生主张。

(二)张湛对养生文化的贡献

张湛，东晋时期高平(今山东金乡)人，是东晋玄学的代表，著有《养生要集》10 卷、《延年秘录》12 卷，已经散佚，仅存《列子注》。张湛在《列子注》序中自言祖上与王弼有姻亲关系，“吾先君与刘正舆、傅颖根皆王氏之甥也，并少游外家”。

张湛玄学思想为应对东晋社会政治、文化的变化，由魏、西晋时期对本体的形上思辨转向了人生价值与意义的探讨。东晋南渡之后，政治局势复杂且人心

---

① 参见丁原明:《黄老学论纲》，山东大学出版社 1997 年版，第 286 页。

② 参见郭齐勇编著:《中国哲学史》，高等教育出版社 2006 年版，第 170 页。

不稳，人生的价值与意义需要重新解释。这时兴起的佛教、道教，对这一时代主题作出了解释，玄学也需要作出回应。张湛吸收了佛学的思维方式，融合了王弼的“贵无”论和郭象的“独化”论，建立了以“至虚”为宗的哲学体系，建立顺应自然、追求超脱的人生观和调和儒道、追求和谐的政治观，对时代主题作出了积极回应。

张湛的玄学思想为养生提供了理论基础，其本人也十分注重养生，并撰写了《养生要集》等著作。虽然著作已亡佚，但日本《医心方》大量引用了该书的内容，梁陶弘景《养性延命录》、宋《太平御览》也有引用。《养生要集》用通俗的语言，介绍了当时流传的养生方法，有效地普及了养生之道。其中提出的“养生十要”可谓其当世养生之集大成者，对后世养生理论的提炼与总结有着纲领性的作用①，对后世葛洪，孙思邈等人均有很大影响。“二十八禁忌”谈日常生活中应当注意的事，包括思想、言语、行动都要掌握分寸，不能“过分”。并对每一“过分”的言行，对身体造成的危害，都讲得具体而贴切，而且有的寓意深刻。如“禁无大食，百脉闭”，大食大喝造成营养过剩，身体就会肥胖，血液中的胆固醇就会升高，以至沉积在血管壁上，使血管阻塞不通，而危及人的生命。

同时，相关的文献中也有关于张湛养生的资料。《晋书·范宁传》记载了张湛为范宁提供的养生方法：“初，宁常患目痛，就中书侍郎张湛求方……(湛)得此方云：用损读书一，减思虑二，专内思三，减外观四，旦晚起五，夜早眠六。凡六物，熬以神火，下以气簁，蕴于胸中七日，然后纳诸方寸。修之一时，近能数其目睫，远视尺捶之余。长复不已，洞见墙壁之外。非但明目，乃亦延年。”

从老庄道学到融合道、法的黄老学和融合道、儒的玄学，思想家结合不同时代的社会文化背景对道家思想作出了不同的阐释，使黄老学成为汉代的显学，玄学成为魏晋时期主要的思潮。庄子与齐国稷下黄老学者、曹参以及玄学家王弼、张湛对道学的形成及再阐释贡献卓越。道家思想中的“致虚静”“守静笃”“寡欲”“抱朴守真”“气化流行”等成为养生思想中的重要内容，也进一步丰富了齐鲁养生文化。

第三节 齐鲁道教养生文化

形成于东汉末年的道教与齐鲁之地的远古文化有着很深的渊源，尤其是齐地的神仙思想养生方术、《管子》养生思想、稷下黄老学、邹衍的阴阳五行学说等影响着原始道教的产生，并成为道教养生文化的重要组成部分。宋元之际全真教成为道教的重要宗派，创始人王重阳在齐地与弟子丘处机等人创建全真教。

① 参见刘亚：《中国古代养生体育的发展》，《体育文化导刊》2011年第2期。

自全真教创立，在齐鲁的栖霞、昆嵛山、崂山、泰山、博山、荣成、临清等各地广为传播，成为齐鲁民间最主要的信仰，道教养生在民间也得到了普及与推广。

一、齐地文化与道教养生思想的形成

道教虽然最初创立于蜀地，但齐地文化是道教的形成与发展不可缺少的思想来源。道教以长生不老、羽化登仙的神仙思想为宗旨，是吸引教徒、信众的重要法宝，齐地海岱文化衍生的蓬莱三神山传说是道教教义的重要组成部分。《管子》精气生命观与师法自然的养生方法为道教精、气、神的养护提供了理论基础。齐国稷下学中邹衍的阴阳五行学说，成为道教导引行气等养生术的重要依据。源于稷下学的黄老思想在西汉初年成为治国之术，从西汉中期到东汉末年逐渐成为养生术，黄老学演化为黄老道，被称为道教的前身。

(一)齐地神仙思想与道教养生

道教是中国古代原生宗教，以长生不老、得道成仙、济世救人为主要宗旨，其长生不老、得道成仙的教义源于燕齐之地的神仙思想。齐地沿海蓬莱等三神山在远古时就被人们津津乐道，齐王、秦始皇、汉武帝都多次派人出海去仙山找寻不老药。《史记·封禅书》记载道："自威、宣、燕昭，使人入海求蓬莱、方丈、瀛洲。此三神山者，其传在勃海中，去人不远，患且至，则船风引而去。盖尝有至者，诸仙人及不死之药在焉，其物、禽兽尽白，而黄金、白银为宫阙。未至，望之如云；及到，三神山反居水下；临之，风辄引去，终莫能至。"在三神山中，蓬莱山尤为重要，诸多记载多提及蓬莱而略言其他："蓬莱山在海中，上有仙人，宫室皆以金玉为之，鸟兽尽白，望之如云，在勃海中也。"(《山海经·海内北经》)"蓬莱隔弱水三十万里，非飞仙无以到。"(《太平广记·神仙》)"蓬莱"成为仙境、神山的代名词。

战国及秦汉时期，随着神仙思想的传播，寻求长生、成仙的方士群体形成并不断壮大，而以齐地方士居多。河上公，又称"河上丈人""河上真人"，齐地琅琊一带的方士，方仙道的开始祖师。安期生，齐地琅琊人，人称"千岁翁"，师从河上公，传说是秦汉时期修道成仙的方士。徐福，齐地琅琊人，是鬼谷子的关门弟子，善于辟谷、气功、修仙，是为秦始皇出海求仙药的著名方士。《史记·秦始皇本纪》三次提到徐福，并记载了徐福入海为秦始皇求仙药的经历：秦始皇二十八年，"齐人徐市等上书，言海中有三神山，名曰蓬莱、方丈、瀛洲，仙人居之。请得斋戒，与童男女求之。于是遣徐市发童男女数千人，入海求仙人"。秦始皇三十五年，秦始皇言及徐福耗费巨资而求仙药不得："徐市等费以巨万计，终不得药。"秦始皇三十七年，详述了徐福最后一次出海的原由，"方士徐市等入海求神药，数岁不得，费多，恐谴，乃诈曰：'蓬莱药可得，然常为大鲛鱼所苦，故不得至，愿望请善射与俱，见则以连弩射之。'始皇梦与海神战，如人状。问占梦，博士曰：'水神不可见,以大鱼蛟龙为候。今上祷祠备谨,而有此恶神,当除去,而善神可致。'乃令入海者赍捕巨鱼具,而自以连弩候大鱼出射之。自琅邪北至荣成山,弗见。至之罘,见巨鱼,射杀一鱼。遂并海西。"据传徐福此次入海未回,而东渡日本,促进了中国与日本的文化交流。汉武帝热衷于长生求仙,其宠信的方士多为齐地方士。李少君,齐国临淄人,"以祠灶、谷道、却老方见上,上尊之"(《史记·孝武帝本纪》)。少翁,齐人,以招引鬼神方术得以见武帝,并被封为文成将军,因法术败露而被杀。栾大,胶东宫人,与少翁同师学习,皆为方士,深得汉武帝信任,被封为五利将军、天道将军。栾大数月之间飞黄腾达,"佩六印,贵振天下",燕齐方士羡慕不已,"莫不搤捥而自言有禁方,能神仙矣"。栾大后亦因方术败露被杀。齐人公孙卿以黄帝之事比附汉武帝祭祀、封禅之事,同样颇得汉武帝的信任,被封为中大夫。汉武帝在位期间多次东巡以求仙,虽未实现,仍然至死一直心怀期待,因而齐地方士活动异常活跃:"东至海上,考入海及方士求神者,莫验,然益遣,冀遇之";"天子益怠厌方士之怪迂语矣,然终羁縻弗绝,冀遇其真。自此之后,方士言祠神者弥众,然其效可睹矣"。(《史记·孝武帝本纪》)

由齐地的神仙传说演化而来的秦汉方仙道,摆脱了原始蒙昧时期对神灵的盲目崇拜,开始关注人自身的长寿、长生。对长寿、长生的追求不仅成为道教的重要内容,也为道教养生的发展提供了新的契机。

(二)齐稷下学的养生思想与道教养生

齐稷下学容纳了道、儒、法、阴阳、黄老、名、兵、农、轻重等诸家,文人学士云集,成为思想文化交流的中心。稷下学中注重养生的道学、阴阳学说、黄老学则对道教的形成有着直接的影响,并成为道教思想的重要组成部分。

此外,《管子》中《心术》上下、《白心》《内业》四篇中提出的"精气"说和"虚""静""一"修养论直接影响了道教导引行气养生术的形成。

(三)齐地文化与道教经典《太平经》的形成

《太平经》是道教主要的经典,由于历史久远且缺乏明确的记载,关于该书的形成与著者存在多种说法。众说多言及《太平经》与齐地文化的内在渊源:一种说法是《太平经》来自于西汉成帝时齐人甘忠可的《天官历包元太平经》;另一种说法则是来自于东汉顺帝时宫崇、于吉的《太平清领书》,宫崇与于吉皆为齐鲁人氏;还有一种说法则是来自张陵的《太平洞极经》。由此看来,《太平经》并非一人一时之作,而是自战国秦汉以来在齐地方仙道的基础上,集黄老道家、阴阳五行家与神仙方术于一体的理论综合。

综上所述,道教虽然未在齐鲁之地创立,但齐地丰富的养生思想融入具有广泛群众基础的道教中,成为道教养生思想的主要组成部分,并伴随着道教活动的开展得以流传与发展。

二、全真教的养生思想

于宋元之际创立于昆嵛山一带的全真教是道教的重要宗派，主张“先性后命”“性命双修”的内丹清修修炼方式，对后世养生思想影响深远。全真道教在齐鲁大地流传甚广，泰山、崂山等道教名山宫观林立，对于道教养生思想的民间传播发挥了重要作用。

（一）全真道教在齐鲁的发展与传播

全真道教在创立之初，经由王重阳与全真七子的传播，达到了前所未有的鼎盛局面，此后经历了兴盛、衰落、中兴、沉寂以及再传播的过程，成为道教中影响范围广、发展时间长的重要宗派。齐鲁之地是全真道教发展和兴盛的区域，修行高深的名士辈出，闻名天下的宫观众多，民间信仰也颇为兴盛。

金大定年间，全真道教的创始人王重阳由于在陕西传教影响甚微，期望在海滨蓬莱有所作为，“蓬莱云路通来往”，便从陕西来到胶东半岛昆嵛山一带传教，相继收下七位徒弟，称为“全真七子”。全真七子皆为齐地人：马钰，宁海人，道号“丹阳子”；丘处机，登州栖霞人，道号“长春子”；谭处端，宁海人，道号“长真子”；王处一，宁海人，道号“玉阳子”；郝大通，宁海人，道号“太古子”；刘处玄，东莱人，道号“长生子”；孙不二，宁海人，道号“清净散人”。王重阳之后，全真七子成为全真教的骨干力量，在北方各地积极传教，并各立门派，极大推动了全真教在民间的传播。马钰创立遇仙派，丘处机创立龙门派，谭处端创立南无派，刘处玄创立随山派，郝大通创立华山派，王处一创立嵛山派，孙不二创立清静派，其中龙门派影响最大。

全真七子秉持积极入世的观念，先后争取金、元统治者的认可与重视，逐步扩大全真教的影响。全真七子中影响最大的是丘处机。据记载，丘处机曾以73岁高龄不远万里到西域劝说成吉思汗爱民保民，停止杀戮，被后世誉为“一言止杀”。全真道教由此得到元朝统治者的高度重视，发展为当时最为显赫的道派。

自王重阳与全真七子建立、发展全真教开始，全真教在齐鲁之地由东向西逐渐传播。首先是东部地区建立全真教信道组织。在宁海州、登州、莱州相继建立了五个教会：三教七宝会、三教金莲会、三教三光会、三教玉华会、三教平等会，“足满七朵金莲之数，普化三州，同归五会”，史称“三州五会”[①]。“三州五会”是全真教在胶东半岛东部传教的重要基地。此后，丘处机、王处一、刘处玄在莱州建灵虚观、登州建太虚观、宁海建玉虚观，三观鼎立，成为胶东半岛东部全真教活动的中心。[②] 同时，崂山作为道教名山，在全真教鼎盛时期建有九宫八观七十二

① 张华：《金代山东全真教发展探析》，吉林大学硕士学位论文，2014年。

② 参见张华：《金代山东全真教发展探析》，吉林大学硕士学位论文，2014年。

庵，丘处机、刘志坚、徐复阳等著名道士来此修仙学道、传教布道，著名的宫观有太清宫、神清宫、遇真宫、华楼宫、太平宫、上清宫、明霞洞、修真庵、百福庵、蔚竹庵、塘子观、凝真观等，对全真教的传播举足轻重。其次，全真教以潍坊为中心在齐鲁中部开展传教活动。丘处机在青州建太虚宫，弟子尹志平在潍坊建玉清观传教布道，玉清观成为东部全真教道士西行传教的中转站。其三，泰山在全真道士修行布道中成为与崂山齐名的道教名山。丘处机曾在金丝洞修行，女弟子訾守慎在长春观修行，孙清静亦曾在泰山修行。张志纯曾创建泰山南天门，重修嵩里山神祠，被元惠宗赐号“崇真保德大师”。泰山道教宫观众多，主要有王母池、碧霞祠、玉皇阁、玉皇庙等。同时，济南长清五峰山洞真观亦是全真教重要宫观之一。

齐鲁之地全真道教宫观林立，且民间信众众多。民间信众一方面是到名山宫观祭祀朝拜，另一方面则是在乡村建造宫观。根据村庄的名字及遗留的宫观遗址，可以发现民间道教信仰的兴盛。“真可谓有人的地方就有村庄，有村庄的地方就有庙。”[①]到目前为止，山东省依法登记的 87 处道教宫观全部为全真派（见表 5-1）。

表 5-1　　山东依法登记的 87 处宫观[②]

派　别	场所名称	地　址
道教(全真)	峰云观	山东省济南市长清区孝里镇大峰山
道教(全真)	明真观	山东省济南市历城区锦绣香凤凰山
道教(全真)	蓬莱院	山东省济南市天桥区霞侣市街 2 号
道教(全真)	升阳观	山东省济南市历下区公界街寿康楼 4 号
道教(全真)	天齐庙	山东省济南市历城区柳埠镇
道教(全真)	清虚观	山东省济南市市中区陡沟街道办事处马家庄玉皇山
道教(全真)	玉皇庙	山东省济南市长清区文昌街道东铺社区玉皇山
道教(全真)	遇真宫	山东省青岛市即墨市鳌山卫镇鹤山
道教(全真)	庙清宫	山东省青岛市即墨市环秀三里庄大庙山
道教(全真)	聚仙宫	山东省青岛市即墨市通济街道办事处马山
道教(全真)	白云庵	山东省青岛市即墨市通济街道办事处马山

① 李景生：《从德州地名看鲁西北的道教文化》，《毕节学院学报》2014 年第 2 期。

② 蔡晓彤：《山东 214 处佛教寺庙和 87 处道教宫观基本信息已公开》，http://news.iqilu.com/shandong/yuanchuang/2014/1120/2219991.shtml.

续表

派　别	场所名称	地　址
道教(全真)	永合宫	山东省青岛市即墨市通济西流峰小龙山
道教(全真)	玉皇庙	山东省青岛市胶州市胶北镇玉皇庙村
道教(全真)	大通宫	山东省青岛市城阳区城阳街道城子社区
道教(全真)	华楼宫	山东省青岛市崂山风景区
道教(全真)	蔚竹观	山东省青岛市崂山风景区
道教(全真)	太平宫	山东省青岛市崂山区沙子口13号
道教(全真)	上清宫	山东省青岛市崂山区沙子口13号
道教(全真)	明霞洞	山东省青岛市崂山区沙子口13号
道教(全真)	太清宫	山东省青岛市崂山区沙子口13号
道教(全真)	海云庵	山东省青岛市市北区海云庵1号
道教(全真)	玉皇庙	山东省青岛市平度市蓼兰镇小綦家村
道教(全真)	平安殿	山东省淄博市博山开发区岜山社区
道教(全真)	兴隆山碧霞元君行宫	山东省淄博市博山区白塔镇饮马村
道教(全真)	玉皇宫	山东省淄博市博山区原山林场
道教(全真)	碧霞元君行宫	山东省淄博市博山区原山林场
道教(全真)	玉清宫	山东省淄博市高新区四宝山街道办事处花山
道教(全真)	姜太公祠	山东省淄博市临淄区闻韶街道张家村
道教(全真)	神清宫	山东省淄博市沂源县燕崖镇西郑村神清宫
道教(全真)	龙华寺	山东省淄博市张店区傅家镇唐家村九泉山
道教(全真)	炉神姑庙	山东省淄博市张店区中埠镇孟家村村东
道教(全真)	抱犊崮三清观	山东省枣庄市抱犊崮国家森林公园
道教(全真)	太山行宫	山东省枣庄市薛城区邹坞镇中陈郝村
道教(全真)	天后圣母宫	山东省烟台市莱阳市高格庄镇天后圣母路1号
道教(全真)	龙王庙	山东省烟台市莱阳市穴坊镇富山
道教(全真)	太虚宫	山东省烟台市栖霞市迎宾路33号
道教(全真)	显应宫	山东省烟台市长岛县庙岛开发管理处庙岛村
道教(全真)	岳姑庙	山东省烟台市昆嵛山自然保护区

续表

派　别	场所名称	地　址
道教(全真)	神清观	山东省烟台市昆嵛山自然保护区
道教(全真)	太平庵	山东省烟台市芝罘区塔山路36号
道教(全真)	阳主庙	山东省烟台市芝罘区芝罘岛阳主庙
道教(全真)	龙王庙	山东省烟台市招远市阜山镇九曲蒋家村
道教(全真)	班仙洞日觉观	山东省烟台市招远市欧家夼村东北罗山南麓
道教(全真)	祥光观	山东省烟台市招远市欧家夼村罗山国家森林公园
道教(全真)	昊天宫	山东省潍坊市青州市云驼风景区
道教(全真)	东镇庙	山东省潍坊市临朐县沂山风景区
道教(全真)	朝阳观	山东省潍坊市潍城区浮烟山风景区
道教(全真)	天妃宫	山东省潍坊市寿光市羊口镇
道教(全真)	真武庙	山东省济宁市金乡县真武社区
道教(全真)	青华洞	山东省济宁市任城区二十里铺镇
道教(全真)	会仙观	山东省济宁市泗水县高峪尧山村
道教(全真)	朝阳洞	山东省济宁市微山县两城镇独山村
道教(全真)	泰山庙	山东省济宁市微山县夏镇秦山村
道教(全真)	三元行宫	山东省济宁市邹城市钢山街道岗山
道教(全真)	白云宫	山东省济宁市邹城市峄山风景区
道教(全真)	关帝庙	山东省济宁市金乡县金乡街道魏庄村
道教(全真)	桃源观	山东省泰安市肥城市新城办事处
道教(全真)	灵应宫	山东省泰安市灵山大街
道教(全真)	王母池	山东省泰安市泰山风景名胜区虎山景区
道教(全真)	碧霞祠	山东省泰安市泰山极顶
道教(全真)	祥龙观	山东省泰安市东平县腊山森林公园
道教(全真)	三关庙	山东省泰安市岱岳区良庄镇山阳北村
道教(全真)	成山头始皇庙	山东省威海市荣成市成山镇山头景区
道教(全真)	槎山增福延寿宫	山东省威海市荣成市人和镇
道教(全真)	院夼道教活动所	山东省威海市荣成市人和镇院夼村

续表

派　别	场所名称	地　址
道教(全真)	圣水观	山东省威海市荣成市崖西镇朱埠村
道教(全真)	碧霞宫	山东省威海市乳山市白沙滩镇蔡家村东
道教(全真)	玉虚观	山东省威海市乳山市冯家镇孔家村北
道教(全真)	北海道教活动场所	山东省威海市环翠区孙家疃镇八卦塔
道教(全真)	仙姑庙	山东省威海市环翠区望岛集团仙姑顶景区
道教(全真)	刘公庙	山东省威海市刘公岛景区
道教(全真)	东华宫	山东省威海文登市葛家镇西于村
道教(全真)	朝阳观	山东省日照市莒县浮来山
道教(全真)	玉皇庙	山东省莱芜市钢城区黄庄镇西冶村
道教(全真)	九阳宫	山东省莱芜市莱城区羊里镇大舟山
道教(全真)	瑞云观	山东省莱芜市泰钢工业园雅鹿山公园
道教(全真)	天齐庙	山东省临沂市兰山区茶山风景区
道教(全真)	万寿宫	山东省临沂市蒙山旅游区
道教(全真)	通明宫	山东省德州市经济技术开发区赵虎镇辛庄
道教(全真)	李满碧霞祠	山东省德州市宁津县大留镇李满村
道教(全真)	碧霞宫	山东省德州市平原县三唐乡齐家寨村
道教(全真)	歇马亭道观	山东省聊城市临清市大辛庄办事处歇马亭村
道教(全真)	皇殿岗道教活动场所	山东省聊城市临清市戴湾镇水城屯村
道教(全真)	泰山行宫碧霞元君祠	山东省聊城市临清市新华办事处桑树园村
道教(全真)	平子庵	山东省滨州市经济开发区沙河街道办事处南环路163号
道教(全真)	清玄观	山东省滨州经济开发区杜店办事处南首
道教(全真)	长生观道教活动场所	山东省滨州市邹平县西董街道办事处鹤伴山国家森林公园

(二)全真教养生思想对齐鲁养生文化的影响

全真教主张道、儒、佛三教合一,成为以“性命双修”“先性后命”为核心思想的新道学。全真教扬弃了早期道教追求肉体成仙的观点,返归老庄道学,追求精神超越,并融入儒家积极入世的精神,提出“全真而仙”的理念。何谓“全真”?“以明心见性、养气炼丹、含耻忍辱为内修之‘真功’,以传道济世、苦己利人为外修之'真行',功行双全,以期成仙证真,故谓之'全真'。"[1]在养生上,全真教不追求长生成仙,主张通过清修修养心性,通过"卫生之道"防病养生。富有理性色彩的养生观念促进了齐鲁养生文化的健康发展。全真道教精深的内丹炼养术为后世健身气功提供了思想基础和多样化的习练方式。

首先,全真教"先性后命"的性命修养观念是其养生思想的立足点。与外丹派道教不同,全真教属内丹派。内丹派认为修道需返观老庄道学以知本正源,提出修道的本根是修养性命,而早期道教符咒、铅丹、章醮的修养方式是舍本逐末之举,内丹派则是对早期道教的变化与革新。对于性命之学,内丹派认为"性命双修"才是通向终极境界的必由之路,然而儒学因其宗旨在于伦理教化而少言性命,禅宗心性之学则"详言性而略言命",早期道教亟亟于丹鼎、符箓,"详言命而略言性",因而内丹修炼是"性命双修"的最佳方式。在宋元之际,内丹派分南北两大宗派,南宗以张伯端为首,北宗即全真教以王重阳与全真七子为代表。南北宗皆注重性命双修,但二者所倡导的修炼程序不同。南宗主张先命后性,先是以人体内精、气、神三宝为药修炼金丹的"命功"修炼,后是借助心性修养以炼精化神、与道合一的"修性"功法。[2] 北宗全真教将识心见性作为达到生命之真的正途,主张以修性为主,先性后命,先以各种方法进行心理、精神、意识、伦理等方面的训练,达到明心见性,然后再依次炼精化气、炼气化神、炼神还虚。[3] 全真教"先性后命""性命双修"的观念是对早期道教神仙信仰的修正,也在一定程度上褪去了道教养生神秘、荒诞、迷信的色彩。

其次,全真教内丹术为后世气功提供了思想基础和练习方式。全真教内丹术是对唐宋以来内丹术的总结与发展,丘处机《大丹内指》是专论内丹理论的著作之一。全真教内丹术不同于古代的行气术,是以精神修炼为主的修养方式。内丹术的思想基础是将人体看作一个和外在世界具有共同组织结构的小宇宙,认为阴阳二气在体内与大自然中具有共同的运行规律,"气"运行的这一规律是修炼成仙的内在依据。内丹术修炼以人身为炉鼎,以精、气、神为药物,以元神为火候,根据《老子》"道生一,一生二,二生三,三生万物"宇宙、万物、人生的生成模式,返推了人修炼得道的逆练返本系统——"炼精化气,合三为二;炼气化神,合二为一;炼神还虚,一归无极",提出了"顺则生人,逆则成仙"的观点。作为一种精神修养的方式,内丹术修行一般选择脱离尘世、易于寡欲清修之所,如山洞修行、坐环修行、宫观修行,王重阳曾在"活死人墓"修行两年,马钰、丘处机在昆嵛

① 郝勤:《道教养生源流简论(下)》,《成都体育学院学报》1988 年第 1 期。

② 参见麻天祥:《中国宗教哲学史》,人民出版社 2006 年版,第 282 页。

③ 参见郝勤:《道教养生源流简论(下)》,《成都体院学报》1988 年第 1 期。

山开烟霞洞修炼。为了吸引更多的信众信奉内丹修行，全真教又提出修炼者在纷杂的人世中磨练心性的“对境练心”的修行方法，第六代宗师尹志平以出世之心做入世之事，在纷繁复杂的尘世中修炼心性，其深厚道行吸引了大批的信徒。内丹术虽然是一种精神修炼的方式，但是必须身体力行方能体悟，因此，进行内丹术修炼就意味着选择了一种特定的生活观念和生活方式。道士在多年的修炼过程中积累、总结了丰富的修炼经验，为内丹术的实践与操作提供了可行性，但内丹术需要寡欲清修，且艰深复杂，历时较长，常人难以修炼，故在元朝鼎盛之后逐渐走向了沉寂。内丹术集精神修养与生命科学探索于一体，具有极高养生价值：一方面，内丹术对于人体小宇宙的构造认知与阴阳二气的运行规律的探索为气功习练提供了依据；另一方面，复杂艰深的内丹术为多层次、多形式气功养生体系的形成奠定了基础，修行场所及修炼方式、步骤的探索也为气功练习积累了经验。

其三，全真教“卫生之道”对养生实践的总结。全真教摈弃了早期道教通过符咒、章醮追求以肉体升仙的修养方式，以清修的方式追求精神的超越，但也认识到肉体对于精神修养的意义，并提出了“卫生之道”。1222 年，丘处机西行面见成吉思汗，成吉思汗问到长生之道，丘处机对曰：“但有卫生之道，而无长生之药。”学道之人“世人爱处不爱，世人住处不住。去声色，以清静为娱。屏滋味，以恬淡为美。但有执着，不明道德也。眼见乎色，耳听乎声，口嗜乎味，性逐乎情，则散其气。譬如气鞠，气实则健，气散则否。人以气为主，逐欲动念则元气散，若气鞠之气散耳”(《玄风庆会录》)。与内丹术清修的原则相一致，丘处机提出了顺任自然、清心寡欲、炼养合一、德养结合的“卫生之道”。[①] 为了解决清修与长寿成仙的矛盾，丘处机重视养生并身体力行，75 岁高龄时身体康健并能西行万里面见成吉思汗。同时，丘处机总结前人的经验和自身的实践，著有养生专著《摄生消息论》，对以往的养生理论进行总结，并根据四季气候的变化，详细讲解了春季、夏季、秋季、冬季养生法，提出了因时制宜的卫生法则。《摄生消息论》重视脏器的养护，结合五行学说对四时脏器的养护介绍了不同的方法，具有极强的实践性和操作性。

---

① 参见赵卫东：《丘处机养生思想略论》，《山东师范大学学报(人文社会科学版)》2008 年第 1 期。

第六章　齐鲁民间民俗体育文化

齐鲁地域从远古到近代，一直处于我国经济、文化发展的领先地位。在文化上，齐鲁土著文化东夷文化与殷文化、周文化的碰撞交融产生了以儒家思想为核心的鲁文化与重实用、尚功利的齐文化。齐鲁文化自汉代由地域文化上升为主流文化，成为两千多年封建统治者治理国家的重要思想来源。在经济上，姜尚建立齐国，发展农桑、渔盐，鼓励商业贸易，齐国成为富庶的强国，为后世农、工、商业的发展奠定了良好的基础。自此之后，齐鲁之地历代是经济繁荣的地区，为各朝代的繁荣稳定提供了重要的经济支撑。齐鲁地域经济文化的发展为民间民俗体育文化的产生提供了适宜的土壤。丰富多样的节令文化催生了各种游艺活动，秧歌、风筝、登山等成为元宵节、清明节、重阳节等节日文化的重要组成部分。富庶的经济促进了休闲娱乐文化的发展，孕育了各种斗戏、博戏、棋戏，进一步丰富了人们的文化生活。

第一节　齐鲁民间民俗体育概况

齐鲁民俗体育中以健身、娱乐为主要功能的民间休闲类项目种类繁多。根据项目的运动特征、参与群体及存在状态的不同，大体分为七类：放风筝、登高、郊游、踏青等节令民俗娱乐项目；乐舞、踩高跷、舞龙舞狮、跑旱船等节令民俗表演性项目；蹴鞠、捶丸、马球等球类项目；田猎、走犬、斗鸡、斗蛐蛐等趣味性项目；跳绳、踢毽子、荡秋千、跳房子、拾子等适宜于女性、少儿的游戏项目；游泳、荡舟、竞渡等水上健身项目；六博等棋类项目。其中除了蹴鞠等球类项目需要特定的场地和相对固定的人数，大部分项目对场地没有特别的要求，与日常生活及节日民俗紧密融合在一起，花费相对较低，且技术难度不大，易于操作，老少皆宜，因此拥有广泛的群众基础。民间民俗项目融入人们的日常生活和节日活动中，成为社会生活中重要的组成部分，从而为此类项目的传承与发展提供了一定的保障。

一、放风筝、登高、郊游等节令民俗健身项目

风筝起源于齐鲁，放风筝是齐鲁人休闲娱乐的重要方式之一。据说墨子在鲁山“斫木为鹞，三年而成，飞一日而败”(《韩非子·外储说》)，这就是最早的风筝。鲁国人公输般(世人称为“鲁班”)根据墨子的设计，用竹子做风筝，做成喜鹊的样子，在空中飞翔达三天之久。风筝最初用于传递信息、飞跃险阻等军事需要，后来风筝由木质改由纸糊，逐渐流传到民间，并与清明等民俗节日融合在一起，被赋予了丰富的民俗内涵，成为人们清明时节踏青、郊游、娱乐的方式之一。

风筝造型多样，图案丰富，人们借风筝图案表达了祈求幸福、吉祥、长寿等愿望。目前，风筝拥有广泛的群众基础，风筝文化也得以传承，其中最具特色的是潍坊风筝。潍坊风筝选材讲究、造型优美、扎制精巧、形象生动、色彩艳丽，备受世人喜爱。为了将潍坊风筝文化推广到全国乃至全世界，潍坊于1984年创办了国际风筝节，至今已举办32届。一年一度的风筝节为中外风筝专家和爱好者提供了一个观赏、竞技、游览的机会，为风筝文化的传播提供了一个广阔的平台，潍坊被称为“世界风筝之都”，风筝成为其城市名片。

登高作为一种文化现象包含有多方面的内涵。首先是作为一种风俗，表达了人们登高祈福、消灾免祸的美好心愿；其次是作为士大夫远眺抒怀的方式，展现了有识之士登高望远、胸怀天下的境界；其三是作为世人运动健身的方式，登高具有颐养身心的功效。齐鲁地域中部凸起，中部与东部多丘陵，并有泰山、崂山、千佛山、蒙山等名山，成为古人登高远眺的绝佳去处。李白的《寄王屋山人孟大融》突出了崂山作为道教名山的美景：“我昔东海上，劳山餐紫霞。亲见安期公，食枣大如瓜。中年谒汉主，不惬还归家。朱颜谢春辉，白发见生涯。所期就金液，飞步登云车。愿随夫子天坛上，闲与仙人扫落花。”从历代帝王为巩固政权而举行的盛大的封禅或祭祀仪式到重阳节一家人登高祈福，从文人墨客登高赋诗书胸怀到老百姓登高休闲锻炼身体，登高成为齐鲁地域历史悠久、开展广泛的运动项目。自1987年以来，每年9月份举办的泰山国际登山节成为展示登高文化的典范。同时，登高作为重阳节节日风俗之一，依附于节日风俗的文化特征也成为此类活动得以广泛开展的动因。

郊游是指在适宜的季节到郊外进行的以步行为主的户外运动，是一项历史悠久且十分普及的健身活动。春天郊游称为“踏青”，秋天郊游称为“辞青”。每到春暖花开的季节，人们脱去棉衣，走到郊外感受春天的气息，而尤以清明时节参与的人最多；每到秋高气爽的时候，人们到野外感受秋日的清凉，而以重阳节出游的人最多。在古代，郊游的不仅有男子、儿童，还有难得出门的女子，结伴成群，享受难得的户外运动。

二、秧歌、踩高跷、跑旱船、舞龙舞狮等节令民俗表演性项目

齐鲁之地以农耕为主要生产方式，每年都有春冬两闲的季节，形成了农闲和节日期间娱乐大众的表演性项目，如秧歌、踩高跷、舞龙舞狮、跑旱船等。

踩高跷是在脚上绑着长木跷进行表演，是民间盛行的一种群众性技艺表演。踩高跷的起源有种种说法，其中之一相传与齐国名相晏婴有关。晏婴个子矮小，出使邻国遭到嘲笑，他就装了一双木腿使自己高大起来。邻国君臣看到后啼笑皆非，晏婴则借题发挥，把邻国君臣挖苦一番，使其颜面尽失。晏婴凭借自己的智慧维护了齐国的尊严，其设计的高跷也在民间流传开来。相关记载表明，踩高跷技艺在春秋战国时期已相对成熟，汉代时则成为百戏之一。齐鲁各地依然保留着农历正月踩高跷的习俗，高跷表演者以传统戏装装扮，脚踩高跷，在腰鼓、小锄锣、大小钗的伴奏下，穿街走巷，颇受群众的喜爱。

跑旱船由两人表演，女子假坐于船上，男子作划船样，模拟船行动作，边唱边舞，颇具喜剧特色。舞龙舞狮是春节、庙会、庆典时的喜庆表演，表达了人们追求吉祥、喜庆、幸福的生活愿望。跑旱船、舞龙舞狮在齐鲁各地广为流行。每逢春节、元宵节等传统节日，各地群众自发组织起来表演跑旱船、舞龙舞狮以自娱自乐。龙是中华民族的图腾，狮则是祥瑞之兽，舞龙舞狮成为带来吉祥好运的表演活动，因此，在其他的一些庆典活动也常常舞狮舞龙来助兴。

扭秧歌、踩高跷、跑旱船、舞龙舞狮等项目多与节日风俗联系在一起，并且具有较强的表演性，体现了体育与舞蹈、戏剧等艺术形式的融合，成为中国传统民间娱乐文化的代表。

三、蹴鞠、马球、捶丸等球戏

蹴鞠是产生于春秋战国时期齐国临淄的一项古老的球戏。人们后来在蹴鞠运动的基础上创造出马球和步打球等球戏。

马球，又名击鞠，是指骑在马背上用长柄球槌击打木球的运动。马球在东汉末年就已有相关记载，“连骑击鞠壤，巧捷推万端”（曹植《名都篇》），在唐代发展到了顶峰，广为流传。齐鲁之地的马球运动受到大环境的影响，在唐代也留下了颇多记载。唐玄宗在登基之前分封于临淄。唐中宗景龙三年（709 年），李隆基带领皇室贵族队与来自吐蕃的马球队对战，大获全胜，其球技之精湛、表现之精彩令吐蕃大臣连连称赞，同时也为唐王朝赢得了一次外交球赛的胜利。李隆基对马球的喜爱与参与，带动了临淄一带马球运动的推广和普及。由于马球较其他运动项目对抗性强，有一定的危险性，从而成为一部分人进行政治斗争的工具。据《新唐书》记载，淄青节度使李师古与部将刘悟一起打马球，“从击球，轩然

驰突，撞师古马仆，师古恚，将斩之，悟盛气以语触师古”，运动中的冲撞致使李师古要杀掉刘悟，也成为刘悟夺权的导火索，李师古死了之后，刘悟杀了李师古的弟弟李师道，自己当了淄青节度使。从以上记载可以看出，马球是唐代达官贵人重要的娱乐方式之一。

捶丸，即击球、打球，是中国古代一种后起的球类运动。[①] 蹴鞠是中国最古老的球类运动，捶丸是蹴鞠发展革新的产物，其最显著的特点是场上设球穴，以棒击球，以球入穴为胜，与现代的高尔夫球的规则相近，因此，被今人称为“古代的高尔夫”。据记载，捶丸盛行于宋、金、元三代，元代时出现了一部专门论述捶丸的著作《丸经》。在泰安岱庙的宋碑上就形象地展现了儿童拿着球棒和球的神态；明代“嘉靖八子”之一——章丘人李开先曾创作《打球》一诗，生动地表述了捶丸活动的特征：“安基齐燕尾，如射中鸿心。柄过窝难挂，球轻体却沉。得来手朴棒，妙处线穿针。胜负俱休论，忘情岁已深。”由此可见，捶丸在齐鲁之地也得到了广泛的传播。

四、田猎与走犬、斗鸡、斗羊、斗蛐蛐等趣味性斗戏

田猎是齐鲁一项历史悠久、群众基础广泛的运动项目，在历史发展过程中其参与人员、规模、功能等都发生了变化。田猎源于远古时代的狩猎，逐渐成为君主、臣子的一种娱乐方式。在西周礼治观念的影响下，逐渐形成体系完备的田猎礼制，“天子、诸侯，无事，则岁三田”，“无事而不田，曰不敬”(《礼记·王制》)。田猎成为进行礼制教育、祭祀、军事训练的重要方式。齐国、鲁国的君主都沿袭了西周的田猎礼制。随着礼的削弱，世人逐渐发展了其娱乐、健身、休闲的一面，参与田猎者也扩展到民间百姓，成为人们农闲时娱乐休闲的方式之一。苏轼在密州(今山东诸城)任知府时留下的《密州出猎》一词，形象地描述了架鹰纵犬围猎的情景：“老夫聊发少年狂，左牵黄，右擎苍。锦帽貂裘，千骑卷平冈。为报倾城随太守，亲射虎，看孙郎。酒酣胸胆尚开张，鬓微霜，又何妨，持节云中，何日遣冯唐？会挽雕弓如满月，西北望，射天狼。”围猎不仅锻炼身体、保护农田，而且让人身心放松，带来精神上的愉悦。

斗戏是我国古代趣味竞技活动，种类繁多。参与者不分年龄的大小、地位的高低，无论是在宫廷、市井，还是在乡野、田间，都有很多爱好者。斗戏根据竞技对象的不同分为以下几类：一是斗兽游戏，如斗牛、斗虎、斗象、斗熊、斗狗等；二是斗禽游戏，如斗鸡、斗鹌鹑、斗鸭、斗鹅等；三是斗虫游戏，如斗蟋蟀、斗蜈蚣等；四是斗植物游戏，如斗草、斗花、斗香、斗茶；五是斗物游戏，如斗巧、斗凿等。斗

① 参见刘秉果、张生平编著：《捶丸：中国古代的高尔夫球》，上海古籍出版社2005年版。

兽、斗禽、斗虫游戏通过驱使、逗引兽、禽、虫类等供人观赏、玩乐，斗戏表演竞技性强，具有较高的观赏性。斗草是采集草药争相竞示或折草、拉伸以比试草的柔韧性，斗香是王公贵族携名香比试优劣，斗茶是文人雅士之间比赛茶艺的活动，植物斗戏重在把玩、品评，自娱自乐。斗巧是指农历七月初七女子“乞巧”竞赛，斗凿是儿童间类似击壤的相互游斗的游戏，斗凿、斗巧等斗戏注重活动的参与性。斗戏将竞赛与娱乐融合在一起，既具有激烈的竞争，又具有趣味性。

齐鲁斗戏记载较多或流传至今的主要有斗鸡、斗羊、斗蟋蟀等。有关斗鸡的最早记载是《左传》中的“季秋之鸡斗”。《战国策·齐策》记载：“临淄甚富而实，其民无不吹竽鼓瑟、击筑弹琴、斗鸡走犬、六博蹋鞠者”，由此表明斗鸡在春秋战国时期已是民间广受欢迎的娱乐活动。鲁西鄄城斗鸡历史悠久，颇具特色。鲁西斗鸡游戏中所用斗鸡生性好斗，勇猛顽强互不相让，且鸣声浑厚洪亮，是各种斗鸡中的佼佼者。相传公元前681年，齐桓公召集诸侯讨伐背叛“北杏会盟”的宋国，取胜后曾于北杏(今鄄城)筑台斗鸡以庆祝。清道光《成武县志》记载，斗鸡台在成武县城西北的文亭山后。鲁西民间有各种斗鸡传说和《斗鸡台怀古》乐曲流传。[①] 目前，斗鸡游戏的娱乐、休闲价值得到重新发现，鄄城斗鸡成为各地斗鸡的优选品种，鄄城建立了鄄城县鲁西斗鸡保种饲养场，后成立鄄城县斗鸡产业园，发展斗鸡产业。

斗蟋蟀，又名“秋兴”“斗促织”“斗蛐蛐”，主要发源于长江流域与黄河流域的中下游。斗蟋蟀历史悠久，自唐代起，王公贵族、文人墨客、市井百姓热衷于斗蟋蟀以娱乐。齐鲁大地的土壤与气候条件适宜蟋蟀的繁衍，鲁西北的宁津是历代著名的蟋蟀产地。相传宋徽宗被金兵掠往幽州途中经过宁津，随身携带的蟋蟀逃出盆罐跳入路边草丛，宋徽宗见状感叹道：“尔等早早逃亡，待到天朝盛世，再让你们拜帅称王。”宁津蟋蟀是历代帝王斗蟋蟀的进贡品种，而宁津蟋蟀斗慈禧的种种传说至今仍被人们津津乐道。宁津蟋蟀体态雄壮，牙齿尖利，顽强凶悍，斗性强。

近年来，宁津县充分挖掘蟋蟀文化，发展蟋蟀产业，不仅带动了旅游文化产业，推动了宁津经济的发展，而且进一步提高了宁津蟋蟀的知名度和影响力，蟋蟀文化也得到了广泛的传播。在蟋蟀产业的开发上，宁津在全县各地建立蟋蟀市场。目前，宁津县城、龙集乡、孟集乡、柴胡店镇等都发展为全国性的蟋蟀市场。宁津举办“中国宁津蟋蟀节”，吸引了全国各地的“虫迷”来宁津选购蟋蟀。同时宁津一方面举办全国斗蟋蟀邀请赛，另一方面积极参加全国各地的斗蟋蟀大赛，在历次比赛中宁津蟋蟀屡屡取胜。在蟋蟀文化的传播上，宁津县出版了

① 参见《鲁西斗鸡》，http://shop.bytravel.cn/produce2/9C81897F65979E21.html.

《中国宁津蟋蟀志》,成立了宁津县蟋蟀研究会,建立了蟋蟀文博馆,蟋蟀文博馆被上海吉尼斯授予"中华蟋蟀文化第一馆"的称号。宁津蟋蟀积极申报非遗项目,2013年被列入省级非物质文化遗产名录。

新时期以来,齐鲁大地斗鸡、斗蟋蟀等斗戏的蓬勃发展源自于齐鲁民众思想观念的改变。斗鸡、斗蟋蟀因趣味性强,易于开展而备受人们的喜爱,但因斗戏常与赌博联系在一起,成为一部分人盈利的工具而备受诟病。同时,沉浸于斗戏难以自拔,势必"玩物丧志",因而受到质疑甚至否定。宁津在大力打造蟋蟀产业的同时,秉承"玩物不丧志,好玩在宁津"的理念,注重传播蟋蟀文化,挖掘斗蟋蟀游戏娱乐、放松身心的休闲价值,并提醒、告诫"虫迷"把握分寸。

五、适宜于女性、少儿的游戏健身项目

跳绳、踢毽子、拔河、荡秋千以及拾子、跳房等运动项目,器械、场地要求较低,简单易学,且不存在直接对抗,具有较强的娱乐性,自古至今都有着广泛的群众基础。齐鲁之地历代为文化的汇集、传播地,此类娱乐性运动项目在此地也得到了广泛开展。

跳绳活动历史悠久,汉画像石上刻有跳绳图,唐代称为"透索",宋代称"跳索",明代称"跳百索""跳白索""跳马索",清代称"绳飞",清末以后称为"跳绳"。[①] 古代跳绳作为百戏的一种,与杂技一样注重技巧,注重表演性与欣赏性。随着历史发展,跳绳成为民众日常的娱乐活动。由于跳绳活动对场地没有特别的要求,简单易学,逐渐成为女子、儿童喜爱的游戏。清代《乐陵县志·经制·风俗》中记载了女子跳百索的活动:"元宵期间,女子以跳绳为戏,名曰'跳百索'。"

踢毽子,又名"毽球"。据考证源于蹴鞠,是蹴鞠的一个分支。宋高承《事物纪原》记载:"今时小儿以铅锡为钱,装以鸡羽。呼为毽子,三五成群走踢,有里外廉、拖枪、耸膝、突肚、佛顶珠、剪刀、拐子名色,亦蹴鞠之遗事也。"民间传统的毽子制作简单,由两三枚方孔铜钱和几根鸡毛或一束麻线扎制而成,踢毽子时一只脚始终着地,另一只脚踢,踢后着地再踢。技术熟练者还可以增加转身跳起踢等花样。踢毽子活动相传已有3000年的历史,在齐鲁一带广为流行。相传鲁国有一蹴鞠爱好者,做了一个小球,内以羽毛填充,供儿子玩耍。这种玩具被称为"蹴毛丸"。1913年,济宁喻北屯城南张村一个东汉墓中出土了23块石画,其中一幅刻画了"蹴毛丸",表演者手舞足蹈,灵活自如。蹴毛丸的动作姿态和现代踢毽子的技术动作基本相似。由此可以证实在汉代类似现在踢毽子的蹴毛丸游戏在鲁中南已十分盛行。到唐宋时期,踢毽子的花样越来越多样化,类似于蹴鞠中的

① 百度百科"跳绳"词条,http://baike.baidu.com/subview/37710/16807565.htm? fr=aladdin.

白打。踢毽子技巧可难可易，运动量可大可小，且富有趣味性，因而成为儿童、女子喜爱的一项运动。目前，踢毽子活动已普及到社区、学校、单位，并建立了全国性和地方性毽球组织。

青州花毽历史悠久，至今仍为青州人所喜爱。青州花毽由毛丸发展而来，相传齐国有一孩童，不小心将毛丸踢破，羽毛露了出来，他急中生智，用一细线将破球从中间缠了一下，形成月牙葫芦状，上为羽毛，下有皮革为托，不想由于阻力增加，踢起来更加稳健。这就是毽子的原型。后经过改进，以公鸡花翎为主体的鸡毛毽产生。清朝雍正八年(1730)，青州建立"满洲驻防旗城"，旗城一位王爷擅长踢花毽，并为雍正表演，受到重赏，花毽也因此在京津地区广为流传。青州民间踢毽更广泛开展，老艺人杨庆来等 4 人围井踢毽，时间长、花样多而毽不坠地，成为青州一绝。

青州花毽踢法上可分单人踢、多人踢，按类别可分一般毽、观赏毽、比赛毽，花样繁多，有连升三级、鸳鸯拐、大蹁马、童子拜佛、转印、凤凰摆尾、垂首龙等 108 种。青州花毽讲究身形架步优美、心意相随、眼到脚到、反应灵活、人随毽舞、毽随人转，具有极高的健身价值和观赏性。目前，青州花毽入选第三批国家级非物质文化遗产名录，第四代传承人李贤臣为将青州花毽传承下去，在学校、社区举办了多个免费培训班，同时组建了青州花毽协会。青州花毽成为青州人热爱的一项健身娱乐活动。①

拾子是抛起石子、接石子或抓起未被抛起石子的游戏，此项游戏有助于锻炼手指的灵敏程度，在女孩中较为流行。跳房是指在地上跳格子的游戏，一般由两人两组或多人多组进行，在地上画格子，并准备一块瓦片，通过踢瓦片、跳格子持续的时间和次数判定输赢。跳房游戏因地制宜，规则简单，备受儿童喜爱。

跳绳、踢毽子、荡秋千、拾子、跳房等项目对技术、力量、速度等要求不高，且不需要直接对抗，因此比较适宜于女性及少年儿童。

六、游泳、荡舟、竞渡等水上娱乐健身项目

齐鲁地域北濒渤海，东临黄海，拥有海岸线 3000 多公里，内陆有流经东西的黄河和贯穿南北的京杭大运河，丰富的水域为游泳、荡舟、竞渡等水上健身项目的传承与推广提供了先决条件。

游泳是生活在水域周围的人们为了生存而掌握的一种技能，是渔猎生产方式形成的基础条件之一。有文字记载的游泳活动始于春秋时期，从大禹治水和历代水师设置的资料可以看出，人们在水中活动的技能已经相当高超。《列子》

① 参见魏芳:《青州花毽》,http://epaper.ccdy.cn/html/2015-01/30/content_146343.htm.

记载："孔子观于吕梁，悬水三十仞，流沫三十里，鼋鼍鱼鳖之所不能游也，见一丈夫游之。白公问曰：'若以石投水何如？'孔子曰：'吴之善泅者能取之。'"《晏子春秋》还记载，齐国的勇士古冶子"潜行，逆流百步，顺流九里，得鼋而杀之"。这些史料都说明，春秋战国时期民间已有高超的游泳技术，可以渡过鱼鳖不能游的急流，可以潜入水底取石，可以杀死水中的鼋鼍。

随着舟船的发明，荡舟、竞渡成为人们水上休闲娱乐的主要方式。《左传》记载了齐桓公不满蔡姬在湖中荡舟嬉戏一事："齐侯与蔡姬乘舟于囿，荡公。公惧，变色，禁之，不可。公怒，归之，蔡人嫁之。"1956 年出土于山东梁山宋金古河道内一艘明代运河漕船，随船出土的铁锚有洪武二十三年款，是京杭大运河出土古船中年代和用途最明确、保存最完整的漕船。这艘漕船为木质大船，呈柳叶形，全长 21.8 米，船身中部宽 3.44 米，船舱 13 间。此船形体巨大，保存完好，现藏于山东省博物馆。

七、以益智、娱乐为主要功能的棋类项目

以益智、娱乐为主要功能的棋类项目主要包括六博、象棋、围棋等。此类项目以智力训练为主，同时融入了传统文化的基本理念，成为文化底蕴深厚的竞技类项目。

六博，又名"陆博"，是我国古代最早的博戏。六博由棋局(即棋盘)、棋子、棋箸组成，主要的玩法是掷采行棋，也就是先投箸，根据投箸的结果行棋。因六博投箸用的棋箸共 6 个，棋子共 12 个，双方各 6 个，故称"六博"。据有关文献资料记载和出土的文献推断，六博在夏商时期就已存在，在春秋战国时期其玩法、器具已相当完备，成为人们娱乐方式之一。《史记・苏秦列传》和《战国策・齐策》都记载了六博之戏在齐国广泛开展的盛况："齐民无不吹竽鼓瑟，弹琴击筑，斗鸡走狗，六博蹹鞠者。"齐国名士淳于髡劝谏齐威王不应沉湎酒色，其中提到民间宴饮以六博娱乐的场景："若乃州闾之会，男女杂坐，行酒稽留，六博投壶，相引为曹。"(《史记・滑稽列传》)在乡里聚会时，男女坐在一起，依次敬酒，以六博、投壶的游戏取乐。这一描述反映了六博在齐国民间的普及，说明六博与投壶已成为齐国宴饮常见的娱乐活动。

由于六博已为民众所熟知，有学之士以此为喻说明事理、探讨品行。《韩非子・外储说左下》记载了齐宣王与匡倩的一段对话：

> 齐宣王问匡倩曰："儒者博乎？"曰："不也。"王曰："何也？"匡倩对曰："博者贵枭，胜者必杀枭。杀枭者，是杀所贵也。儒者以为害义，故不博也。"

六博六个棋子由一个“枭”棋和五个“散”棋组成，“枭”为贵，“散”为贱，博弈的胜负由枭棋是否被吃掉来决定。匡倩根据六博的这一规则设喻，认为博者以杀枭取胜违背了儒者所崇尚的尊卑观念，是“害义”之举，有违儒者德行。匡倩以博喻政的故事，一方面表达了儒者对六博的观点，另一方面也反映了六博在当时已颇为流行。

近年来在山东曲阜鲁国故城遗址的乙组 3 号墓和 52 号墓内，出土了战国时期的六博棋子和博筹。其中 3 号墓所出为半透明玉料制成的六博棋子 6 枚和象牙棋子 6 枚，边长皆为 2.1 厘米，立体、正方形。与其同出的六博棋具还有筷形牙筹和筷形银筹各 1 束；52 号墓中出土的六博棋子分别以白石、青玉制成，亦各 6 枚，大小与前者一致，亦同出筷形牙筹和筷形银筹各一束。[①] 六博棋子和博筹，形制统一，制作精巧，进一步证实了六博活动开展的广泛与技艺的高超。在山东淄博发掘的西汉初年刘肥墓中，出土了 1 枚铜制的骰子（现陈列于淄博齐国历史博物馆）。

齐鲁出土的多块汉画像石中刻画了仙人六博的情景。如滕州龙岩店出土的东汉画像石《乐舞六博图》，纵、横均 81 厘米，厚 25 厘米，画面分六层上下排列：一至二层为起居图，西王母居中，众人侍从两侧；三至四层，中间二人击打建鼓，两侧为各种乐舞百戏表演；五层，为仙人六博；六层为车马出行图，右边亭下一人击鼓。汉人将六博与升仙思想相融合，将六博作为仙人娱乐的方式，希望自己死后可以和仙人一样以六博为戏。由此可以看出，六博是汉人喜爱的娱乐方式。

六博在汉代颇为兴盛，到魏晋六朝逐渐衰落并被其他博戏、棋戏所代替。六博棋这种古老的棋戏是世界上一切有兵种盘局棋戏的鼻祖，例如象棋、国际象棋等，都是由六博棋逐渐演变而来的。[②] 作为最早的博戏，六博之后出现了双陆、骰子、叶子戏、打马、马吊、麻将等博戏，成为历代娱乐休闲的重要方式。博戏是集技巧、策略与运气于一体的娱乐性活动，技巧和智慧的较量使博戏较为优雅温和，而运气影响胜负则使博戏具有刺激性与娱乐性，因而成为古代女子的娱乐方式之一。宋代词人李清照，济南章丘人，深谙博戏之道，对宋代流行的博戏、打马颇为精通，曾著《打马图经》《打马赋》记载打马棋的玩法，探讨了打马棋的技巧，言辞富有哲理，值得玩味：“慧则通，通则无所不达；专则精，精则无所不妙。”

围棋在先秦时期已经在齐鲁之地影响较为广泛，相关记载从侧面反映了这一现象。《左传·襄公二十五年》孔颖达疏曰：“以子围而相杀，故谓之围棋。”春秋战国时期诸侯争霸，围棋的产生和传播与战争有着密切的关系。文中以“弈者

---

① 参见崔乐泉：《中国古代六博研究》，《体育文化导刊》2006 年第 4 期。

② 参见《六博》，http://wenku.baidu.com/view/4626a789d0d233d4b14e69b6.html.

举棋不定，不胜其耦”来比喻卫国宁喜在迎立逃亡在外的国君一事上优柔寡断，这一说法从侧面反映了围棋在当时已广为流行。孔子对围棋持积极肯定态度，“饱食终日，无所用心，难矣哉！不有博弈者乎？为之，犹贤乎已”（《论语·阳货》）。《孟子·告子上》中有关弈秋及其两位弟子学棋的故事，不仅可以看出当时围棋交流活动颇为频繁，而且表明学棋需要专心致志的道理。东汉建安年间，高平人王粲博闻强记，《三国志》中记载了王粲将打乱的棋局凭记忆恢复如初的故事。围棋经过历代的发展，得到广泛传播，由于不受职业、阶层、性别、年龄的限制，成为世人广为喜爱的娱乐方式之一。

第二节　齐鲁登山文化

齐鲁之地中部为隆起的山地，东部和南部为和缓起伏的丘陵区，其间河湖交错，山脉众多，如泰山、蒙山、崂山、鲁山、沂山、徂徕山、昆嵛山、九顶山、艾山、牙山、大泽山、孟良崮，丰富的水系为其增添了神韵和活力。点缀于其中的历代文化遗迹，与自然景观共同组成了登山文化的基础。登山是齐鲁历代民众重要的习俗之一。历代圣哲贤达在登山时留下的足迹、碑文、诗词，不断丰富着这些山脉的文化内涵，使人们对诸多山脉人文景观的关注远远超过自然风景，使登山由一种健身活动逐渐演化为集朝拜祈福、瞻仰前人风采以及修养身心等多种功能于一体的文化活动。

一、登山文化的源流

中国登山活动源于古代登高的习俗，在几千年的传承过程中，成为价值取向多元化的一种文化现象。传统登高习俗源于对自然神的崇拜与祭祀。先民出于对自然力的敬畏，将自然神化并顶礼膜拜，并逐渐形成了祭祀的传统，被称为“望”祭。对山川万物祭祀的方式不同于对祖先的祭祖，需要在高远开阔的地方举行，登高由此产生。《周礼·春官·大宗伯》：“国有大故，则旅上帝及四望。”“四望”是望祭的一种方式，在国家有凶灾时，则需要旅祭上帝和望祭四方的名山大川。《公羊传·僖公三十一年》：“天子有方望之事。”东汉何休注曰：“方望，谓郊时所望祭四方群神、日月星辰、风伯雨师、五岳四渎及余山川，凡三十六所。”意谓天子要到郊外对自然天神进行祭祀。随着中央集权王朝的建立，帝王将望祭与权力的巩固结合起来，登高台、高山以与天地通，根据天神赋予的权力意志来统治子民。历代帝王建造了高大的祭祀天地的建筑，如明清皇帝祭天的天坛，壮观宏伟，其中祈年殿高 38 米。同时帝王登山祭祀也成为一个传统，其中最有代表性的则是泰山封禅祭祀。

古代登高习俗滥觞于自然崇拜,继而成为帝王祭祀的形式之一。在传承过程中又增加了多种文化元素,概括起来主要包括以下两个方面:其一是民间传说。在原始自然崇拜和天命观念的影响下,民间形成了诸多具有一定神秘色彩的传说故事,为登高习俗作出了多样化的解释。登高习俗中最有代表性的重阳登高据说源于一个民间故事。据梁吴均《续齐谐记》记载,汝南桓景听从了费长房的告诫,于九月九日与家人将盛茱萸的绛囊系在手臂上登高,并饮菊花酒,消除了灭顶之灾,从而形成习俗被后人传承下来。其二是历史人物与故事。人们为了纪念清官廉吏、君子贤士,自发形成一定规模的登高活动。

各地的登高活动在几千年的发展过程中,不断融合各种历史文化现象,成为中国传统文化中具有广泛群众基础、文化底蕴深厚的民俗之一。

二、古代帝王泰山封禅

泰山是五岳之首,因其自然景观雄伟壮丽、人文景观历史深厚,成为历代人们向往登临之地。泰山文化是齐鲁登山文化的重要组成部分,而泰山文化中影响深远的是历代帝王的泰山封禅。帝王选择泰山作为封禅之地,一方面是由于此地是古代文化较为发达的地方,另一方面源于古人对东方、太阳、苍天、高山的崇拜,泰山位于中国东部,被称为"东岳"。帝王在雄伟的泰山上面向东方祭拜,是与上天相通的最佳位置。

封禅是帝王在泰山上举行的一种祭祀天地神的礼仪活动,"封"是在泰山上堆土筑坛以祭祀天神,报答上苍的庇佑;"禅"是在泰山周围的小山如梁父、社首、云云、肃然山等上面打扫净土以祭祀土神,报答后土的福佑。泰山封禅历史悠久,从最初的祭祀山川以祈求上天的庇佑到歌功颂德、求得帝位永固,历代帝王热衷于封禅,并将其视为极高规格的礼仪,规模盛大,庄重神秘,后人依据天人感应观点比附了种种神异的说法,更增添了泰山封禅的历史厚重感和神秘感。

《史记·封禅书》记载,齐桓公成就霸业,要去泰山封禅,管仲极力劝阻,列举了古代帝王表明能承受天命者方可封禅,而齐桓公仅是诸侯国君主,并非天子,难受天命。

> 管仲曰:"古者封泰山、禅梁父者七十二家,而夷吾所记者十有二焉。昔无怀氏封泰山,禅云云;虙羲封泰山,禅云云;神农封泰山,禅云云;炎帝封泰山,禅云云;黄帝封泰山,禅亭亭;颛顼封泰山,禅云云;帝喾封泰山,禅云云;尧封泰山,禅云云;舜封泰山,禅云云;禹封泰山,禅会稽;汤封泰山,禅云云;周成王封泰山,禅社首:皆受命然后得封禅。"桓公曰:"寡人北伐山戎,过孤竹;西伐大夏,涉流沙,束马悬车,上卑耳之山;南伐至召陵,登熊耳山以望江汉。兵车之会三,而乘车之会六,九合诸侯,一匡天下,诸侯莫违我。昔三代

受命，亦何以异乎?”于是管仲睹桓公不可穷以辞，因设之以事，曰:“古之封禅，鄗上之黍，北里之禾，所以为盛;江淮之间，一茅三脊，所以为藉也。东海致比目之鱼，西海致比翼之鸟，然后物有不召而自至者十有五焉。今凤皇麒麟不来，嘉谷不生，而蓬蒿藜莠茂，鸱枭数至，而欲封禅，毋乃不可乎?”于是桓公乃止。(《史记·封禅书》)

由此看来，帝王泰山封禅由来已久。管子提到古代泰山封禅帝王有12位:无怀氏、伏羲氏、神农氏、炎帝、黄帝、颛顼、帝喾、尧、舜、禹、汤、周成王。帝王治世有方，世呈祥瑞之气，方可封禅。自舜帝封禅起确定了五年巡视一次五岳的巡查制度，五年一次封禅泰山的封禅制度。根据《史记》等相关史书的记载，自秦汉以来，有秦始皇、秦二世、汉武帝、汉光武帝、汉章帝、汉安帝、隋文帝、唐高宗、唐玄宗、宋真宗、清圣祖、清高宗等12位皇帝到泰山登封告祭、刻石记功。

秦代秦始皇与秦二世都进行了封禅活动。公元前219年，秦始皇封禅泰山以歌功颂德，并寻求长生不老之方。春秋战国时期“礼崩乐坏”，秦时对封禅之礼已不甚了解。秦始皇为准备封禅，从齐、鲁之地召集了儒生70人随行，结果众说纷纭且说法怪异难以施行，秦始皇斥退儒生，从泰山的南面上到山顶，立石以歌功颂德，而后从泰山北面下山。秦始皇东巡更热衷于寻找仙人、仙山、长生之方，踏遍了齐地的山川并进行祭拜。公元前209年，秦二世到泰山封禅，歌颂秦始皇的功劳，此次封禅是其东巡祭祀中的一个部分。

汉代封禅泰山的皇帝是汉武帝、汉光武帝，汉章帝、汉安帝亦曾东巡到泰山祭祀。

公元前110年，司马迁跟随汉武帝出巡祭祀山川并封禅泰山，对此次封禅记载颇为详细。根据《史记·封禅书》记载，汉武帝封禅泰山仪式严谨细密，过程隆重神秘:

> 天子至梁父，礼祠地主。乙卯，令侍中儒者皮弁荐绅，射牛行事。封泰山下东方，如郊祠太一之礼。封广丈二尺，高九尺，其下则有玉牒书，书秘。礼毕，天子独与侍中奉车子侯上泰山，亦有封。其事皆禁。明日，下阴道。丙辰，禅泰山下址东北肃然山，如祭后土礼。天子皆亲拜见，衣上黄而尽用乐焉。江淮间一茅三脊为神藉。五色土益杂封。纵远方奇兽蜚禽及白雉诸物，颇以加礼。(《史记·封禅书》)

封禅泰山之前，汉武帝到梁父行礼祭祀地主。乙卯日举行封禅礼，先令儒生举行射牛的礼仪，然后在泰山下面的东方设封。设封礼仪隆重，和郊祀太一的规格一样，且封坛高大，封坛下埋有祭天的玉牒书，内容秘不示人。之后，汉武帝独自与侍中奉车都尉霍子侯登上泰山，建封坛，整个过程外人无从知晓。第二日，从泰山北面下山。丙辰日在泰山脚下东北方的肃然山进行禅礼。禅礼和祭后土的礼一样隆重，汉武帝亲自行礼拜神，服装采用黄色，全程有音乐伴奏。祭神的草垫是用江淮出产的三根叶脊的灵茅做的，祭坛是用五色土筑成，放走了带来的各种珍禽走兽。整个仪式非常隆重。

据《后汉书·光武帝纪》记载，公元 56 年，汉光武帝即位三十二年，东巡并到泰山封禅。二月二十二日，烧柴望祭岱宗，登泰山祭天。二十五日，在梁父山祭地。同时，光武帝命人在泰山立碑，叙述了此次"至于岱宗，柴望秩山川"的封禅盛况。当年改年号为"中元"。史书对于光武帝封禅泰山的仪式记载并不详细，但通过当时盛行的谶纬之说大肆渲染了国家的祥瑞之气，为此次封禅进行铺垫，一方面说明此次封禅符合帝王封禅的传统，另一方则赞颂了光武帝光复汉室的功业。公元 85 年，汉章帝在泰山柴祭天地群神；公元 124 年，汉安帝东巡至泰山，以柴礼祭告泰山。

隋文帝统一天下，于公元 595 年正月封禅泰山。先祭泰山支脉玉符山，之后在泰山设坛，隋文帝"服衮冕，乘金辂，备法驾"，以柴礼祭天，亲祀青帝。祭毕未登岱顶，便回銮长安。

唐代封禅泰山的皇帝是唐高宗、唐玄宗。

公元 665 年即麟德二年十二月，唐高宗到泰山封禅。此次封禅规模盛大，礼仪隆重。唐高宗先到了齐州（今山东济南），后经灵岩寺到泰山下，在山南筑圆坛，山上为登封坛，社首山为降禅方坛。公元 666 年即乾封元年正月举行封禅祭天祀地大典：

> 春，正月，戊辰朔，上祀昊天上帝于泰山南。己巳，登泰山，封玉牒，上帝册藏以玉匮，配帝册藏以金匮，皆缠以金绳，封以金泥，印以玉玺，藏以石感。庚午，降禅于社首，祭皇地祇。上初献毕，执事者皆趋下。宦者执帷，皇后升坛亚献，帷帘皆以锦绣为之；酌酒，实俎豆，登歌，皆用宫人。壬申，上御朝觐坛，受朝贺；赦天下，改元。文武官三品已上赐爵一等，四品已下加一阶。先是阶无泛加，皆以劳考叙进，至五品三品，仍奏取进止，至是始有泛阶，比及末年，服绯者满朝矣。（《资治通鉴》卷二〇一）

唐高宗封禅之后改年号为乾封，并对随从封禅官员加官进爵。此次封禅与其他帝王不同之处在于皇后武则天参加了降禅社首的仪式，被称为"亚献"。武则天祭祀"亚献"之时，由宦官执锦绣帷帘将其与大臣随从隔开。武则天参预封禅为其日后称帝奠定了基础。武则天称帝后，曾多次派遣道士到泰山建醮造像，泰山上留下武则天众多的遗迹。

公元 725 年即开元十三年十一月，唐玄宗到泰山举行封禅大礼。封禅礼繁复而整饬，气势恢宏，震动天下：

> 丙戌，至兖州岱宗顿。丁亥，致斋于行宫。己丑，日南至，备法驾登山，

> 仗卫罗列岳下百余里。诏行从留于谷口,上与宰臣、礼官升山。庚寅,祀昊天上帝于上坛,有司祀五帝、百神于下坛。礼毕,藏玉册于封祀坛之石感,然后燔柴。燎发,群臣称万岁,传呼自山顶至岳下,震动山谷。上还斋宫,庆云见,日抱戴。辛卯,祀皇地祇于社首,藏玉册于石感,如封祀坛之礼。壬辰,御帐殿受朝贺,大赦天下,流人未还者放还。内外官三品已上赐爵一等,四品已下赐一阶,登山官封赐一阶,褒圣侯量才与处分。封泰山神为天齐王,礼秩加三公一等,近山十里,禁其樵采。赐酺七日。(《旧唐书·玄宗本纪上》)

唐玄宗封禅泰山之后御制《纪泰山铭》一文,记述了唐朝历代帝王的功绩及此次封禅泰山的经过。此文于第二年九月刻于泰山顶上的大观峰,又称《东岳封禅碑》《泰山摩崖刻》。摩崖高 13.2 米,宽 5.3 米,碑文书 24 行,慢行 51 字,碑额高 3.95 米,序言、铭文及额款共 1008 个字。《纪泰山铭》是唐隶的代表作,字体遒逸而端庄,并曾多次贴金,金碧辉煌,宏伟壮观,是泰山名刻之一。

宋真宗是封禅泰山的最后一位帝王。公元 1008 年十月,宋真宗从汴京到泰山,登泰山顶,于日观峰行封礼,祭祀昊天上帝,于社首山行禅礼。并撰写《登泰山谢天书述二圣功德铭》,刻于泰山顶大观峰,被称为"宋摩崖",又立碑于山下,以纪录封禅之事。

宋真宗封禅泰山,以自己出巡、封禅泰山的情景为蓝图绘制巨幅壁画《泰山神启跸回銮图》,再现泰山神的威严。由于时代久远,壁画屡遭毁坏,清代对壁画进行了修补,现藏于泰山岱庙天贶殿内,全图长 62 米,高 3.30 米,生动地描绘了东岳大帝出巡和返回的壮观场面。

明代之后,帝王以祭祀泰山的方式替代了封禅泰山。明太祖朱元璋去掉了泰山神的历代封号,命名为"泰山之神",皇帝可以派遣大臣祭祀"泰山之神",名之为"告祭"。告祭活动频繁但没有了封禅礼的盛大与隆重。明清时期亲自到泰山祭祀的皇帝是康熙帝、乾隆帝。康熙帝曾三次登泰山祭祀,并亲自撰写《泰山龙脉考》,认为泰山发脉于长白山。据相关史料记载,乾隆帝前后巡幸泰山 10 余次,6 次登顶泰山,题泰山诗 170 余首。

从远古到明清,封禅泰山历史持续了几千年,成为帝王向天下昭告功业、加强君权统治的重要方式。随着封建王朝的衰落以及启蒙思想的萌芽,泰山封禅的神秘色彩逐渐淡化,以最高统治者为主体的祭祀活动逐渐被广大民众大规模的朝山活动所取代,登泰山祭拜成为齐鲁重要的民俗之一。朝山进香、东岳庙会、许愿还愿等民俗活动内容丰富,规模盛大,成为泰山登山文化的重要内容。明朝张岱《岱志》中对泰山民俗盛况进行了细致的描述:一是根据泰安城客店的营业状况推算登山者"日八九千人,春初日满二万"。二是民间香社进香的情景颇为壮观，“天未曙，山上进香人上者下者，念阿弥陀佛。一呼百应，节以铜锣。灯火蝉联四十里，如星海屈注，又如隋炀帝囊萤火数斛，放之山谷间，燃山熠谷，目炫久之”。三是东岳庙会热闹非凡，“东岳庙大似鲁灵光殿。棂星门至端礼门，阔数百亩。贷郎、扇客错杂其间，交易者多女人、稚子。其余空地，斗鸡、蹴踘、走解、说书，相扑台四五，戏台四五，数千人如蜂如蚁，各占一方。锣鼓讴唱，相隔甚远，各不相溷也”。泰山祭祀活动的民俗化，吸引了众多民间娱乐活动融入其中，成为民众娱乐休闲的重要方式。

三、士大夫登泰山抒怀赋诗

文人登山感怀是中国登山文化的重要内容之一。儒道思想是中国传统文化的主要组成部分，是文人安身立命的精神支柱。儒家思想培养了文人“己欲立而立人，己欲达而达人”“穷则独善其身，达则兼善天下”的道德素养和进取精神。道家“修身养性”“清静无为”的思想则对文人起到了精神慰藉的作用。文人在意气风发或抑郁不得志时则登山抒发情怀，形成了中国文人独特的“登临”情结，登山赋诗则集中展现了文人士子的登临情怀。

孔子曾登泰山，考察封禅制度，并表达了登山后的感受：“登东山而小鲁，登泰山而小天下。”（《孟子·尽心上》）历代文人士大夫登临泰山多有佳作出现，而最值得称道的是唐代诗人李白、杜甫。李白于天宝元年游览泰山，逗留四个多月，写下了《游泰山》《梁甫吟》《拟恨赋》等作品。李白多次登泰山，一方面是追寻历代帝王及圣人先贤的足迹，期待再次入仕指点江山，另一方面则期冀与神仙异士际会，得到高士名师的指点。李白的《游泰山》等登山之作集中表现了这双重主题：

游泰山（其一）

李　白

四月上泰山，石平御道开。六龙过万壑，涧谷随萦回。
马迹绕碧峰，于今满青苔。飞流洒绝巘，水急松声哀。
北眺嶂嶂奇，倾崖向东摧。洞门闭石扇，地底兴云雷。
登高望蓬瀛，想象金银台。天门一长啸，万里清风来。
玉女四五人，飘摇下九垓。含笑引素手，遗我流霞杯。
稽首再拜之，自愧非仙才。旷然小宇宙，弃世何悠哉。

杜甫一生游览各地，多次登高抒怀，境遇不同，情怀也有很大的差异。晚年旅居夔州时登高，作《登高》表达了常年漂泊、孤独愁苦的复杂情感：“万里悲秋常作客，百年多病独登台。”杜甫壮年时期游历各地，其父杜闲在兖州任司马，省亲至此登临泰山，杜甫壮志满怀，写下《望岳》一诗，表达了勇攀顶峰、俯视一切的雄心和气概：

望 岳

杜 甫

岱宗夫如何？齐鲁青未了。
造化钟神秀，阴阳割昏晓。
荡胸生层云，决眦入归鸟。
会当凌绝顶，一览众山小。

李白、杜甫等诗人登山赋诗，不仅丰富了所登之处的人文景观，而且逐渐为后人学习、效仿，成为登山缘由之一。

四、泰山国际登山节

中国古代登山习俗是一种参与群体多层次、价值取向多元化的文化现象。帝王登山祭祀意在巩固统治，民众登高祭拜意在祈求幸福，文人登山赋诗意在感怀壮志。与中国古代注重写意的美学传统一致，登临者是登山文化的主体，在登临过程中营造了以其意愿为主旨的意境氛围，“登山则情满于山，观海则意溢于海”（《文心雕龙·神思》），对登山意境的注重致使健身价值被弱化。随着当代体育文化的发展与群众健身意识的增强，登山的健身功能逐渐得到关注，并成为主流价值取向之一。泰山国际登山节是将民俗与健身有效结合的成功范例。

自1987年始，泰安市政府与中国登山协会、中华全国体育总会联合举办泰山国际登山节。自1987年至2014年，已连续成功举办了28届。登山节的举办以经贸活动为主题，以登山节为载体，构建了文体搭台、经贸唱戏的举办模式，不仅提高了泰山的知名度，而且吸引群众、游客体验登山的乐趣。

每届泰山国际登山节都举办登山竞赛活动，参赛者是来自世界不同国家的运动员和登山爱好者。登山竞赛活动分为两种：一是万人登山，参与者是来自于各行各业的登山爱好者、游客。万人登山，场面十分壮观。二是泰山国际登山活动邀请赛，参赛人员为运动员。登山比赛分国际组、国内组，并根据性别、年龄再进行分组。各组比赛起点均在岱宗坊，老年组终点在中天门，海拔800米，591个台阶，长5公里；中年组终点在南天门，海拔1400余米，5884个台阶，长7.7公里；青年组终点在玉皇顶，海拔1545米，6566个台阶，长8.5公里。登山节男子青年组最好成绩是枣庄小伙李子成在2007年登山节比赛中创下的，时间为56分22秒，至今无人打破。

登山节期间既有《人间天上》《泰山神韵》《紫气东来》等大型歌舞表演，还有踩高跷、划旱船、抬轿子等民间民俗节目表演，同时还举办与泰山文化密切相关的盆景、摄影、书画、奇石、根雕展览，对宣传泰山文化发挥了重要作用。泰山国际登山节的成功举办，为其他登山节活动的举办提供了有意义的借鉴。

第三节 齐鲁秧歌文化

秧歌是中国北方地区广泛流传的一种民间舞蹈，大多以秧歌队的形式进行表演，以锣鼓等伴奏，表演者服饰鲜艳，具有鲜明的民族风格。秧歌表演一般在重大节日如春节、元宵节，各村组建秧歌队比赛扭秧歌以祝福、娱乐。群众既可欣赏，也可参加，秧歌集欣赏性与娱乐性于一体，拥有广泛的群众基础。齐鲁之地的秧歌种类繁多，各具特色，其中影响最大的是“鼓子秧歌”“胶州秧歌”和“海阳秧歌”，深受大众喜爱。新时期以来伴随着群众体育活动的开展，秧歌的健身价值受到关注，健身秧歌应运而生。健身秧歌是充分利用秧歌的群众基础，根据运动健身规律从秧歌舞蹈中编选部分动作创编而成的。第四套健身秧歌以枣庄秧歌为基础，将山东大汉的粗犷、威严与山东妇女的泼辣、柔美融合在一起，形成了刚柔相济、细腻奔放的艺术风格，流传于鲁南、苏北和运河两岸。

一、齐鲁秧歌源流及特征

齐鲁秧歌诞生在肥沃的黄河下游平原一带，起源于历代齐鲁民众的农耕生活。根据记载，齐鲁秧歌源于人们的劳作、祭祀、抗灾、节庆等活动，具有多源性特征。为了庆祝与黄河泛滥斗争的胜利，为了表达风调雨顺、五谷丰登的喜悦之情，为了祈求丰收，人们在特定的日子举行盛大的活动，载歌载舞，场面壮阔，热闹非凡，经过历代的传承，形成了特色鲜明的齐鲁秧歌。鼓子秧歌中磅礴恢弘的场阵和锣鼓喧天的气势保留了古代人们战胜黄河灾害的场景，如有的场阵被命名为“漩海眼”“大八叉”“大乱场”。[①] 在民间庙会、社火都有秧歌的表演。每到正月十五，秧歌给齐鲁大地带来了节日的喜庆和新春的希望。

齐鲁秧歌集歌、乐、舞于一体，在传承的过程中，不断地吸收多方面的文化滋养，由简而繁，形成了具有固定角色、多样化场阵、独具特色的舞蹈动作以及音乐、歌唱等表现模式。多样化的场阵是对古代仪仗、军事战阵、生产实践、生活用品、生产工具、动植物形象、吉祥图案等的吸收与借鉴，既贴近人们的日常生活，易于理解接受，又丰富了秧歌表现的内容。秧歌中的伞、鼓、棒、花等角色及着装则是对古代戏曲的吸收与改良，进一步突出了秧歌的表演性与欣赏性。为了增

---

① 参见匡顺：《商河鼓子秧歌》，《农业知识》2006 年第 12 期。

强秧歌表演的吸引力，还经常借鉴人们熟知的神话传说、民间故事，通过装扮和唱词加以表现，具有极强的生活情趣和乡土气息，成为人们重要的娱乐方式之一。

新中国成立后，齐鲁秧歌迎来了新的发展时期。在20世纪50年代末，专家对丰富多样的齐鲁秧歌进行了采风、筛选，筛选出舞蹈形式完整、文化内涵丰富的商河、胶县、海阳三县的民间歌舞，命名为“鼓子秧歌”“胶州秧歌”“海阳秧歌”。三大民间歌舞正式命名后，不断有机会参加不同级别的表演和比赛，在国内外享有盛誉，成为齐鲁秧歌的代表。随着非物质文化遗产的申报、保护、发展等工作的开展，齐鲁秧歌得到了进一步关注，也迎来发展的新契机。

齐鲁秧歌生存于黄河下游平原，东临大海。开阔的平原、奔腾的黄河、浩瀚的大海为齐鲁秧歌提供了广阔的发展空间和开阔的视野。平原地带地势平坦、土壤松软，为幅度大、变化多样、技术技巧难度大的秧歌动作提供了适宜的地理条件；奔流不息的黄河为齐鲁秧歌增添了昂扬雄壮的精神动力；浩瀚的大海则增添了秧歌的阳刚之气。齐鲁三大秧歌虽然在角色、场阵、动作等方面存在一定的差异，但都具有粗犷豪放、感情充沛、富有阳刚之气的风格。

齐鲁秧歌在起源与传承的过程中，深受以儒家思想为核心的齐鲁文化的影响。透过其粗犷豪放的风格，可以看出齐鲁文化对其内在特质及社会功能的渗透。一方面，受儒家思想的影响，齐鲁秧歌形成了秩序井然的结构与严谨的场阵。齐鲁秧歌虽然表现形式灵活，参与者可以根据经济条件和喜好的不同对舞者或表演服装进行调整，但都遵照基本固定的流程和模式进行表演。秧歌队伍一般由三部分组成，前面负责队伍的组织与指挥，中间是乐队，最后是舞队，队伍庞大而有序。虽然在传承过程中，秧歌积累了百种不同的场阵，但舞者都按照既定的场阵安排进行表演，场面规模大而不乱。另一方面，由于儒家礼教观念的影响，齐鲁秧歌注重祭神拜祖和礼尚往来，秧歌表演成为礼教观念表达的仪式，形成鲜明的礼仪性特征。秧歌在演出前，一般要举行祭神拜祖的仪式，祭拜的礼节肃穆且规格很高。虔诚的祭拜之后才能进行表演。有的秧歌在演出时还有颇为讲究的“串村”风俗，通过秧歌表演表达对对方的尊重与友好。

二、齐鲁三大秧歌

齐鲁秧歌是齐鲁民间舞蹈的主要舞种，遍布齐鲁大地的各个角落，形式多达30余种。其中鲁北的鼓子秧歌、胶东半岛的胶州秧歌与海阳秧歌流传时间长、内容丰富多样且风格独特，被称为“三大秧歌”，成为齐鲁秧歌的代表。2006年，三大秧歌被列入第一批国家级非物质文化遗产名录。

(一)鼓子秧歌

鲁北秧歌有10余种,其中鼓子秧歌历史悠久、形式完整、舞风遒劲恢弘,集中代表了鲁北秧歌的特色。鼓子秧歌最初发源于商河县,相传汉代鸿嘉四年(前17)河堤都尉许商开凿商河,竣工后民众自发鼓伞齐舞以示庆贺,后来当地民间庆祝丰收、祝贺新年亦采用鼓伞齐舞的方式,鼓子秧歌逐渐形成。目前,鼓子秧歌主要流传在商河、惠民、阳信、齐河、临邑等县,演出活动主要集中在元宵节,成为当地民众新年娱乐的重要方式。

鼓子秧歌早期的表演包括歌、舞、丑,20世纪40年代,歌、舞开始分离,发展成各自独立的表演形式。现在秧歌表演主要是舞、丑两个部分。传统的鼓子秧歌的表演过程主要包括四个部分:首先是祭祖拜神,演出的前一天晚上必须按照既定的仪式在庙前祭奠神灵和祖先,祈求神灵和祖先的庇佑,第二天才能上街表演。其次是进街行程,又称"串街""走街"等,秧歌队按照伞、鼓、棒、花的顺序排成两路或三路纵队开始串街表演。秧歌队表演时鼓声雷动,气氛热烈,非常具有感染力。其三是跑场子,是秧歌表演的主体部分。秧歌队先围场以保障表演空间,然后按照既定的场图路线跑场子。跑场子有文场、武场、文武场之分,文场穿行速度要快,武场要有勇猛对打,颇有两军对垒的紧张气氛。其四是唱秧歌,表演唱当地民间熟知的民间故事、历史故事、日常生活等,简单易懂且曲调流行,民众易于接受。①

鼓子秧歌队伍庞大,最少60人,最多可达数百人。表演豪迈奔放,气氛热烈,表演过程中以奔跑为主,并辅以跳、转、劈、蹲、窜、扑、蹦等动作。跑场子的场图严谨多样,大多取材于民间生活中的事物及流传的神话故事、历史传说、作战阵势等。据统计,跑场子的场图约有百余种,秧歌的动作有200余个。著名艺人商河县杨庙村的韩振玉、李传征曾于1956年、1980年两次进京参加全国农民舞蹈比赛,均获一等奖。②

(二)胶州秧歌

胶州秧歌,又称"地秧歌""大秧歌",流传于今胶州市。相传胶州秧歌是清代胶州包烟屯赵姓、马姓两家在逃荒过程中卖唱乞讨、多年改进而成,至今有200多年的历史。

胶州秧歌由小调秧歌、小戏秧歌两个部分组成。小调秧歌是舞蹈部分,表演时音乐、唱腔、舞蹈有固定的的程式;小戏秧歌由小调秧歌派生出来,根据剧本进行表演,舞蹈、演唱曲牌、表演与小调秧歌基本相同。传统胶州秧歌表演的过程是迎秧歌、拜庙、拜爷、演出、领赏。

---

① 参见于蔚泉:《齐鲁地域文化与山东秧歌》,《戏剧丛刊》2011年第5期。

② 参见《秧歌》,http://www.sdwht.gov.cn/html/2013/sz_0326/8000.html.

胶州秧歌演员十人,五个行当,每个行当两人:“鼓子”是老头形象,如戏曲中的老生角色;“棒槌”如戏曲中的小生、武生角色;“翠花”(又叫“大老婆”),青衣扮相,如戏曲中的老旦或青衣;“扇女”(又叫“小老婆”),花旦扮相;“小嫚”,小姑娘扮相。胶州秧歌的表演中“翠花”“扇女”“小嫚”三个女角占主导地位。这三个行当根据年龄、性格的差异在舞蹈动作上有不同的要求:“翠花”年长,动作快发力,慢延伸,要求开朗、大方、泼辣、粗犷;“扇女”用力要有韧劲,动作温柔、娴静;“小嫚”动作要快、轻,以体现活泼俏丽的特点。三个女角的姿态造型都要求做到“三道弯”,表演过程中构成“三弯、九动、十八态”的特殊动态,凸显了女性身体的韧性与曲线美。胶州秧歌“三道弯”“扭断腰”的动律体态与鼓子秧歌的豪放粗犷相比,风格截然不同。[①]胶州秧歌女角柔美的舞蹈动作,丰富了舞蹈艺术表演,全国150个文艺团体先后来胶州市学习胶州秧歌,北京民族舞蹈学院还将胶州秧歌列为必修课程。[②]

(三)海阳秧歌

海阳秧歌是集歌、舞、戏于一体的民间艺术形式,是民间社火中的舞蹈部分,流传于海阳一带。根据现有资料,海阳秧歌形成于明初。相关记载提到,为了庆贺赵氏乡绅家五世同堂和得皇帝赏赐双喜临门,乐舞生带着秧歌队来表演以示祝贺:“二世祖赵(通)世袭(大嵩卫)指挥镇舞诰封武略将军。明洪熙一年,欣逢五世同堂,上赐‘七叶行祥’金额,悬匾谷旦,诸位指挥偕缙绅光临赐贺,乐舞生闻韶率其创练之秧歌,舞唱于庭,其乐融融。”(海阳市凤城镇建设村赵炳书家藏《赵氏谱》)清雍正十三年,裁大嵩卫设海阳县,海阳凤城的秧歌在当地已经广为流传,极为兴盛。

海阳秧歌队阵容强大,主要由三个部分组成:一是执事部分,由三眼铳、彩旗、香盘、大锣组成,排在队伍最前列;二是乐队,其中乐大夫左手抱伞,右手执甩子,是舞队的总指挥,器乐队有大鼓、大锣、大钹、小钹、堂锣等;三是舞队,由各类角色几十人组成,有集体表演者花鼓与小女嫚,双人表演者货郎与翠花、箍漏匠与王大娘、丑婆与傻小子、老头与老婆、相公与媳妇,秧歌剧、戏的杂扮者等。

海阳秧歌的表演过程有七个部分:一是拜进,表示秧歌队进村;二是串街,走街串巷,展示秧歌队阵容;三是走大阵,围场子开辟表演空间;四是要小场,是秧歌队几种角色的重复表演;五是跑阵势,是秧歌队各种图案的变化表演;六是演场,表示以上几种形式的表演“煞板收势”;最后是拜出,表示秧歌队表演后与村

---

① 参见于蔚泉:《齐鲁地域文化与山东秧歌》,《戏剧丛刊》2011年第5期。

② 参见百度百科“胶州秧歌”词条,http://baike.baidu.com/link?url=YIntt4o_l7mdhFZz2DHlZ-GCCtl8mfNSTxXf-O9R7fDZTkFNDnLqES4EVUZOrgNMUutFd16QtyYxHXksCpEUFa#4_1.

子告别。整个过程秩序严谨,拜进与拜出表明秧歌队以礼为先,注重礼仪,中间表演内容丰富,有舞有逗,舞者粗犷奔放、感情充沛,逗者形象逼真动人、表演风趣幽默,整场表演气氛热烈。

海阳秧歌在发展过程中形成了"大架子秧歌"和"小架子秧歌"两种不同的流派。"大架子秧歌"主要流传在海阳的东部与南部地区,代表着海阳秧歌的基本风格,因此,海阳秧歌又称"海阳大秧歌"。"小架子秧歌"主要流传在海阳西北部,表演中舞蹈动作不多,以跑阵式和唱秧歌为主,俗称"跑秧歌""逗秧歌",由于唱调流失,"小架子秧歌"渐趋没落。

如今海阳大秧歌被编列为汉民舞舞蹈教材之一,海阳市被文化部命名为"中国民间艺术之乡"。

三、现代化进程中齐鲁秧歌的变迁

朴实奔放的齐鲁秧歌是齐鲁民众表达生活愿望的重要方式,具有浓厚的历史感。随着现代社会现代化、城镇化进程的推进,齐鲁秧歌的生存土壤在不断地改变。齐鲁秧歌的传承与发展需要在保留文化根性的同时,随着时代的变化进行变革创新,只有这样,才能在历史的长河中保持永久的活力。

(一)从乡村走向城镇,从艺术走向健身

齐鲁秧歌经过历史的积淀,成为集乡土性与艺术性于一体的民间艺术形式。现代化进程改变了其生存环境,面对此种困境,齐鲁秧歌突破了乡土表演空间,形成了多样化的参与诉求,从乡村走向城镇,从艺术走向健身,集民间艺术和民众健身于一体,形成了具有间性特征的秧歌文化。间性理论认为事物与事物之间始终是共在的,并处于对话沟通、相互作用融合并不断生成的动态过程中。秧歌作为一种文化现象,始终与不同的文化现象处于共存、交流互识和意义生成的过程。面对现代化进程中齐鲁秧歌发展的困境,只有打破其在历史传承过程中形成的种种局限,以开放的姿态面对新的生态环境,与不同的文化现象接触、交流,寻求适宜的生存模式,方能接续历史,迎接未来。

城镇化进程改变了齐鲁秧歌的乡土环境,同时也为其提供了广阔的城镇空间。城镇现代的健身场馆为秧歌队提供了全新的表演场所。乡土环境的传统韵味与城镇场馆的现代气息共存,方能化解传统与现代的对立。虽然传统秧歌源于乡土民众的生活,但由于对表演技艺与效果的追求,参与者往往限定在一部分群体中。随着新中国成立后齐鲁秧歌登上不同级别的大舞台,秧歌的艺术性、表演性、学院性得到进一步强化,秧歌的参与者范围也越来越小。改变传统秧歌作为民间舞蹈的单一定位,将秧歌与艺术、健身等各种文化领域相贯通,才能真正呈现全民乐于参与、易于掌握、广泛传播的盛况。

(二)健身秧歌的形成

由于现代化进程中对个体生活质量和身心健康的关注,体育事业特别是群众体育得到了迅速发展。对传统健身项目进行挖掘整理并改造推广到全民健身活动中去,就成了群众体育工作的重点。秧歌因其广泛的群众基础和显著的健身效果得到了专家学者的青睐,他们突出秧歌的健身功能,将秧歌改良为健身秧歌向全国推广。2000 年,创编了第一套健身秧歌,由官方正式启动推广。为了有效推广健身秧歌,相关职能部门采用了多样化的推广方式:一是录制了教学光盘,对动作进行逐一分解讲解,便于学习掌握;二是举办社会体育指导员健身秧歌技术培训班,通过体育指导员队伍进行大面积推广;三是举办各种各样的健身秧歌大赛,激发群众参与锻炼的热情;四是鼓励秧歌进校园、进课堂,通过学校推广秧歌。健身秧歌自启动至今已推出了六套健身秧歌,其中第四套健身秧歌为鲁南秧歌,是一种独具鲁南地方特色的舞蹈形式。齐鲁秧歌与全国健身秧歌共同推进了秧歌文化和群众体育的发展。

综上所述,齐鲁秧歌自产生至今,始终紧随历史的脚步调适自身,顽强地传承下来。从娱神到娱人,从为别人表演到积极参与、自我娱乐,从注重表演到商业化运作,秧歌的社会功能呈多元化发展趋势。当今体育的发展为秧歌开辟了一条新的途径,形成了以健身健心为核心的具有时代特色的秧歌文化。

第四节　齐鲁民间民俗体育文化的特征

由于齐鲁地域地处北方文化与南方文化、内陆文化与海洋文化的交汇处,由外来文化传入和由本地文化衍生的民间民俗体育项目种类繁多,逐渐融入当地民间,成为民俗生活的一部分。同时由于齐鲁是儒家思想的发源地,民间民俗体育文化的价值取向受到儒家思想影响,并对儒家思想产生一定的依附性。

一、以"重生"观念为主导

以健身、娱乐为主要功能的民间民俗体育项目集中体现了中国传统的"重生"思想。民间民俗体育的价值取向既不同于武术所追求的积极进取、自强不息的刚健风格,也不同于养生所追求的身心兼修、天人合一的境界,而是以游戏娱乐、休闲放松为主,因而拥有广泛的群众基础,历久不衰。由于其价值取向与社会的主流思想相左,因此不受社会重视,缺乏相应的文字记载,大部分民间民俗项目甚至没有统一的名称和规范化的说法,只是在民间口传身授。正是由于其彰显了人们内心对自由、快乐的向往与追求,因此经常遭到道德伦理观念的约束和抑制,人们因迷恋此类项目而被斥为"玩物丧志",这种观念在一定程度上限制了此类健身项目的传承与发展，致使一部分项目逐渐没落、消失。

民间民俗体育项目虽然被当时的主流思想排斥，但是仍然在民间广为流传，而且种类繁多，各具特色，究其原因，则是体现了人们对“重生”思想的诉求。古人“重生”的观念由来已久，《易经》将人与天、地并列，并称“三才”，认为人为万物之灵长，体现了对人的价值的肯定和对人的生命的重视。据马王堆汉墓出土简书《十问》记载：“尧问于舜曰：天下孰为贵？舜曰：生为贵。”道家则将“重生”思想与“道”结合起来，提倡不应因外物如利禄、王位等妨碍生命的自由发展，“重生则利轻”（《庄子·让王》）只有这样才能达到物我两忘、与天地精神相往来的境界。道教则将“重生”作为追求健康长寿的思想基础。儒家在“重生”观念的影响下形成了身心兼修的养生思想。古代的“重生”思想不仅为养生健身项目的形成奠定了基础，也成为人们娱乐身心的动力源。民间民俗娱乐项目不仅为人们提供了锻炼身心、放松休闲的方式，而且对约束、钳制人们身心的伦理道德思想具有极强的制衡作用。

二、融入社会生活的传承方式

由于传统健身项目种类多样、功能多元，其传承方式也形成了多样化的特征。根据传承意识的不同，传承方式主要分为两类：一类是自觉传承，武术、棋类等项目大多经过理性的选择，采取家族、师徒传承的方式。一类是不自觉的传承，大多数娱乐性的健身项目得以传承更多依赖于参与者的兴趣，此类项目逐渐渗透到人们的日常生活中，或者依附于节日庆典等活动。齐鲁民间民俗体育项目主要采取后一种传承方式，成为传统生活方式的一个组成部分而得以传承。

齐鲁民间民俗体育项目的产生源于生存和生产的需要，随着社会生产力水平的提高，健身项目从实用功利中解脱出来，成为娱乐、健身的方式之一，并与齐鲁地域的生活方式相融合，成为人们生活中不可或缺的一部分。齐鲁地域自古以平原、丘陵为主的地理环境，以汉民族为主的居住群体，以农耕为主的生产方式，以儒家为主流思潮的人文环境都一脉相承，并传承至今，从而形成了相对稳定的生活方式。种类繁多的齐鲁传统健身项目虽然缺乏相对独立的发展空间，但作为稳定生活方式的一部分得以传承，并因其具有较强的娱乐性而拥有广泛的群众基础。同时，此类项目对场地、器械要求简单，人们因地制宜，就地取材，项目形式灵活多变，既激发了人们参与的积极性，同时也有助于项目的有效传承。

民间民俗体育项目不仅成为人们日常生活中的一部分，而且融入节日庆典中，成为节庆活动的主要内容之一。齐鲁传统节日繁多，隆重的有春节、元宵、青龙节、清明、端午节、乞巧节、中元节、中秋节、重阳节等，每个节日都借助一定的娱乐健身项目，表达特定的文化意义，同时有效地渲染了节日的气氛。春节期间开展各种各样的娱乐活动，秧歌、龙灯、狮子舞、跑旱船、武术表演、球类比赛等形式多样，健身运动的娱乐性得到了最大限度的体现。清明时节则是妇女、儿童郊游踏青、打秋千、放风筝的最佳选择。重阳节登高望远的习俗不仅为士大夫抒怀赋诗提供了情思，同时也成为世人健身娱乐、享受大自然的机会。此外，千佛山庙会、泰山庙会等庙会、山会也成为众多娱乐健身项目表演的场所。融入节日的健身项目借此丰富了其人文内涵，展示了其艺术性的一面，得到社会的认可并得以世代传承，但同时在一定程度上削弱了其强身健体的特征。

融入日常生活和节庆活动的民间民俗体育项目，突出了其表演性，弱化了其健身性、竞技性，从而在一定程度上削弱了其独立性。依赖于惯性的传承方式，遏制了传统项目的开拓与创新，势必导致其衰落的命运。民间民俗体育项目的惯性沿袭，存在着随意性、脆弱性的一面，没有形成相应的领导机构、稳定的运行模式和统一的教育标准，在一定程度上影响了传承的效果。

三、对主流思想——儒家思想的依附性

发端于齐鲁大地的儒家思想作为中国古代文化的主流思潮，对历代政治、经济、文学艺术的发展等都产生了深远的影响，民间民俗体育也不可避免地打上了儒家思想的烙印，其传承也不可避免地受到儒家思想的影响，形成一定的依附性。

首先，齐鲁民间民俗体育项目种类繁多，功能多样，广泛流行于各个阶层、各个领域，这一格局的形成源于儒家“兼收并蓄，和而不同”的思想。纵观儒家思想发展的历史，可以看到居于主流地位的儒家思想具有较强的包容性。譬如宋明理学即是儒家融合了道、佛思想而形成的儒学新形态。儒家的包容性则源于“和而不同”观念。孔子曰：“君子和而不同，小人同而不和。”(《论语·子路》)“和而不同”，简言之是和谐的共生关系。儒家认为良好的社会秩序需要以“和而不同”的共生观为基础，建立“贵贱有等，长幼有差，贫富轻重皆有称者也”(《荀子·礼论》)的伦理秩序。齐鲁民间民俗体育在“和而不同”思想的影响下，一方面，体育项目广泛交流传播，吸收借鉴其他地域、民族的健身方式；另一方面，体育项目流传于不同阶层，不同阶层根据自身的需求进行适当调整，从而使该项目奠定了广泛的群众基础。

其次，长期传承的健身项目大多遵循以“德”为首的礼治传统。“礼”是中国传统文化的核心概念之一，与儒家思想相互融合渗透，形成了延续两千余年的礼治传统，成为维护社会秩序的基本原则。礼治传统与道德教育相结合，以伦理道德为内核，以礼仪规范为外在表现形式，形成了以“德”为首的礼治观念。齐鲁民

间民俗体育受儒家思想的浸染与渗透，与其他地域的体育文化相比，较为鲜明地体现了伦理道德思想的影响。射箭是齐鲁传统体育中较有代表性的项目之一。射箭由狩猎中产生，随着生产力水平的提高，逐渐从生产活动中独立出来，成为人们健身防身的重要方式之一。由于礼治观念的影响，射箭的功能逐渐多样化，不仅用于防身健体，而且成为伦理道德教育的方式，发展为"礼射"。礼射活动中，根据礼射者社会地位的高低和活动性质的不同，对于使用的器具、相关人员的组织等制定了森严的等级制度、严格的程序、复杂的步骤和完备的规则，意在通过礼射宣扬伦理道德思想。射箭活动发展至今，虽然已经摒弃了封建社会的等级观念，但作为一项非对抗性运动项目，始终关注射箭者身心兼修，注重射箭者的内在品质、精神、心理素质的培养。其他用来健身、娱乐的传统体育项目，作为一种社会文化现象，在一定程度上也受到伦理道德思想和礼治观念的影响。此类体育项目的衍变、传承、传播等都打上了鲜明的儒家思想的烙印，而对于项目参与者本身，其道德修养和意志锻炼也留下了伦理道德观念的痕迹。

其三，与儒家思想相左的休闲娱乐类健身项目大多遭受了衰落的命运。蹴鞠等娱乐性项目历史上呈现衰落的迹象，与其价值取向和儒家思想的关系疏密有关。源于古齐国都城临淄的蹴鞠，具有很强的娱乐性，在战国时期、汉朝备受达官贵人、下层民众的喜爱。蹴鞠历经唐、宋发展到了顶峰，至元、明时期却逐渐没落。究其原因，则与价值取向有着直接的关系。蹴鞠在宋朝时期，不仅在技战术上达到了很高的水平，"球终日不坠"，制球的原料、工艺等都有了改进，而且成立了专门的蹴鞠组织——"齐云社"，出现了专门靠踢球技艺维持生活的足球艺人。但由于宋明理学的逐渐形成，并被统治阶层利用，成为约束甚至钳制民众思想的工具，而以娱乐为主要价值取向的蹴鞠，与社会主导思想相悖而行，势必走向没落。到了元代，蹴鞠参与者越来越少，社会性大大缩小，不再是节日的活动内容，而成为和歌舞一样在宴会上表演的伎艺。随着参与者群体的转变，蹴鞠成了和放荡行为相联系的一种娱乐，而为世人所不齿。目前，蹴鞠作为非物质文化遗产经国务院批准列入第一批国家级非物质文化遗产名录，但蹴鞠的文化内涵仍然因历史的局限、观念的约束而变得单薄。

由此看来，齐鲁民间民俗体育的传承与发展，一方面由于社会主流思想的影响，受到一定的约束与局限，另一方面，秉承了传统文化中的"重生"观念，在民间以草根的形式顽强生存下来，成为人们生活的组成部分，表现了强大的生命力。

第七章　齐鲁武术文化

齐鲁地域从远古到近代，不仅一直引领着我国经济、文化的发展，而且是兵家必争之地。在军事上，从远古时期炎帝与黄帝之争到西周时期东夷方国与齐国、鲁国的战争，从魏晋南北朝时期北方少数民族的入侵到宋元时期百姓抗击官府及金元的侵略，从元朝时百姓的奋起反抗到明清时期起义军不断涌现，齐鲁民众体现了对时事变化高度的敏感性。几千年来，土著东夷人的尚武意识得以传承与发展，历代的战争锻炼了齐鲁人民的斗争意志，也积淀了丰富的技击经验，到了明清、近代时期，各种武术门派林立，齐鲁之地成为武术文化重要发源地之一。

第一节　齐鲁武术文化的起源与发展

齐鲁武术文化的形成与发展，一方面是对齐人“尚武勇”“隆技击”民风的传承，另一方面则由于齐鲁地域历来是军事战略要地，战争不断，为武术积累了丰富的技击经验。历经汉魏六朝及唐宋时期的发展，齐鲁武术枪术、刀术等武艺有了进一步的提高，至明清及民国时期，齐鲁武术发展到鼎盛时期，拳术流派众多，民间习武组织林立，在民族斗争、阶级斗争中发挥了重要的作用。

一、齐鲁武术的源起

齐鲁地域特有的自然环境和生产方式造就了齐鲁人高大健壮的体格和粗犷豪放的性格，尚武之风源远流长，为齐鲁武术的产生提供了适宜的土壤。齐鲁地域地理位置重要，战争频繁，孕育了种类繁多的技击运动项目，成为齐鲁武术发展的雏形。

首先，齐地“尚武勇”“隆技击”的民风是齐鲁武术产生的民间基础。先齐时期齐地土著居民为东夷人，东夷人在多年的部落战争中英勇善战，顽强地生活下来，形成了勇武彪悍的性格特点。齐国建立之后，太公姜尚沿袭了东夷文化的民风民俗，尚武之风得以传承。齐国管仲实施了“寓兵于民”、治国与治军兼重的策略，齐国军事实力大增，民间习武之风盛行。齐人善于变通，不因循守旧，形成了重谋略的兵家文化。兵家文化与尚武之风的融合，形成了齐军士兵“隆技击”的特点。齐人擅长个体性技击，齐军“隆技击”的特点虽然不利于战场上军队集团作战，但却涌现了诸多体现义气胆识的侠士。

其次，齐鲁地域为军事战略要地，战争频繁，为齐鲁武术文化营造了浓厚的氛围，积累了对抗经验。齐鲁地域是政治、经济、文化、军事重地，是历代帝王关注的重要地域之一。齐鲁地域以儒家文化为主流，融合了道家、兵家、法家、墨家等多家思想，成为历代文化交流的重要地域之一，为历代帝王所关注，去泰山举行规模宏大的封禅大典成为帝王加强统治的重要手段之一。齐鲁地域作为全国的政治、经济、文化思想重地，及南北交通的必经之地，势必成为历朝历代兵家必争之地。历代战争为民间武艺的广泛推广起到了助推作用。

其三，民间盛行的技击类项目逐渐发展为齐鲁武术的重要组成部分。民众的健身需求则是武艺得以发展的最内在的动因，而社会中各种矛盾的存在激发了民众练武防身、保护家庭以及宗族利益的意识，从而使射箭、剑术、举鼎、角力等民间武艺得到了广泛的发展。射箭的诞生源于远古人民生存防身、获取食物的需要，西周时期在礼治观念的影响下，形成了组织完整规范、规则严密细致的竞技运动，即礼射。随着周礼的衰微，传承周礼的礼射的宗法观念逐渐削弱，其健身防身的技击功用进一步凸显，逐渐成为展现力量、协调性、精准度等武艺水平的主要方式之一，步射、骑射成为民间健身和军事训练的重要方式。剑是古代出现较早且使用广泛的兵器，剑术成为世人防身的重要技能，同时，佩戴宝剑也成为男子身份和地位的标志。“齐鲁两国尤为崇尚剑道，剑几乎是每个男子必备的自卫武器。”[①]举鼎是指古人通过举鼎训练和比试力量，由举鼎到抓举生活中的重物，形成了简便易行的训练力量的方式。角力，不仅用于增强身体力量、提高格斗技术，而且成为民间娱乐方式之一。齐国每年春、秋两季举行角力等武艺比试，选拔拳勇之人效力于国家。技击类民间武艺逐渐成为武术文化的重要组成部分。

二、汉至唐宋时期齐鲁武术的发展

汉至唐宋时期，箭术、角力、剑术等武艺发展日益成熟，其他对练器械日益多元化。朝代更迭带来的频繁战争加剧了社会的种种矛盾，但同时也在一定程度上激发了民众习练武艺的积极性，促进了武艺技能的提高，涌现了一批武艺高

---

① 山东省地方史志编纂委员会编：《山东省志·体育志》，山东人民出版社 1993 年版，第 16 页。

强、奋勇杀敌的英雄豪杰。

汉代国力强盛，思想相对自由，疆域广阔，文化交流频繁，各种武艺都得到了长足的发展。根据齐鲁各地的出土文物，可以看到武艺器械除了先秦时期的剑、箭、刀，还有长枪、戟、殳、戈、弓弩等器械。汉画像石是再现汉代社会生活的重要文物，齐鲁是中国汉画像石中分布广、内容丰富、刻画精细的地区之一。齐鲁汉画像石中刻画了各种武艺的画面：立射、蹲射、步行射、跑步射等九种徒步弓射动作和静止、行进中两种骑射姿态，大力士单手举重物、拔树、蹶张等练力动作，众人骑马、乘车、步行的车马出行图，徒手搏斗与持刀、剑、戟等器械的搏斗情景，人与虎、牛等搏斗的画面，两军激烈对战搏斗的交战图，等等，表现了齐鲁尚武之风的盛行。同时，汉代盛行乐舞百戏，舞蹈的动作与百戏中杂技难、险动作促进了武艺技能的提高。

魏晋南北朝时期频繁的战争促进了民间习武的发展，南北文化的交流丰富了齐鲁武术文化的内容。魏晋六朝时期朝代更迭频繁，齐鲁地域是中原地区与北方少数民族争战要地，战争不断，民族矛盾与阶级矛盾非常尖锐，为了保家卫国，民间习武之风盛行。北方少数民族入主中原建立政权，十六国之一南燕王朝于 399 年攻取青州、兖州，在青州广固城建都。齐鲁地域进入齐鲁文化与北方游牧文化碰撞、交融的时期，武术文化的发展也烙上了游牧民族的印记。一方面，骑射技能大大增强。北方少数民族善骑射，将高超的射技传入齐鲁，齐鲁地域涌现了善骑射的勇猛之士。清河人傅永“有才干，拳勇过人，能手执鞍桥，倒立驰骋”，七十余岁亦能“擐甲挥戈，单骑先入”；其子傅叔伟“臂力过人，弯弓三百斤，左右驰射，又能立马上与人角骋”（《魏书·傅永传》）。琅琊人皮景和“将五六骑深入一谷中，值贼百余人，便共格战，景和射数十人，莫不应弦而倒”（《北齐书·皮景和传》）。另一方面，以矟（槊）代戟，矟成为主要的长兵格斗武器。矟是少数民族骑兵传统的格斗兵器。与戟相比，矟杀伤力强且制作工艺简单，在战争频繁的南北朝时期得到广泛的运用。南北朝时南梁名将羊侃，泰山梁父人（今山东泰安东南），“少而瑰伟，身长七尺八寸，雅爱文史，博涉书记，尤好《左氏春秋》及《孙吴兵法》……大同三年，车驾幸乐游苑，侃预宴。时少府奏新造两刃槊成，长二丈四尺，围一尺三寸，高祖因赐侃马，令试之。侃执槊上马，左右击刺，特尽其妙，高祖善之，又制《武宴诗》三十韵以示侃，侃即席应诏，高祖览曰：‘吾闻仁者有勇，今见勇者有仁，可谓邹、鲁遗风，英贤不绝。’”（《梁书·羊侃传》）南燕王朝虽然持续十余年即被灭亡，但少数民族勇武彪悍的民族性格对青州、兖州、齐州等地影响颇大，“青、兖、齐诸州居民强悍勇猛，习武任侠，逐渐形成了独具特色的青兖武艺”[①]。

① 山东省地方史志编纂委员会编：《山东省志·体育志》，山东人民出版社 1993 年版，第 17 页。

唐宋时期，齐鲁枪术、刀术等武艺有了进一步的提高，民间武术文化也得到了发展，在历史大潮中青史留名的武功高手也大多来自于民间。武则天长安二年（702 年）将武举列入科举，考试的武艺主要是箭术与枪术，箭术与枪术等武艺得以普及与提高。唐代名将秦琼，字叔宝，齐州历城（今山东济南历城区）人，精通枪法，立下赫赫战功："叔宝每从太宗征伐，敌中有骁将锐卒，炫耀人马，出入来去者，太宗颇怒之，辄命叔宝往取。叔宝应命，跃马负枪而进，必刺之万众之中。"（《旧唐书·秦叔宝传》）唐代名将程知节，又名咬金，济州东阿（今山东东阿西南）人，"少骁勇，善用马矟"。五代后梁名将王彦章，郓州寿张（今山东阳谷寿张镇）人，善使铁枪，枪法高明，"持一铁枪，骑而驰突，奋击如飞，而佗人莫能举也，军中号'王铁枪'"（《新五代史·王彦章传》）。南宋末年红袄军领袖李全，潍州北海人，善用长矛铁枪，少有人能够抵挡，时称"李铁枪"。起义军领袖杨妙真，益都（今山东青州）人，杨氏梨花枪名手，杨家枪主要传人。杨氏梨花枪枪法变化莫测，后世军事家颇为推崇。明戚继光著《纪效新书》载："长枪之法始于杨氏，谓之曰'梨花'，天下咸尚之。"明何良臣《阵纪》亦盛赞曰："天下无敌者，惟杨家梨花枪法也！"

宋代民间武艺表演丰富，习武结社众多，反映农民起义的长篇小说《水浒传》再现了齐鲁民间武术文化的状况。一方面，习武卖艺在民间蓬勃发展起来。宋代商业经济的活跃与市民阶层的壮大，带来了民间俗文化的发展，习武卖艺成为市井乡村的一种文化现象。习武卖艺一种是表演单练或对练套子，一种是打擂台。燕青在泰安州打擂智胜任原的情节生动再现了习武卖艺的情景。燕青与任原擂台比武，时称"相扑"，有统一的装束和明确的比武规则、场地、裁判及比赛"利物"（即奖品），习武卖艺、擂台比武成为一部分武艺人的谋生之道。另一方面，宋代民间习武结社众多。宋元时期社会动荡且社会矛盾尖锐，乡村为保一方平安建立了各自的武术社团。《水浒传》中九纹龙史进在史家庄将村民凝聚为一个团体；祝家庄严密的军事安排和保卫能力也源自于村庄的武术社团。民间武术结社甚至上山建寨、屯粮聚士，最终走向起义。《宋史·曾巩传》记载了曾巩任齐州知州时章丘民间武艺结社的情况："章丘民聚党村落间，号'霸王社'，椎剽夺囚，无不如志。"据史料统计，宋代的农民起义共发生过 400 余次。[①] 宋代民间习武结社推动了民间武术的发展，为明清时期武术的繁荣奠定了基础。

此外，宋神宗元丰三年（1080 年）颁行了《武经七书》作为官方武学教材。《武经七书》包括《孙子兵法》《吴子兵法》《六韬》《司马法》《三略》《尉缭子》《李卫公问对》，其中前四部皆为齐鲁兵书。宋朝官方武学教材的颁行，促进了齐鲁兵学思想及武术文化的传播。

---

① 参见牛广：《宋代武术发展之历史探源》，《兰台世界》2012 年第 36 期。

三、明清及民国时期齐鲁武术的繁荣

明清至民国时期，齐鲁武术拳术及流派众多，成为齐鲁武术文化的鼎盛阶段。在军事武艺方面，抗倭英雄戚继光在理论与实践上都作出了卓越的贡献。在民间武术方面，虽然朝廷限制甚至禁止民间习武，但由于民族压迫、阶级压迫以及列强的入侵，底层百姓利用某一拳术流派来保家卫国进行秘密结社，从白莲教到义和拳，掀起了一波又一波反抗的热潮。民国时期，解禁后的传统武术在反侵略、反压迫等方面发挥了重要作用。

明朝拳术由于诞生地域文化的不同而形成不同的技击特点及风格，形成了不同的拳种流派，还出现了武术研究专家和武术专著。抗倭名将戚继光，今山东蓬莱人，总结了领兵作战多年的经验，著有《纪效新书》《练兵实纪》等军事著作。在《纪效新书》卷十四《拳经捷要》中论述了古今不同拳家在风格、技法上的不同特点，形成了对古今拳术的全貌认知，并阐明戚家"拳经三十二式"是博采众家之长创编而成：

> 故择其拳之善者三十二势，势势相承。遇敌制胜，变化无穷。微妙莫测，窈焉冥焉，人不得而窥者，谓之神……古今拳家，宋太祖有三十二势长拳，又有六步拳、猴拳、化拳，名势各有所称，而实大同小异。至今之温家七十二行拳、三十六合锁、二十四弃探马、八闪番、十二短，此亦善之善者也。吕红八下虽刚，未及绵张短打、山东李半天之腿、鹰爪王之拿、千跌张之跌、张伯敬之打，少林寺之棍与青田棍法相兼，杨氏枪法与巴子拳棍，皆今之有名者。虽各有所取，然传有上而无下，有下而无上，就可取胜于人，此不过偏于一隅。若以各家拳法兼而习之，正如常山蛇阵法，击首则尾应，击尾则首应，击其身而首尾相应，此谓上下周全，无有不胜。

戚继光三十二式长拳兼采各家拳术之长，在武术拳种中极具代表性。《拳经捷要》中提到的"山东李半天之腿""千跌张之跌"是指形成于山东泰山、东平的两种拳术。"李半天之腿"是"腿腿傍地"的贴地功夫，技击核心是"踢"；"千跌张之跌"亦是打贴地拳术，技击核心是"摔"。"李半天"与"千跌张"常在泰山擂台比武，因其二者皆为贴地功夫，被称为"地躺拳"。由戚继光三十二式长拳、地躺拳可以看出，明朝拳术套路已日臻成熟，并形成了不同技击特点和不同风格的拳术种类。

明代齐鲁民间武术逐渐走向繁荣。一方面，齐鲁处于南北交通必经之地，武术家北上南下，研讨武艺，比武切磋，不仅提高了武艺，而且促进了武术在齐鲁的广泛传播。另一方面，民间习武结社大量涌现。民众习练武术不仅可以保护家园，而且是乡村提高向心力、凝聚力的重要方式，因此武术成为民间结社的重要纽带。由于官府对民间习武结社的高压政策,民间出现了许多秘密结社。秘密结社中规模最大的是白莲教,明永乐年间震动天下的白莲教起义的领导者是今山东滨州蒲台人唐赛尔。由于明王朝迁都给齐鲁民众带来的沉重负担,永乐十八年(1420年),唐赛尔在益都(今山东青州)卸石棚寨率众起义。唐赛尔凭借自己高超的作战指挥能力和精湛的武艺,屡次打败官兵,然而最终被官兵消灭。白莲教由一个民间宗教组织发展为对抗官府的组织并发动大规模的起义,武艺在其中发挥了重要的作用。明清起义军大多注重习练武艺,以提高战斗力和凝聚力,武术的社会功能被不断放大。正因如此,朝廷反对民间习武,禁止习武结社,在一定程度上影响了武术的发展。

清代,齐鲁武术形成了庞大的体系,各地形成或由外地传入的拳种多达70余种,民间习武组织遍布齐鲁大地的各个角落。伴随着风起云涌的反清起义和义和团运动,齐鲁武术走向了历史的前台,发挥着不可估量的作用。自清初始,螳螂拳、查拳、文圣拳、八卦掌、八极拳、长拳、红拳、子午梅花拳、二郎拳、燕青锤等拳种先后形成或传入齐鲁不同州县,各地以拳会友,形成了具有鲜明宗法性和清晰传承谱系的拳种。齐鲁各地盛行以拳结社,纷纷请拳师、设场子,习拳练武,具有鲜明地域性、极强凝聚力的民间武术社团组织不断涌现。齐鲁大地习拳练武结社的热潮的出现与清朝复杂尖锐的民族矛盾、阶级矛盾有着内在的联系。民族压迫、思想钳制、赋税杂役繁重,素有尚武之风和仁义情怀的齐鲁民众率先揭竿而起,从响应太平天国运动、配合捻军到发动义和团运动,掀起了一次次反抗压迫的浪潮。每一次大大小小的农民起义运动,都由秘密结社的民间武艺团体组织举行,领导者多为民间团体内的武艺高强者。民间习武结社反抗清廷的运动给清王朝以致命的打击,也受到清政府的严重迫害。清政府下令"无论军民人等,凡有练拳或赞成拳场者,杀无赦",到处毁拳场、杀拳民,齐鲁武术在高压之下陷入发展的低谷期。

民国时期齐鲁武术又迎来了一个新的热潮。辛亥革命之后习武开禁,国民政府将武术定为国术并大力倡导。在武术团体的建设上,随着"中央国术馆"的成立,山东省响应南京国民政府的号召,于1929年4月建立山东国术馆,全省各地纷纷成立国术馆、习武社、传习所、拳房等,"据1935年官方不完全统计,全省国术馆、社、所共有236处,实际上数字还要多"[①]。在武术活动的开展上,山东省国术馆于各地的国术馆、社、所等都开展了各种各样的活动。山东省国术馆于1932年办过三期专业训练班,1936～1937年举办了两次全省各县馆长训练班;1933～1936年举办了四届全省武术比赛(省考),1937年抗战爆发,山东省主席、

① 张洪涛主编:《山东体育史》,人民体育出版社2009年版,第247页。

山东国术馆馆长韩复榘将国术馆人员编成武士队，副馆长窦来庚任队长，武士队后改为“国民军义勇队”参加抗战。青岛市国术馆于1934年成立，对青岛市各类私设拳房进行登记并统一管理；并举行几次青岛市国术市考，参加了华北第17、18届运动会和第5、6、7届全国运动会，都取得了优异的成绩。省内建有山东省军士武术传习所、山东省武术传习所、山东省国术馆等68个县级国术馆[①]，如烟台、淄博、济宁、兖州、邹县、平度、益都、广饶、荣成、蓬莱、黄县、莱阳、海阳、掖县、栖霞、文登、威海等地国术馆都通过设馆教武习武的方式，推动当地武术的传播；枣庄、菏泽、梁山等地在设场教武的同时，为全国各地国术馆输送了大批武术高手。[②] 各级国术馆的建立及相关活动的开展将武术民间传播与官方提倡有机地统一起来，民间武术得到官方认定，提高了武术的地位，促进了齐鲁武术的传播与发展。

回顾齐鲁武术发展的历史，齐鲁作为中华武术的发祥地之一，不仅发展、创编了诸多的拳种、套路，而且培养了一大批武德高尚、武艺高强的武术家。被《中华武术大辞典》收录的山东籍武术人物有51人：丁子成、于连登、马永贞、马素贞、马金标、卫笑堂、王兰亭、王玉瓒、王松亭、王彦章、王郎、王理阳、公孙大娘、冯婉贞、匡常修、孙玉峰、孙通、纪晋山、沙国政、宋允通、杨妙真、李文连、李通泰、李昆山、张寿山、张祥三、张登魁、张振纲、张德奎、陈盛甫、林世春、范旭东、尚云祥、罗光玉、姜化龙、姜瑞、姜殿臣、宫保田、高义盛、高芳先、郭叔蕃、唐赛儿、袁庆春、梁国选、阎鸿仪、曹德坤、戚继光、常振芳、韩庆堂、谭吉堂、蔡龙云。没有被收录，但是对武术确有贡献的历史人物还有：曹操、孟让、王薄、罗士信、辛弃疾、秦琼、程知节（程咬金）、刘斌、刘黑马、张荣、杨大凯、杨大立、朱红灯、蔡桂勤、佟顺禄、王兆林、谭树森、马清宗、陈济生、王玉山、崔寿山、张极甫、周永福等等。[③]

四、当代齐鲁武术文化的挖掘整理与传播传承

新中国成立后，齐鲁武术迎来了新的发展契机。在国家体委的号召、组织下，山东省体委组织各地市相关体育职能部门、武术家、武术爱好者对齐鲁大地的武术拳种器械进行了深入、全面的挖掘整理，成果颇丰。改革开放以来，各地的武术馆校如雨后春笋般涌现出来，对齐鲁武术的传播、传承发挥了巨大的作用。

首先，齐鲁武术的挖掘与整理。早在新中国建立之初，国家体委主任贺龙对

① 参见李成银：《齐鲁武术简论》，《搏击·武术科学》2005年第8期。

② 参见张洪涛主编：《山东体育史》，人民体育出版社2009年版，第252～254页。

③ 参见郭守靖：《齐鲁武术文化研究》，上海体育学院博士学位论文，2007年。

于武术的发展提出了“发掘、整理、提高、推广”的八字方针，直至“文革”之后，有关武术的挖掘整理工作才真正开展起来。1979 年 1 月，国家体委下发了《关于挖掘、整理武术遗产的通知》，并组织武术调查组到全国各地开展考察。1982 年 12 月，国家体委在全国武术工作会议上提出“挖掘传统武术，抢救武术文化遗产，是当前的急迫任务”，之后成立了武术挖掘、整理领导小组，负责统一部署全国武术挖掘整理工作。1983 年 8 月，山东省成立了省武术挖掘整理工作领导小组，并设立专门办公室，在全省范围内全面展开武术挖掘、整理工作。

山东省武术挖掘整理工作领导小组带领 290 余名武术工作者、体育干部、武术老拳师积极开展工作。经普查，山东省有拳种 66 个，60 岁以上的拳师 834 人，解放前武术组织 210 处，收到武术文物 766 件，武术古籍 86 部，由老拳师、武术工作者献给国家的古拳谱 203 部，古稀兵械 34 件，文献资料实物 17 件。有关部门在普查的基础上及时以文字、图片、录像等形式加以整理编纂，撰写了 25 万字的《山东武术拳械录》(部分已被收入《中华武术拳械录》)、16 万字的《山东武术人物志》与 15 万字的《山东武术史(初稿)》(其中部分人物词条收入《中国武术人名词典》《山东体育志》)等书籍；编写了 40 部、共计 219 万字的武术书稿初稿(其中查拳、螳螂拳、孙膑拳、文圣拳已收入《中华武术文库》)；绘制了 1.2 万字、253 幅图的《山东武术博物志(初稿)》，绘制了有关全省拳种、流派分布情况的《山东武术分布图册》；摄制了 40800 余张武术技艺、人物资料照片；制作了 24 小时、40 个拳种的武术技艺录像，成为齐鲁武术乃至中华武术研究的珍贵史料。①

山东省武术挖掘整理工作成果显著，于 1984 年 7 月和 1986 年 3 月两次参加了全国武术挖掘整理工作汇报总结大会，均被评为全国先进单位且名列第一。同时，在全国武术挖掘整理工作评选中，山东省 18 人荣获全国武术挖掘整理工作先进个人，成果获“雄狮奖”一等奖 3 个、二等奖 9 个、三等奖 12 个、纪念奖 9 个。荣获全国武术挖掘整理“雄狮奖”一等奖的分别是：曲阜县 71 岁的老拳师王凤鸾献出的稀世抄本《枪论》《剑经》；青岛沧口 69 岁的聋哑拳师陈若萍献出的古武术书籍 36 册；莱阳县团旺镇崔睑村刘喜云献出的近代著名螳螂拳师崔寿山的《螳螂拳谱》遗稿上、下册。②

其次，齐鲁武术馆校的建立与发展。20 世纪 70 年代末 80 年代初，国家在全面挖掘整理传统武术的同时，鼓励社会力量采用不同的渠道传播武术。1983 年《国家体委关于进一步开创体育新局面的请示》中明确表明了这一点：“对武术进行挖掘整理、继承发展，从武术特点出发，运用武术研究院、馆、站等形式开展

① 参见季明涛、杨季泉：《山东体育四十年》，山东人民出版社 1991 年版，第 397～398 页。

② 参见张洪涛主编：《山东体育史》，人民体育出版社 2009 年版，第 420 页。

活动，并鼓励私人开办拳社。”一方面是政策的引导，另一方面则是武术电影《少林寺》的放映，共同促进了各级各类武术馆、校、社、站等武术组织的大力发展。武术馆校是以中小学生为主的基础教育阶段的教育机构，数量发展尤为迅速，成为民间传播武术文化的中坚力量。

经过 30 多年的发展，山东省已注册的武术馆校已达 374 所，在校人数已超过 4 万余人，成为武术项目后备人才培养的重要基地。300 余所武术馆校中“全国先进武术馆校”8 所，“山东省一级武术馆校”34 所，普通武术馆校 340 所[①]，其中宋江武术学校、莱州中华武校等蜚声海内外。宋江武术学校，位于山东郓城，建于 1985 年，秉承亦文亦武的办学思路，设有从小学到高中 50 个文科班和散打、拳击、跆拳道、空手道、柔道、武术套路、狗娃影视等 60 个武科班，在校生已达 3600 余名。宋江武校培养了大批武术人才、体育人才、演艺人才，在国内外各种武术项目的比赛中取得骄人的成绩，并到多个国家开展武术文化交流活动。1994 年《狗娃闹春》节目登上春晚舞台，颇受欢迎，培养的武术演艺人才参加了多次大型庆典和多部电视剧的演出。莱州中华武校，创立于 1992 年，经过 20 余年的发展，由一所农村小型武校发展为大型国际化文武学校，成立了自己的教育集团。莱州中华武校在国内成立 3 所分校：莱州城区汇泉学校、城北西友分校、北京石景山区分校，学生达 8000 余名；在美国加州、法国巴黎、西班牙哥拉那达、西非多哥、南非约翰内斯堡、泰国仰光建有 6 所国外分校。[②]

此外，齐鲁武术是中华武术的重要发源地，菏泽市、郓城县、淄博市博山区、东明县、单县、枣庄市台儿庄区、莱州市、滕州市、枣庄市薛城区、巨野县被先后评为“全国武术之乡”，对中华武术的传承与传播举足轻重。近年来，齐鲁武术走进了小学、中学、大学，以各种形式与体育教学、校园体育文化结合起来，为齐鲁武术的发展开辟了一片新天地。

第二节　齐鲁拳术概述

齐鲁是中国武术的主要发祥地之一，自古以来涌现了许多武艺超群的豪杰之士。明清以来，武术拳种流派众多，风格各异，自成体系，流传广泛，武术文化蔚为大观。现在齐鲁大地流传的拳术主要有：查拳、螳螂拳、孙膑拳、文圣拳、四通捶、地龙经、牛郎棍、八极拳、埋伏拳、功力拳、形意拳、少林拳、八卦掌、太极拳、地功拳、燕青拳、行拳、八卦拳、大洪拳、小洪拳、华拳、滑拳、弹腿、昆仑拳、太乙

---

① 参见晁岳春：《山东省武术(馆)学校现状与对策研究》，广西师范大学硕士学位论文，2007 年。

② 参见代增增：《我国优秀武术馆校发展模式及运行机制研究》，北京体育大学硕士学位论文，2011 年。

拳、罗汉拳、龙华拳、地趟拳、五手拳、斩穴拳、通臂拳、水浒拳、太平拳、义和拳、绵拳、梅花拳、自然门、黑虎拳、八极捶、龙形劈卦、迷踪拳、太祖拳、鸳鸯拳、伍子拳、伍家式、狄青功捶、青萍剑、三才剑、武子拳、弥祖拳、西凉拳、南拳、翻子拳、伏汉拳、劈卦掌、猴拳、八步捶、二郎拳、戊极功力拳、六步大架、十二趟腿、少林八步、子母槌、戳脚、龙祖拳、三皇炮捶、中洪拳、掌洪拳、杜女棍、南宫靠等70个拳种。其中,查拳、螳螂拳、孙膑拳、文圣拳、滑拳、华拳、四通捶、弹腿、牛郎棍、地龙经等发源于山东。[①] 为了有效地保护传承齐鲁拳术,各地文化机构纷纷申报各级非物质文化遗产,其中冠县申报的查拳、莱阳申报的螳螂拳被列入第二批国家级非物质文化遗产名录,东明申报的佛汉拳、青岛市北区与安丘区申报的孙膑拳、临清申报的肘捶被列入第三批国家级非物质文化遗产名录,新泰市申报的徐家拳被列入第四批国家级非物质文化遗产名录。此外,栖霞、青岛崂山申报的螳螂拳被列入第三批国家级非物质文化遗产扩展名录,青岛市南区申报的螳螂拳被列入第四批国家级非物质文化遗产扩展名录。下文以查拳、螳螂拳为例阐明齐鲁拳术广泛的影响力。

一、查拳

"南拳北腿山东查",查拳源于鲁西冠县,是我国优秀拳种之一。查拳由"中土回人,性多拳勇"的回族人所创,又被称为"教门拳""回回拳"。查拳历史悠久,技术功法系统严谨,风格特点是"结构紧凑,动作舒展严谨,招法清晰连贯,功架整齐,虚实分明,节奏明快,干净利落,快速有力,刚柔相济"[②]。查拳传承有序且影响广泛,是齐鲁武术文化的重要组成部分。

(一)查拳的创立

关于查拳的创立,历史上有三种说法:

一是查拳创立于唐朝,创拳人滑宗岐和查元义。唐朝时期回纥人滑宗岐出征途中病倒在冠县,在张尹庄村民细心照料下身体很快康复。为了报答村民的救命之恩,滑宗岐教授给村民一套架子拳,后称为"滑拳"。滑宗岐师弟查元义(查密尔)则教授村民身法势,被称为"查拳"。滑宗岐与查元义师兄弟不分彼此,自古"查滑是一家",查拳又被称为"查滑门"。按此种说法查拳已有1500多年,由于历史久远,缺乏相关文献记载,只是依靠口耳相传,因此此种说法尚需进一步考证。

二是查拳创立于明朝,创拳人查密尔。西域人查密尔应征参加戚继光领导的抗倭行动,途中病倒后得到冠县张尹庄村民的细心照顾。康复后感恩于村民

① 参见山东省地方史志编纂委员会编:《山东省志·体育志》,山东人民出版社1993年版,第24页。

② 张洪涛主编:《山东体育史》,人民体育出版社2009年版,第114页。

的情意，查密尔教授村民一套拳术，后人遵循以创拳人姓氏命名的传统，称其为“查拳”。学者根据查拳与戚继光三十二式长拳在技术功法上的相似性，认为查拳应创立于明朝嘉靖年间。[①] 此种说法也没有明确的文献记载，但从拳术的功法与技击特点分析查拳的源流变化，为认知查拳文化提供了新的思路。

三是查拳创立于清朝，创拳人沙亮。沙亮，祖籍冠县沙庄，清雍正五年武进士，绰号“飞腿”，是查拳发展历史上有正史记载的第一位高手。由于沙亮武功高强且考取功名，使查拳名扬天下。回族人称“官人”为“密尔”，世人称呼沙亮为“沙密尔”，有学者认为“查密尔”为“沙密尔”的讹传，而且前两种说法无文献可考，缺乏一定的可信度，因此查拳应为沙亮所创。

(二)查拳的支脉及流传

查拳在流传过程中形成了三个支脉：冠县张氏查拳、冠县杨氏查拳、济宁任城李氏查拳。各支脉技击风格不同，传承脉络清晰，在国内外产生了不同的影响。

冠县张氏查拳快速敏捷，拳法严谨。张氏查拳在传承过程中高手辈出，查拳传人在技艺切磋、授徒传业过程中将查拳传播到全国各地。清末查拳名师张乾，嘉庆年间山东冠县张尹庄人，传查拳于同村人张其维。张其维武艺高强，曾得到武术名家马良的赞赏；民国时期被聘为中央国术馆教授。张其维高徒张英振、常振芳的努力使查拳由地方拳种成为具有全国影响力的优秀拳种。张英振，张其维之子，其武功获得冯玉祥将军的高度赞誉，并被邀请到南京中央国术馆教授查拳，培养了蒋浩泉、何福生、温敬敏等查拳名师。常振芳，山东冠县人，被冯玉祥将军聘为武术教官，解放后被国家体委聘请到北京任教，曾任北京市武协副主席。常振芳弟子张文广、张英健、张锡太等皆为查拳名家。

冠县杨氏查拳舒展大方，势正招圆。杨氏查拳宗师杨鸿修，山东冠县人，练功刻苦，功力深厚，曾被马良聘为济南技击队高级教练，培养了王子平、于振声、马金镖等一大批查拳高手。王子平，河北沧州人，曾多次击败西方大力士，名扬天下，后曾任南京中央国术馆副馆长，解放后担任全国武术协会副主席。于振声，山东济南人，曾被聘为南京中央国术馆教授。马金镖，山东济南人，曾任南京中央大学体育系教授，其子马峻岭与门生宛长胜、张孝才成立“群英武术社”，培养了徐志彬、姜扣宝、陈正秋、陈思溢等大批武术人才。

任城李氏查拳刚劲有力，招势连贯。李氏查拳由宗师李琪瑞根据家传武艺创编而成，之后父传子承，不断发扬光大，第二代传人李保太、第三代传人李振基、第四代传人李恩聚、第五代传人李龙彪。1936 年，刘东海师从李龙彪，李氏查拳传承打破家族局限，刘东海被确定为第六代传人，第七代传人为宗锡元。四

---

① 参见范景鹏：《“飞腿”沙亮在查拳传承中的作用》，《体育学刊》2009 年第 2 期。

代传人李恩聚曾应霍元甲之邀到上海精武体育会任教，将查拳传至上海及全国各地。

此外，安丘查拳源于杨氏查拳，经过安丘人马效亮、马星河祖孙二人的努力，征得杨氏家族同意，改变查拳只在回族内部传播的规定，将杨氏查拳发扬光大，并演化为富有地方特色的安丘查拳。黑虎查拳由杨氏查拳传人萧义之所创。萧义之，清末民初山东沂南大成庄人，在杨鸿修门下习得查拳，并融合少林寺黑虎拳创编查拳，被称为“黑虎查拳始祖”。黑虎查拳经二代传人周朝增、三代传人徐敏堂、四代传人李付华、五代传人李思源等人的努力，发展成为优秀的地方拳种，并被列入第三批省级非物质文化遗产名录。

民国时期，国难当头，查拳三大支脉传人勇担民族重任。查拳拳师不仅凭借自身高强的武艺战胜日本武士和西方大力士，扬我国威，而且积极到南京、上海等地传授武功，弟子遍布天下，为“强国强种，振兴中华”做出了巨大的贡献。进入新时期以来，查拳已彻底打破了家族、民族内传播的局限，焕发出了强大的生命力，成为蜚声海内外的拳术之一。

二、螳螂拳

螳螂拳源于胶东莱阳，是齐鲁名拳之一。螳螂拳属象形拳，是取螳螂的形象、动作及功防意蕴，融入拳的技势之中，用人体再现螳螂的生性本能而创作出的一套拳法。[①] 螳螂拳在传承过程中兼容各家拳术所长，形成了三大流派十几种拳术，培养了大批武术大师，流传于全国及海内外。

（一）螳螂拳的起源

对于螳螂拳的起源，历来众说纷纭，在烟台、青岛等地流传着各种传说及说法。

首先是创拳人。虽然螳螂拳流派众多，但大都奉王朗为创拳人，流传着王朗（有的记作“王郎”）比武失败后观螳螂捕蝉或螳螂相斗而受启发创立螳螂拳的传说。而对于王朗为何时人，与何人比武失败，是观螳螂捕蝉、螳螂斗蛇、螳螂斗鸟，还是螳螂相斗等等，缺乏明确的记载且各家说法不一。同时，由于王朗创拳缺乏记载，有的研究认为螳螂拳是由反清复明人士、化名为王郎的于七所创[②]；有的研究提出真正的创拳人是王朗弟子李秉霄，王朗创拳是其假托虚构的故事[③]。

---

① 参见唐韶军：《中华武术螳螂拳研讨会概述》，《武当》2004 年第 8 期。

② 参见唐韶军：《中华武术螳螂拳研讨会概述》，《武当》2004 年第 8 期。

③ 参见王开文：《螳螂拳源流问题研究》，苏州大学硕士学位论文，2006 年。

其次是螳螂拳形成的时间。王朗何时比武决定了螳螂拳形成的时间：七星螳螂拳传人王永春所著《螳螂拳谱》记载了螳螂拳始祖王郎于梁武帝二年(503年)比武观螳螂捕蝉而创拳的事情，由此推定螳螂拳形成于南北朝时期；世人根据传人宋志德《拳谱》、崔寿山《螳螂拳谱》卷首十八家拳歌进行推断，歌诀首句为"(宋)太祖的长拳起手"，末句为"王郎的螳螂总敌"，歌诀将螳螂拳与宋太祖长拳相提并论，因此螳螂拳被认定为形成于宋代；有的研究认定创拳人王郎是明末清初反清义军领袖等。目前，螳螂拳起源于明末清初的说法被权威性的武术词典或全国体育学院武术教材广泛采用。①

再次是螳螂拳的起源地。螳螂拳起源于何地，除了部分研究认为起源于陕西②、四川③，大量文献资料及研究确定螳螂拳源于山东胶东地区，但具体源自胶东何地，则有不同的说法。有的研究认为化名王郎的于七在反清斗争中失败后于崂山华岩寺落发为僧，法号"善和"，师法自然，创编了螳螂拳，据此推断螳螂拳的发源地为青岛崂山。有的研究则根据螳螂拳的重要传人如李秉霄、姜化龙、宋子德、三山(崔寿山、李坤山、王玉山)、两亭(宋福亭、赵玺亭)等籍贯皆为莱阳人，断定莱阳为螳螂拳起源地。

由于螳螂拳流派、分支众多，且传人及习练者众多，在缺乏文献记载的情况下，对于起源问题自然会出现不同的说法，这一现象客观上反映了螳螂拳备受关注的状况，也体现了螳螂拳广泛的影响力。

重新审视螳螂拳源于何人、何地、何时的不同说法，可以看到不同说法的背后有着共同的文化渊源。螳螂拳作为胶东一带广为流传的拳术，从文化人类学的角度分析，螳螂拳的创立与传承与胶东地区尚武勇的传统民风有着内在的联系。胶东地区为古齐地，先齐时期的土著居民为东夷部落，东夷人在艰苦的自然条件和激烈的部落之争中顽强生存下来，形成了勇武强悍的民风。齐国建立之后，尚武之风得以延续，齐国成为诸侯大国，确立了中原霸主的地位。在历代朝代更迭中，齐地一直是兵家必争之地，齐地民众也屡次成为推动社会变革的先锋力量，投身轰轰烈烈的社会改革及革命浪潮之中。同时，齐国是兵家思想及谋略文化的发源地，重智谋的文化性格造就了齐地民众高超的技艺和勇于创新的精神。尚武勇与重智谋的融合，形成了齐人擅长技击、武艺高强的特点，"齐人隆技击"，这一点在春秋战国时期已露端倪。在武勇与智谋并重的人文环境影响下，形成支脉、流派众多的螳螂拳拳术是历史中的必然。

---

① 参见王开文：《螳螂拳源流问题研究》，苏州大学硕士学位论文，2006年。

② 参见于元景、梁回忱：《螳螂拳源流考》，《精武》1986年第5期。

③ 参见郝恒禄：《太极梅花螳螂拳略论》之《螳螂法发始之根源》，1926年

螳螂拳的形成不仅是齐地尚武勇、重智谋地域文化孕育的结果，而且与齐地对螳螂勇武精神的肯定有着直接的关系。古人对于螳螂的认识，没有将其作为一种普通的昆虫，而是称其为“天马”。“螗螂，世谓之天马。盖驤首奋臂，头长而身轻，其行如飞，有马之象。”（罗愿《尔雅·翼·释虫二》）齐国建国国君太公姜尚辅佐周王灭殷时，曾选拔“螳螂武士”进行车战。相传为姜太公所作兵书《六韬·军用》中两次提到“螳螂武士”：其一，“大扶胥冲车三十六乘，螳螂武士共载，可以击纵横败强敌”；其二，“寇夜来前，矛戟扶胥轻车一百六十乘，螳螂武士三人共载，兵法谓之霆击，陷坚阵败步骑”。前一种战车可以击败强敌；后一种战车可以夜袭敌兵步兵与骑兵，这两种战车进攻任务需要由螳螂武士来完成。以螳螂命名武术是突出了奋勇精神与搏杀技能，在激烈的车战中，具有螳螂奋击之势的击刺技能是战胜强敌的基本技能。姜太公将螳螂奋击思维成功地运用在战车武术的搏击及军事思想上，“后世螳螂拳在胶东（昔齐国地界）的繁盛，绝非偶然，这与姜太公的军事思想、螳螂奋击思维的延续不无关系”[①]。《韩诗外传》中记载了“螳螂怒臂，庄公回车”的故事，表达了对螳螂勇武精神的赞颂，也表现了齐庄公渴慕勇士的良苦用心：“齐庄公出猎，有螳螂举足，将搏其轮。问其御曰：‘此何虫也？’御曰：‘此螳螂也。其为虫，知进而不知退，不量力而轻就敌。’庄公曰：‘以为人，必为天下勇士矣。’于是回车避之，而勇士归之。”淄川人蒲松龄《聊斋志异·螳螂捕蛇》中描述了螳螂“以刺刀攫其首”杀死碗口粗巨蛇的故事，显示了以小胜大的智慧与技能。齐地对螳螂勇武奋击特点的肯定并将其融入武艺技能中，是螳螂拳得以产生的内在原因。

（二）螳螂拳的流派及传承

螳螂拳传入大多带艺从师，将其他拳术融合螳螂拳中，形成了不同的流派。目前螳螂拳的主要流派有“梅花螳螂”“七星螳螂”和“六合螳螂”。三大流派拳谱套路有基本一致的名称，但各自又有所创新和发展，形成了不同的劲力、风格及传承体系。

梅花螳螂拳，又称“太极螳螂拳”或“太极梅花螳螂拳”。螳螂拳由王朗创编之后传予李秉霄，李秉霄传予赵珠。传人赵珠演练的螳螂拳特色鲜明，讲究出手成撮，环环相绕，招招相扣，恰似朵朵梅花，瓣瓣相连，被称为“梅花螳螂拳”。赵珠传艺于梁学香，梁学香将太极拳的精要与梅花螳螂拳的主要技法相融合，因此创编的螳螂拳被称为“太极梅花螳螂拳”或“太极螳螂拳”。梅花螳螂拳在拳师的精心演练与创新下，逐渐成为形意结合、刚柔相济、技击性强、影响广泛的拳术。梁学香打破螳螂拳单传传统，教拳足迹遍及胶东各县，培养了梁敬川（梁学香之

① 柳国顺、张维福：《螳螂拳的源头在周初》，《精武》2008年第10期。

子)、郝宏、姜化龙等一大批武术名师。姜化龙、郝宏是梅花螳螂拳的主要传播人,授徒范围广,弟子众多。姜化龙一脉培养了宋子德、王玉山、崔寿山、纪春亭、姜玉龙等传人;郝宏一脉培养了郝恒信、郝恒禄、郝斌、曲滋君等传人。姜化龙、郝宏两脉传人众多,梅花螳螂拳得以蓬勃发展,并从胶东地区走向东北,走向全国,走向海外,成为齐鲁重要拳术之一。

七星螳螂拳,又称"罗汉螳螂拳"。七星螳螂拳以螳螂拳创拳人王郎为始祖,之后经升霄道人、李之剪等传人,传至王云生、郝顺昌。王云生以螳螂拳为主,综合所学的少林真传等诸家拳法研悟创编新拳术,应自家堂号"魁德堂"之魁星,以和七星北斗,取名"七星螳螂拳"。王云生传范旭东,范旭东传林景山,林景山传于天路、于海、胡永富、钟连宝等,胡永富传李占元,李占元传陈乐平。七星螳螂拳历经几代传人的演练与创新,技术不断丰富完善。七星螳螂拳总则为踢、打、摔、拿、点:"踢"有二十四绝命鸳鸯腿、三十六暗腿;"摔"有三摔六跌,共三十六摔掠;"打"有一百零八字打法、二十四字总法;"拿"有十八大擒拿法,三十六滑溜,三十六黏冻,共合七十二把拿法;"点"有十二大穴、二十四小穴点法等。[①] 手法虚实相生,刚柔相济,可攻可守,千变万化。

六合螳螂拳流传于山东莱阳、龙口、招远一带,传承脉络清晰,拳理内容丰富,技击体系完整。六合螳螂拳之"六合"是指内三合与外三合的融合,内三合是心与意合、意与气合、气与力合;外三合是肩与胯合、肘与膝合、手与足合。六合螳螂拳的创始人魏德林,清乾隆年间山东莱阳人,六合螳螂拳器械样样精通,本门功法扎实深厚。第二代传人林世春改编"六合单捶",取名"短锤",进一步完善了六合螳螂拳。第三代传人赵同书武功超群,且行侠仗义,人称"神拳赵同书"。第四代传人赵春合,抗战期间参加游击队,培养了大批抗战勇士,后授徒并整理《六合门》拳法。第五代传人赵玉坤,练功刻苦,拳术高超,成为六合螳螂拳的佼佼者。

此外,螳螂拳在多年传习过程中与其他拳法融合,还形成了通臂螳螂拳、摔手螳螂拳、八步螳螂拳、光板螳螂拳等。

齐鲁拳术中,临清的弹腿注重腿的弹射之力,套路朴实工整,左右对称,腿在技击中占有较大的比重,"手似两扇门,全凭腿打人"威力很强,有"弹腿四只手,人鬼见了都发愁"之说。孙膑拳是广布于山东境内的一个地方拳派,附会为战国时期军事家齐人孙膑所创,但无文字记载。因其演练出击时常以长袖藏手,故又称"长袖拳"。源于济宁的华拳的运动特点是"动迅静定,势正招圆,形健劲遒,气

---

① 参见 http://baike.baidu.com/link? url=v-ARZoxZjtWsYTQibUzd-Ff2j5RI59sXDN18M6pZ14XyYr_taqM0KZdsdzP9eFvXqsUjXf3d7AZpiREcdrxvsK.

脉连绵，心动形随，意发神传"，华拳传人蔡龙云在1943年打败俄国拳击手而扬名全国，对华拳的传播与传承起到了极大的推动作用。梁山的子午门，又称"梁山功夫"，形成于北宋末年，主要流传于山东梁山，主要套路有子午拳、燕青拳、智深拳、龙行八卦、三十六路宋江拳、武松拳等。齐鲁传统武术种类繁多，且自成系统，各具特色，在全国乃至海外都有着广泛的影响。

第三节 齐鲁武术的文化特征

齐鲁尚武勇、重技击的民风与儒家仁德、墨家游侠思想孕育了齐鲁武术文化。齐鲁武术门类众多，流传广泛，各拳术交融并存且各具特色，内容丰富，蔚为大观。齐鲁武术在历代风起云涌的社会变革浪潮中发挥着重要的作用，集中体现了民族勇于抗争、自强不息的进取精神。齐鲁民众对武术的热情也蕴含了崇仁德、尚义气的价值观念。

一、齐鲁武术中多种拳术交融并存、各具特色

齐鲁武术在历史发展过程中积累了丰富的技击技术与能力，创立拳术达70余种，套路近千种，大多分布在鲁西、鲁南、胶东等地区。各拳术不仅具有明晰的传承体系和独具个性的技击套路，而且各拳术之间互相滋养融合，形成了既交融并存又各具特色的格局。

首先，齐鲁武术打破了传统的单传和家族传承的局限，以开放的姿态传播、发展拳术。齐鲁武术拳种形成之初多以单传或家族传承的方式加以传承，到清末及近代时期，各拳术传人从拳术起源地走向齐鲁各地，并南京、上海、北京、东北等地。拳师一方面通过收徒授拳，传播拳术。诸多习拳者带艺从师，师从多门，从而为新拳术的创立奠定了基础。另一方面，拳师借鉴、学习各地拳术套路招式，不断融合创新，拳术得以完善。鲁西查拳中杨氏、张氏两脉因拳术高强，传人应邀到南京、上海等地授拳。梅花螳螂拳传人宋子德原习猴拳和长拳，后拜姜化龙为师，始习螳螂拳，对螳螂拳的创新与发展作出了巨大的贡献。七星螳螂拳创拳人王云生拜在李之剪门下学习螳螂拳，并与师弟郝顺昌交换所学，潜心研究体悟拳理，从而创出七星螳螂拳。郝顺昌亦创出鸳鸯螳螂腿。王云生广交武林朋友，与姜化龙、苏明远、李荣德、李丹伯、张文清、大刀王五王子斌等人换过帖子，相互交流拳术技艺，创出了七星螳螂拳白猿偷桃、白猿出洞拳、七星螳螂拳天罡刀、七星白云追风剑、七星大枪及白猿七套拳仙人指路、白猿献书等拳术。齐鲁各地拳术在历史发展过程中相互交流切磋，融合借鉴，拳种及套路得以不断丰富、创新。

其次，齐鲁武术通过民间武术社团、拳房拳场、武术社、武术传习所、国术馆、

国术研究会等组织为武艺切磋提供了广阔的平台。齐鲁尚武习武历史悠久，在宋代时已有民间武艺结社的现象出现。至明清时期，民间结社及拳房拳场的设立更为广泛。清朝乾隆年间，在今青岛崂山惜福镇傅家埠，一个村庄就有拳房13处。济南地区拳场盛行，长清大李庄刘亭水及其外甥朱红灯，平阴县的李履祉，都曾设立大的拳场授业；章丘城北刘四庄、历城龙山镇、唐王道口等地，均设有习武拳场。[①] 义和团运动失败，清廷严禁民间习武结社。民国时期，武术被命名为国术并被大力倡导，民间结社开禁，随着中央国术馆的建立，齐鲁大地建立了大量的各级各类武术机构、武术组织。“至1933年，全省共有68个县成立了国术馆，烟台市有拳房50多处，栖霞县100多个村设有拳房，荣成县的武术活动几乎遍及各村，广饶县桑科、石碑、东西燕、前科5处拳房。”“山东省境内武术拳房、拳社等习武组织遍布全省城乡，其数量居全国之首。当时影响较大有山东武术传习所、山东中华武术会、青岛国术馆、山东省国术馆、黄县国术研究会、山东上陵国术馆和螳螂拳社等7家，在建国后被录入《中华武术大词典》。”[②]各级各类武术会、武术传习所、国术馆、国术研究会成为习武者习练、切磋、提高武艺的重要场所，也为武术文化资源的整理与传播作出了重要的贡献。

二、齐鲁武术集中体现了自强不息的进取精神

齐鲁武术的发展与繁荣与历朝历代齐鲁大地上的社会变革有着密切的关系，从胶东半岛土著居民东夷人为生存而战，到周朝齐国大国、霸主地位的确立；从齐人田横五百士不慕权贵、不畏皇权、蹈海而死，到郓城宋江率一百单八将梁山水泊结义替天行道；从明清时期反抗官方压迫、民族压迫、列强入侵掀起的一次次义军运动到民国时期抗战斗争，齐鲁习武之士勇担社会变革的历史重任，集中体现了自强不息的进取精神。

首先，梁山好汉不仅为齐鲁武术留下了丰富的文化遗产，而且继承了替天行道、勇于担当的武勇精神，备受后人敬仰。《水浒传》塑造了一批具有反抗精神的英雄好汉，再现了宋代人习武的状况。宋代的拳术套路已相当成熟，有以教授拳术为职业的“教头”“枪棒教师”，也有以拳术表演、比武为生的卖艺人。梁山好汉与官方斗争的每一次行动虽然都离不开杀敌的绝高武艺，但有胆有识之人方能称为“好汉”。“天行健，君子以自强不息。”（《周易·乾卦》）梁山好汉秉承“天”刚劲强健的运行规律，刚毅坚卓，奋发图强，立于天地之间，方能替天行道。不仅要有强健的体魄、高强的武艺，更要有勇于反抗的胆略和不怕挫折的坚强意志。梁

① 参见郭守靖：《齐鲁武术文化研究》，上海体育学院博士学位论文，2007年。

② 郭守靖：《齐鲁武术文化研究》，上海体育学院博士学位论文，2007年。

山好汉的英雄气概对齐鲁习武之人影响颇大，后人根据《水浒传》中人物形象、故事情节，结合习武实践创编了拳术套路，并以水浒人物命名，如燕青拳、燕青单拳、燕青靠、燕青捶、鲁智深拳、二郎拳、武松脱靠、醉拳、三十六宋江拳、水浒拳、水浒门、梁山子午门功夫等等。武术后学借水浒人物命名拳术的做法意在提高拳术声望，传递武术文化自强不息的精神。

其次，清末由山东发起的义和团运动体现了齐鲁民众勇于反抗、自强不息的精神。清末下层民众承受着阶级压迫、民族压迫和列强入侵等多种重压，齐鲁民众率先揭竿而起，掀起了声势浩大的义和团运动。义和团，又名“义和拳”，主要活动地方在山东、直隶。义和团运动兴起的原因是鲁西冠县蒋家庄教民与当地民众发生冲突，义和团冲击当地教堂，知县派兵镇压，赵三多率团民数百人将清军击败，其他各地拳民积极响应，纷纷加入到运动中来。朱红灯，山东泗水人，义和团创始人之一，先后在山东长清、茌平等地领导民众焚烧教堂，各地亦积极声援响应，短短数月，义和团运动如燎原之势轰轰烈烈地发展起来。义和团运动虽然仅持续了几年的时间就被清政府镇压下去，但底层民众反帝爱国、勇于抗争的精神仍被后人所赞颂。对于义和团的起源，流传着几种说法，其中之一是“拳会说”，意谓义和团是由义和拳、梅花拳等民间武术团体发展而来。拳民参加义和团运动，需要身强力壮、武艺高强方能保家卫国，打败洋人。因此，民间武艺结社是民众团结一心反抗压迫的重要形式。以义和团运动为代表的民众结社大多采用武艺结社起义的方式，掀起的起义不仅传播了武术，提高了武艺水平，而且张扬了习武之人勇于反抗、自强不息的精神。

其三，民国时期齐鲁大地武术机构、团体林立，习武之人再次投入到反帝、反封建斗争中去。民国时期武术被尊称为“国术”，被认定为强身卫国的重要方式。在国民政府的倡导下，各级国术馆、武术社团、武术学校取代了民间武术社团的中心地位，零散的习武活动通过武术教学、训练、竞赛得以整合，肩负起强身健体、展示民族精神的重任。杨氏查拳拳师王子平挫败西方大力士马志尼、阿拉曼、柯芝麦、沙力文；击败日本柔道家宫本，展示了不屈不挠、自强不息的民族精神。抗战爆发后，山东国术馆闭馆，馆中人员包括第三期师范班毕业生改编为“国民革命军第三集团军司令部警卫武士大队”，后改为“国民军义勇队”，之后又被改编为国民党山东省保安第 17 旅，参加到抗日斗争中。山东临朐人窦来庚，山东国术馆副馆长，任“国民军义勇队”队长，国民党山东省保安第 17 旅旅长，与日伪军激战负伤后开枪自尽，壮烈守节，为国捐躯。

三、齐鲁武术体现了崇仁德、重侠义的价值观念

诸子百家中儒家和墨家均源于齐鲁之地，且影响广泛，被称为“显学”。儒家

以“仁”为核心的思想体系，注重个体伦理道德修养的培养；墨家主张“兼爱”“非攻”，反对倚强凌弱，推崇“言必行，信必果”的品德和匡扶天下、扶危济困的情怀。儒家伦理道德思想有助于维护社会秩序的稳定，成为两千多年来社会的主流思想；墨家思想虽然没有得到当权者的认可与推广，但在民间却得到了广泛的传播，成为传统侠文化的思想源头。在儒家、墨家思想的影响下，齐鲁武术形成了崇仁德、重侠义的价值观念。

首先，齐鲁武术遵循儒家伦理道德思想，拳术的传承、门派的规范始终将“德”置于首位。一方面，齐鲁武术各门派都谨遵师道尊严的规矩。齐鲁武术各派早期大多采用单传或家传的传承模式，拜师仪式严格，徒弟严格遵循师傅的教诲；后期随着社会思想的开放、武术传播范围的广泛，收徒授拳的方式也打破传统的规矩，收徒人数增多且不受家族、民族、地域的限制，但师徒如父子、徒弟谨遵师傅教诲的规矩没有变。六合螳螂拳自一代宗师魏德林创拳以来，200 余年中传承脉络清晰，犹如家谱，代代尊师如父。另一方面，齐鲁武术各门派有各自门规，内容不同，但都以儒家伦理思想作为制定门规的基本依据。如太极梅花螳螂拳郝家一脉的《弟子之规》《教授之规》中对于师傅教拳、弟子习武应有的品德进行了具体的规定。如师傅以诚心教学生，应因材施教，诲人不倦：“教授时须用恳殷谆切之训导，细密明了之讲解，光明严厉之告诫，适当合宜之教授，无疏密之分差，无聪钝之恶语，量其才而授之。察其德而授之，其若草草敷衍，不加深究，不计良莠，规懈则简，使非徒弟报困，即于己道亦大受影响也。故教授者善于法则。”对于弟子如何对待所学功夫反复强调要慎重，不可滥用：“用者，慎行而镇练，勿率举而妄动，能忍善恕，此武术人所宜行者。若诚必行，则充足其精神，镇定其胸襟，沉纳其气力，庄严其态度，镇慎其心，思注来方三关神色。”对于别门别派，更要谦虚谨慎，不可狂妄：“对待另一门派，不可嫉妒倾轧，互相诽谤。不知其门，何知其理。不悉其根，何得其妙。既未得其妙，乃竟评判他门之优劣，足证功夫不纯，涵养未到耳。”由此看来，齐鲁武术文化具有深厚的儒学基础，习武之人也颇有君子之风。

其次，齐鲁武术将墨家“扶弱抑强”“济困扶危”与“言必信”“行必果”的侠义精神纳入价值系统中，铸就了习武之人行侠仗义的品格。墨子主张“兼爱”“非攻”，反对倚强凌弱，并身体力行保护弱小的国家。墨子和弟子们建立了有着严密组织纪律的团体，生活方式极为简朴。墨家倡导和平，禁止弟子杀人伤人，但对于以大欺小、以强凌弱，一定要去救助，即使牺牲自己也在所不辞。墨家思想代表着底层民众的利益，扶危济困即习武之人所推崇的“义”。司马迁《史记・游侠列传》赞颂了鲁地朱家的侠士风范：营救了好几百名豪杰之士；赈济贫贱的人；救助处于危难中的人；从不宣扬自己的能力，从不沾沾自喜于自己的品德。齐鲁武术活动的群体大多是广大下层民众，诸多武术大师家境贫寒，白天劳动，晚上习武。齐鲁习武民众对社会的疾苦感触很深，培养了嫉恶如仇、同情弱者的情怀，同时深受墨家思想与鲁地朱家侠士风范的浸染，行事豪爽、正直、勇于担当。《水浒传》中梁山好汉集中体现了齐鲁习武之人的侠义精神。梁山好汉不仅武艺高强、性格豪爽，而且重义轻利、杀富济贫、替天行道。现实生活中齐鲁习武之人不仅在社会变革、国家危难之时敢于担当，而且在生活中惩治恶霸、救助百姓，为世人所钦佩。

综上所述，齐鲁武术历史悠久，拳种套路丰富，武林高手辈出，在齐鲁文化的滋养下，齐鲁武术造就了自强不息、崇仁德、重侠义的文化品格。

第八章　齐鲁体育非物质文化遗产

源远流长的齐鲁文化为山东省积累了丰富的非物质文化遗产，山东省成为非物质文化遗产项目大省，是两个国家级非物质文化遗产项目过百的省份之一，在非物质文化遗产保护、传承等方面一直走在前列。山东体育非物质文化遗产也逐渐被挖掘出来，进一步丰富了齐鲁体育文化，也为齐鲁体育文化的当代发展注入了新的活力。

第一节　山东体育非物质文化遗产保护现状

一、山东非物质文化遗产的保护

为了解决在全球化和社会转型进程中非物质文化遗产传承面临的困境，联合国教科文组织在2003年第32届大会上通过了《保护非物质文化遗产公约》，《公约》于2006年4月生效。《公约》界定了"非物质文化遗产"概念的内涵："指被各社区、群体，有时是个人，视为其文化遗产组成部分的各种社会实践、观念表述、表现形式、知识、技能以及相关的工具、实物、手工艺品和文化场所。这种非物质文化遗产世代相传，在各社区和群体适应周围环境以及与自然和历史的互动中，被不断地再创造，为这些社区和群体提供认同感和持续感，从而增强对文化多样性和人类创造力的尊重。在本公约中，只考虑符合现有的国际人权文件，各社区、群体和个人之间相互尊重的需要和顺应可持续发展的非物质文化遗产。"非物质文化遗产包括五个方面的内容：一是口头传统和表现形式；二是表演艺术；三是社会实践、仪式、节庆活动；四是有关自然界和宇宙的知识和实践；五是传统手工艺。

2004年，中国正式加入了《保护非物质文化遗产公约》，并采取了多种具体措施加强了我国非物质文化遗产的保护与传承。首先，积极申报世界非物质文化遗产。截至2013年底，我国选入联合国教科文组织的世界非物质文化遗产名录的项目达37项(含急需保护的非遗名录7项)，是世界"非遗"第一大国。其次，建立了国家、省、市、县四级非物质文化遗产名录保护体系。目前建立有31个省级、334个市级、2853个县级非物质文化遗产保护名录，进行了四批国家级“非遗”名录的评选活动。其三，确定了“文化遗产日”。国务院决定从2006年起，每年6月的第二个星期六为我国的“文化遗产日”。其四，举办非物质文化遗产博览会。自2010年至今，已举办三届中国非物质文化遗产博览会、一届“两岸四地”非物质文化遗产大会。此外，还举办了非物质文化遗产专题展。其五，非物质文化遗产园和展览馆的建设。济南、合肥等地建有规模宏大的非物质文化遗产博览园，各地建设了大量“非遗”文化展示馆，运用现代科技对非物质文化遗产进行生动、形象的展示。其六，加强了非物质文化遗产的学术研究与交流工作。借助高校与科研院所的科研力量，从文化内涵、传承路径、管理体制等方面进行深入系统研究。

山东省是非物质文化遗产大省。针对“非遗”保护，山东省实施了“非遗”项目、传承人、传习所、生产性保护基地、生态保护区“五位一体”保护模式，通过“非遗”项目的申报、“非遗”博览会的举办、“非遗”博览园的建设以及其他各种活动有效地改善了山东“非遗”文化的传承困境。

首先，国家级“非遗”项目申报。自2006年至今，国务院先后批准了四批国家级非物质文化遗产名录。2006年公布第一批国家级非物质文化遗产名录共518项，山东省申报项目入选27项；2008年公布第二批国家级非物质文化遗产名录510项，山东省申报项目入选68项，扩展项目147项，山东省入选25项；2011年公布第三批国家级非物质文化遗产名录共191项及扩展项目164项，山东省申报项目入选16项及扩展项目17项；2014年公布第四批国家级非物质文化遗产代表性项目名录153项及扩展项目名录153项，山东省申报项目入选7项及扩展项目13项（见表8-1）。目前，山东省入选国家级非遗项目118项，国家级非遗扩展项目55项，共173项。

表8-1　国家级非遗项目及山东省入选项目数量表

批次	国家级非遗项目数量	山东省入选项目数量	国家级非遗扩展项目数量	山东省入选项目数量
第一批	518	27		
第二批	510	68	147	25
第三批	191	16	164	17
第四批	153	7	153	13
合　计	1372	118	464	55

其次,四级"非遗"名录体系建设取得成效。2006年公布山东省第一批省级非物质文化遗产名录157项;2009年公布山东省第二批省级非物质文化遗产名录150项,扩展名录21项;2013年公布山东省第三批省级非物质文化遗产名录62项,扩展名录21项。同时积极组织市级、县级非物质文化遗产的申报、审批及保护工作。"截至目前,我省共有国家级非物质文化遗产代表性项目名录173项,省级名录555项①,市级名录1957项,县级名录7019项,形成了健康的金字塔式四级名录体系。"②

其三,三届中国非物质文化遗产博览会都落户山东。首届博览会于2010年10月在济南举办,第二届于2012年9月在枣庄举办,第三届于2014年10月在济南举办。博览会通过项目传承人的展示展演,全面见证了全国"非遗"保护的最新成果,交流了"非遗"保护传承的经验做法和有效途径。

其四,山东省济南市投入巨资修建中国非物质文化遗产园。"非遗"园按照"非遗"项目的自然属性及表演形式,把中国世界级、国家级"非遗"项目1000余个划分到8个功能区域:民间传说区、民间戏曲区、民间音乐舞蹈区、神秘文化区、杂技与竞技区、民间节庆区、综合项目区、民间手工业区,涵盖20多个大型主题项目。"非遗"园将"非遗"项目与现代科技相结合,让人们真正体验到"非遗"文化的魅力。

同时,非物质文化遗产相关职能部门建立了"山东省非物质文化遗产研究基地""山东省非物质文化遗产保护示范基地""山东省非物质文化遗产教育传承基地",对各级项目传承人进行培训、评选,并采取建立传承基地、提供传习场所、提供资金资助等方式鼓励、帮助传承人收徒传艺。诸多举措不仅缓解了山东省非物质文化遗产的传承困境,并且将"非遗"文化融入当代民众的生活中,激发了非遗文化的活力。

二、山东体育非物质文化遗产保护与传承策略

山东体育非物质文化遗产是山东非物质文化遗产的重要组成部分。"五位一体"保护模式的实施对体育非物质文化遗产的保护发挥了重要作用,但也应该看到存在的问题。非物质文化遗产的传承方式是"活态传承",如若将其作为文献资料搜集整理归档,不能融入民众生活,则不可避免地走向没落。及时总结传承的经验,并针对发展的困境,提出有针对性的解决策略,才能实现体育非物质文化遗产的有效传承。

首先,充分发挥申报"非遗"名录的榜样带动作用。积极组织体育非物质文化遗产申报"非遗"项目,入选项目成为山东省非物质文化遗产四级名录中的重要组成部分,对传统体育文化传承起到了榜样示范的作用。但在积极申报体育非物质

① 此处"非遗"项目的数量与最终公布的数量不同的原因,在于有的项目在不同地方传承发展,虽然申报地方不同,且项目传承具有各自地方特色,但最终归为一类。因此,实际非遗项目数量要多于最终公布的数量。

② 《山东省20个项目入选第四批国家级非物质文化遗产代表性项目名录》,http://www.sdwht.gov.cn/html/2014/gzdt_1216/17561.html.

文化遗产的“运动”过后，体育非物质文化遗产传承面临着重申报、轻保护的现象。众多体育“非遗”项目在申报成功之后宣传、推广不够，甚至销声匿迹。定期对申报项目的传承与传播现状进行监督检查、评估评比，针对存在的问题及时进行指导或提供政策、资金支持，将“非遗”名录申报作为“非遗”有效传承的重要途径。

其次，为体育非物质文化遗产提供展示的机会。传统体育文化大多与传统民俗有关，具有表演性、礼仪性及娱人、自娱的功能，充分利用这一特征进行展示、表演是宣传、推广非物质文化遗产的重要方式。历届非物质文化遗产博览会，山东传统武术都是展示的重要内容之一。济南非物质遗产文化园中的“杂技与竞技区”设置了“传统武术剧场”，为山东传统武术、杂技、竞技等提供了表演的舞台。2015 年 6 月 13 日是“文化遗产日”，在举办的全省传统武术展演活动中，展演了太平拳、螳螂拳、佛汉拳、梁山武术、山东梅花拳在内的 10 个国家级、省级武术“非遗”代表性项目，展示了山东武术的文化内涵。鉴于展示带来的积极影响，进一步加大展示的力度，是具有较强操作性的传承策略。

其三，提高传承人的素养，拓宽传承人的范围。非物质文化遗产传承的特征是“活态传承”，传承的核心是人。由于城镇化进程带来的非物质文化遗产生存土壤的改变、市场经济环境下非物质文化遗产价值的消解、现代体育文化的冲击等导致传承人匮乏，因此，“非遗”的传承必须加强对传承人的培养与扶持。一方面，建立完善的传承人保护制度，通过体育非物质文化遗产传承人系统培训、经验交流等方式，提高传承人的文化素养，丰富其传承方法；另一方面，打破传统的传承观念，培养年轻的传承人。发挥非物质文化遗产的文化教育作用，通过传承人或“非遗”项目进校园、进课堂的方式，不但了解山东的历史文化，提高学生的人文素养，而且为山东省体育“非遗”项目的传承在更大范围内培养传承人。济南形意拳传承人杨遵礼总结了自己在社区、中小学、大学传授形意拳的经验，探索了武术等体育非物质文化遗产走进学校、走进校园的传承途径与方法。

其四，将体育非物质文化遗产的传承与地域文化、经济发展相结合。体育非物质文化遗产是历史长河留下的文化记忆，保护与传承的核心是其文化内核。从文化创意学的角度发掘山东体育非物质文化遗产内蕴的文化元素，在允许的限度内进行创意开发，将其与所在地域的文化、经济等发展相结合，是积极保护、传承的有效策略之一。淄博蹴鞠通过专家论证，被认定为世界足球的起源，成为淄博的城市名片，对淄博的文化、旅游、经济的发展都产生了深远的影响。潍坊国际风筝节、泰安国际泰山登山节等都成功地将体育与旅游有效结合在一起，成为当地文化产业的重要组成部分。

体育非物质文化遗产作为一种文化现象，有着特定的生存空间，随着其生存空间的改变，“非遗”的存在形式及状态都会有所改变。结合时代的变化对体育非物质文化遗产进行现代转型，使其融入民众生活中，才真正促进其活态传承。

第二节　山东体育非物质文化遗产名录概况

体育非物质文化遗产是在历史发展过程中不断创造、积累、沉淀下来的传统体育文化资源。由于生态环境的改变，体育非物质文化遗产面临传承的困境，濒临失传，急需保护。申报各级非物质文化遗产名录，是保护传承体育"非遗"的重要途径。

首先，随着大体育文化观念的确立，体育非物质文化遗产的内涵也需要重新界定。传统体育大多以民间民俗文化的形式存在，是节日习俗的重要部分，与舞蹈等其他艺术表演形式融为一体。随着群众体育的发展和体育意识的增强，传统舞蹈、民间舞蹈、山会、杂技、斗戏等的健身健心价值凸显出来，成为大众健身的重要方式。体育文化概念的外延在不断扩大，体育非物质文化遗产的内涵也得到不断丰富与发展。体育非物质文化遗产"是指各族人民世代相传并视为其文化遗产组成部分的各种传统体育文化的表现形式，以及与传统体育文化表现形式相关的实物和场所"①。由此看来，非物质文化遗产名录中的民间舞蹈、传统舞蹈、民俗类中的部分项目也蕴含着体育文化。

其次，根据体育非物质文化遗产的界定，对山东国家级、省级体育非物质文化遗产进行了整理、归类。在第一批国家级名录中，体育并没有成为独立的一类，部分项目归属在"杂技与竞技"一类中且数量很少。随着体育文化内容的丰富，在第二、三批国家级名录中，将"杂技与竞技"一类改为"传统体育、游艺与杂技"，将具有鲜明传统体育文化特色的项目归为一类。但是，纵观"非遗"名录，可以看到，"杂技与竞技"类或"传统体育、游艺与杂技"类并不能涵盖体育文化遗产的全部，需要将"民间舞蹈(传统舞蹈)""民俗"等类别中具有健身功能且为大众所熟知的项目也归入体育非物质文化遗产。比如，秧歌、高跷等民间舞蹈以及千佛山庙会等民俗健身价值凸显，已由节令民俗活动演化为人们喜闻乐见的健身方式。商河鼓子秧歌(国家级第一批，民间舞蹈类)、青州花毽(国家级第二批，传统体育、游艺与杂技类)、冠县查拳(国家级第二批，传统体育、游艺与杂技类)、鲁南花鼓(省级第二批，民间舞蹈类)、千佛山庙会(省级第二批，民俗类)、济南形意拳(省级第二批，传统体育、游艺与杂技类)等皆为山东传统体育文化的重要组成部分。

其三，山东国家级、省级体育非物质文化遗产名录概况。在公布的国家级非物质文化遗产名录中，山东体育非物质文化遗产共 18 项，其中民间舞蹈(传统舞蹈)类 6 项，传统体育、游艺与杂技(杂技与竞技)类 12 项。在公布的省级非物质文化遗产名录中，体育非物质文化遗产共 92 项，其中民间舞蹈(传统舞蹈)类 51 项，传统体育、游艺与杂技类 33 项，民间杂技类 3 项，民俗类 5 项(见表 8-2、表 8-3、表 8-4)。另外各

① 孙大光主编:《体育文化概论》，高等教育出版社 2013 年版，第 316 页。

县市非物质文化遗产项目申报踊跃,市级项目、县级项目数量颇多。

表 8-2 山东省体育非物质文化遗产名录数量(国家级、省级)

级别	批次	类别	数量
国际级	第一批	民间舞蹈	1
		杂技与竞技	2
	第二批	传统舞蹈(民间舞蹈)	2
		传统体育、游艺与杂技(杂技与竞技)	3
	第一批(扩展)	传统舞蹈(民间舞蹈)	2
	第三批	传统体育、游艺、杂技	4
	第三批(扩展)	传统舞蹈	1
		传统体育、游艺与杂技	1
	第四批	传统体育、游艺与杂技	1
	第四批(扩展)	传统体育、游艺与杂技	1
	合 计		18
省级	第一批	民间舞蹈	21
		民间杂技	3
		传统体育与竞技	4
	第一批(扩展)	传统舞蹈	1
		传统体育与竞技	1
	第二批	传统舞蹈	19
		传统体育、游艺与杂技	18
		民俗	4
	第三批	传统舞蹈	8
		传统体育、游艺与杂技	6
		民俗	1
	第三批(扩展)	传统舞蹈	2
		传统体育、游艺与杂技	4
	合 计		92
总 计			110

表 8-3　山东省体育非物质文化遗产名录(国家级)

<table>
<tr><th>批次</th><th>类别</th><th>序号</th><th>项目编号</th><th>项目名称</th><th>申报地区或单位</th></tr>
<tr><td rowspan="3">第一批</td><td>民间舞蹈</td><td>105</td><td>III-2</td><td>秧歌(鼓子秧歌、胶州秧歌、海阳大秧歌)</td><td>商河县、胶州市、海阳市</td></tr>
<tr><td>杂技与竞技</td><td>284</td><td>VI-2</td><td>聊城杂技</td><td>聊城市</td></tr>
<tr><td>杂技与竞技</td><td>299</td><td>VI-17</td><td>蹴鞠</td><td>淄博市</td></tr>
<tr><td rowspan="5">第二批</td><td>传统舞蹈(民间舞蹈)</td><td>639</td><td>III-42</td><td>鼓舞(陈官短穗花鼓、柳林花鼓、花鞭鼓舞、八卦鼓舞)</td><td>广饶县、冠县、商河县、栖霞县</td></tr>
<tr><td>传统舞蹈(民间舞蹈)</td><td>646</td><td>III-49</td><td>商羊舞</td><td>鄄城县</td></tr>
<tr><td>传统体育、游艺与杂技(杂技与竞技)</td><td>804</td><td>VI-32</td><td>查拳</td><td>冠县</td></tr>
<tr><td>传统体育、游艺与杂技(杂技与竞技)</td><td>805</td><td>VI-33</td><td>螳螂拳</td><td>莱阳市</td></tr>
<tr><td>传统体育、游艺与杂技(杂技与竞技)</td><td>822</td><td>VI-50</td><td>宁津杂技</td><td>宁津县</td></tr>
<tr><td rowspan="2">第二批(扩展)</td><td>传统舞蹈(民间舞蹈)</td><td>105</td><td>III-2</td><td>秧歌(济阳鼓子秧歌)</td><td>济阳县</td></tr>
<tr><td>传统舞蹈(民间舞蹈)</td><td>112</td><td>III-9</td><td>高跷</td><td>泰安市</td></tr>
<tr><td rowspan="4">第三批</td><td>传统体育、游艺、杂技</td><td>1142</td><td>VI-59</td><td>佛汉拳</td><td>东明县</td></tr>
<tr><td>传统体育、游艺、杂技</td><td>1143</td><td>VI-60</td><td>孙膑拳</td><td>青岛市市北区、安丘区</td></tr>
<tr><td>传统体育、游艺、杂技</td><td>1144</td><td>VI-61</td><td>肘捶</td><td>临清市</td></tr>
<tr><td>传统体育、游艺、杂技</td><td>1152</td><td>VI-69</td><td>花毽</td><td>青州市</td></tr>
<tr><td rowspan="2">第三批(扩展)</td><td>传统舞蹈</td><td>107</td><td>III-4</td><td>龙舞</td><td>临沂市</td></tr>
<tr><td>传统体育、游艺与杂技</td><td>805</td><td>VI-33</td><td>螳螂拳</td><td>栖霞市、青岛市崂山区</td></tr>
<tr><td>第四批</td><td>传统体育、游艺与杂技</td><td>1310</td><td>VI-79</td><td>徐家拳</td><td>新泰市</td></tr>
<tr><td>第四批(扩展)</td><td>传统体育、游艺与杂技</td><td>805</td><td>VI-33</td><td>螳螂拳</td><td>青岛市市南区</td></tr>
</table>

表 8-4 山东省体育非物质文化遗产(省级)

批次	类别	序号	项目编号	项目名称	申报地区或单位
第一批	民间舞蹈	61		鼓子秧歌	商河县、济阳县
	民间舞蹈	62		胶州秧歌	胶州市
	民间舞蹈	63		海阳大秧歌	海阳县
	民间舞蹈	64		龙灯扛阁	临沂市河东区
	民间舞蹈	65		芯子(周村芯子、阁子里芯子、章丘芯子)	淄博市周村区、临淄区、章丘市
	民间舞蹈	66		商羊舞	鄄城县
	民间舞蹈	67		花鞭鼓舞(陈官短穗鼓舞、花鞭鼓舞)	广饶县、商河县
	民间舞蹈	68		磁村花鼓	淄博市淄川区
	民间舞蹈	69		鲁南花鼓	枣庄市台儿庄区
	民间舞蹈	70		莘城镇温庄火狮子	莘县
	民间舞蹈	71		颜庄村花鼓锣子	莱芜市钢城区
	民间舞蹈	72		百兽图	新泰市
	民间舞蹈	73		独杆跷	新泰市
	民间舞蹈	74		抬花杠	武城县
	民间舞蹈	75		绣球灯舞	齐河县
	民间舞蹈	76		逛荡灯	新泰市
	民间舞蹈	77		阴阳板	邹城市
	民间舞蹈	78		手龙绣球灯	济南市长清区
	民间舞蹈	79		栖霞八卦鼓舞	栖霞市
	民间舞蹈	80		踩寸子	淄博市临淄区
	民间舞蹈	81		柳林花鼓	冠县
	民间杂技	115		聊城杂技	聊城市
	民间杂技	116		宁津杂技	宁津县
	民间杂技	117		孔楼杂技	巨野县
	传统体育与竞技	144		蹴鞠	淄博市
	传统体育与竞技	145		查拳	冠县
	传统体育与竞技	146		梁山武术	梁山县
	传统体育与竞技	147		螳螂拳	莱阳市

续表

批次	类别	序号	项目编号	项目名称	申报地区或单位
第一批（扩展）	传统舞蹈	61	4-1	鼓子秧歌	阳信县
	传统体育与竞技	147	13-4	螳螂拳	栖霞市、青岛市崂山区
第二批	传统舞蹈	194	III-22	梆鼓秧歌	济南市历城区
	传统舞蹈	195	III-23	地秧歌	高密市
	传统舞蹈	196	III-24	德平大秧歌	临邑县
	传统舞蹈	197	III-25	莱西秧歌	莱西市
	传统舞蹈	198	III-26	小章竹马	昌邑县
	传统舞蹈	199	III-27	加古通	平阴县
	传统舞蹈	200	III-28	月宫图	寿光市
	传统舞蹈	201	III-29	火虎	邹城市
	传统舞蹈	202	III-30	羊抵头鼓舞	东明县
	传统舞蹈	203	III-31	担经	鄄城县、成武县
	传统舞蹈	204	III-32	三皇舞	鄄城县
	传统舞蹈	205	III-33	柳林降狮舞	冠县
	传统舞蹈	206	III-34	蹉地舞	莱芜市莱城区
	传统舞蹈	207	III-35	猴呱哒鞭	苍山县
	传统舞蹈	208	III-36	闹海	寿光市
	传统舞蹈	209	III-37	独杆轿	枣庄市峄城区
	传统舞蹈	210	III-38	四蟹抢船	枣庄市市中区
	传统舞蹈	211	III-39	盐垛斗虎	东营市东营区
	传统舞蹈	212	III-40	福山雷鼓	烟台市福山区
	传统体育、游艺与杂技	222	VI-8	东阿杂技	东阿县
	传统体育、游艺与杂技	223	VI-9	梅花拳	山东梅花拳学会、梁山县
	传统体育、游艺与杂技	224	VI-10	文圣拳	汶上县
	传统体育、游艺与杂技	225	VI-11	子午门	梁山县、东平县

续表

批次	类别	序号	项目编号	项目名称	申报地区或单位
第二批	传统体育、游艺与杂技	226	VI-12	徐家拳	新泰市
	传统体育、游艺与杂技	227	VI-13	孙膑拳	青岛市市北区、青岛市李沧区、安丘市
	传统体育、游艺与杂技	228	VI-14	大洪拳	菏泽市牡丹区、郓城县、滕州市
	传统体育、游艺与杂技	229	VI-15	二洪拳	鄄城县、曹县
	传统体育、游艺与杂技	230	VI-16	佛汉拳	东明县
	传统体育、游艺与杂技	231	VI-17	二郎拳	巨野县
	传统体育、游艺与杂技	232	VI-18	崂山道教武术	青岛市崂山区
	传统体育、游艺与杂技	233	VI-19	济南形意拳	济南市
	传统体育、游艺与杂技	234	VI-20	青州花毽	青州市
	传统体育、游艺与杂技	235	VI-21	傅士古短拳	青岛市城阳区
	传统体育、游艺与杂技	236	VI-22	临清肘捶	临清市
	传统体育、游艺与杂技	237	VI-23	临清潭腿	临清市
	传统体育、游艺与杂技	238	VI-24	吴氏太极拳	莱州市
	传统体育、游艺与杂技	239	VI-25	戚家拳	蓬莱市
	传统体育、游艺与杂技	240	VI-26	牛郎棍	乳山市
	民俗	298	X-14	千佛山庙会	济南市

续表

批次	类别	序号	项目编号	项目名称	申报地区或单位
第二批	民俗	299	X-15	仿山山会	定陶县
	民俗	302	X-18	宁阳斗蟋	宁阳县
	民俗	305	X-21	转秋千会	莒县
第三批	传统舞蹈	321	III-41	百鸟朝凤	寿光市
	传统舞蹈	322	III-42	阴阳鼓	潍坊市
	传统舞蹈	323	III-43	跑驴(德州跑驴、孙斗跑驴)	德州市、广饶县
	传统舞蹈	324	III-44	灯舞(人灯、戏灯穿花、八仙灯、骰牌灯)	枣庄市薛城区、栖霞市、蒙阴县、枣庄市薛城区
	传统舞蹈	325	III-45	高跷(上杠高跷、郓城高跷)	济阳县、郓城县
	传统舞蹈	326	III-46	精灵皮	单县
	传统舞蹈	327	III-47	狮舞(梅花桩舞狮子)	梁山县
	传统舞蹈	328	III-48	撅老四	东明县
	传统体育、游艺与杂技	330	VI-27	地龙经拳	高密市
	传统体育、游艺与杂技	331	VI-28	地功拳	安丘市
	传统体育、游艺与杂技	332	VI-29	太平拳	平阴县
	传统体育、游艺与杂技	333	VI-30	武当太乙门	济南市槐荫区
	传统体育、游艺与杂技	334	VI-31	水浒拳	郓城县
	传统体育、游艺与杂技	335	Vi-32	八卦掌	曹县
	民俗	369	X-26	民间习俗(宁津斗蟋习俗、“串黄河”风俗	宁津县、文登市
第三批(扩展)	传统舞蹈	65	III-5	抬阁(崔楼抬阁)	鄄城县
	传统舞蹈	198	III-26	竹马(尚寨竹马)	邹城市
	传统体育、游艺与杂技	145	VI-2	查拳(安丘查拳、莒县查拳、黑虎查拳)	安丘市、莒县、临沂市兰山区
	传统体育、游艺与杂技	147	VI-4	螳螂拳(鸳鸯螳螂拳、梅花摔手螳螂拳)	青岛市市南区、烟台市牟平区
	传统体育、游艺与杂技	223	VI-9	梅花拳	定陶县
	传统体育、游艺与杂技	228	VI-14	大洪拳	鄄城县

结 语

齐鲁传统体育文化的现代转型

齐鲁传统体育文化历史悠久，丰富多样，是齐鲁文化影响下人们生存生产、健身防身、修身养性的重要实践方式之一。齐鲁体育文化渗透着齐鲁人民追求身心和谐的身体观念和健身意识，较为直观地展现了温柔敦厚、健康向上的齐鲁文化精神，并成为齐鲁文化最重要、最直观的内容之一，是当今齐鲁体育文化建设的基础。20 世纪以来，由于现代化、城镇化进程带来的传统体育文化生存土壤的改变以及现代体育文化的冲击，传统体育文化面临着新的抉择。应对时代的变化，进行现代性转换，融入人们的社会生活中，齐鲁传统体育文化存在的价值才能得以体现。

一、现代化进程中齐鲁传统体育文化的生态环境

现代化是一个历史过程，是传统农业社会向现代工业社会、传统文明向现代文明转变的过程。中国现代化的进程自 19 世纪下半叶开始。由于局势动荡、战事频繁、思想守旧，中国 100 多年现代化进程缓慢而曲折，改革开放 30 年成为现代化进程高速发展的时期。“改革开放以来，我国的工业产值和来自工业的财政收入占 80%以上，城乡人口各占 50%左右。”[①]工业化、城镇化的加速发展虽然带来社会财富的迅速增长，但也出现了人的现代化的缺失，改变了人们的生活环境。“要实现真正的现代化，不仅仅是要实现社会的全面现代化，而且更重要的是要实现人自身的文化观念、社会心理、行为方式等的现代转型，并且相互支撑，相互推进。”[②]齐鲁传统体育经过千百年的积淀逐渐成为齐鲁大地重要的文化内容之一，成为生长在黄河下游平原的农民的精神财富。随着现代化和城镇化进程的推进以及西方体育文化的涌入，齐鲁传统体育的生存土壤也发生了巨大的改变。

---

① 徐勇：《现代化进程的节点与政治转型》，《探索与争鸣》2013 年第 3 期。

② 张红斌：《中国现代化进程中的片面性探讨》，《文学艺术研究》2013 年第 9 期。

首先,城镇化的加速发展淡化了齐鲁秧歌的乡土气息。山东省是我国经济发达、资源丰富的省份之一,城镇化水平在全国处于中等偏上的位次,2009 年达到了 48.3%,2015 年和 2020 年将分别达到 55%和 60%。[①] 城镇化水平的提高致使城乡差距缩小,乡村安宁田园的一面被遮蔽,乡村社会出现了日趋解体的迹象。同时,城镇化改变了农村年轻人的生活观念,大量农民涌入城市,传统体育参与者的队伍出现了断层,农闲时节大家积极踊跃参与的场面难再以出现。传统体育生长在相对封闭、安静的乡村社会,自发自愿、休闲娱乐的传统健身活动与日出而作、日落而息的乡村生活相映成趣,寄托了农民对生活的热爱与理想。乡土氛围被淡化,势必要求传统体育文化既要保持民俗韵味,又要融合时代文化,吸引更多的年轻人参加到传统体育活动中,以适应现代化发展的需要。

其次,现代化进程中个体得到了前所未有的独立与自由,个体化机制与注重群体性、民俗文化性的传统体育形成了内在的冲突。比如齐鲁秧歌有固定的角色、场阵、着装及表演的程序与模式,是历代人们共同的生活观念和思想情感表达的载体。现代化进程中个体从传统的社会秩序、思想框架中解放出来,并对传统的思想意识和行为方式形成了怀疑与批判的态度。在个体化的思想观念影响下,年轻人对于经历了千百年的传统体育产生隔阂甚至排斥、否定的看法。在传统与现代的较量中,传统体育被划入了传统阵营。对其进行全面认识,寻找其在现代化进程中新的定位,才能利于其传承发展下去。

其三,西方现代体育对传统体育的冲击,在一定程度上抑制了传统体育的传承与发展。一个世纪以来,西方现代体育的竞技观念逐渐深入人心,不同类型的体育赛事也基本成为奥运会的缩影,在现代体育文化观念中居于主导地位。齐鲁传统体育种类繁多,功能多样,且缺乏系统的规则和大型的赛事,面对强势涌入的西方体育文化逐渐失去了话语权。随着西方竞技体育所倡导的"公平、公正、平等"等人文精神的传入,体育人向往着雅典少女点燃火炬、放飞和平鸽的和平、肃穆、庄严,追求着竞技体育"更高、更快、更强"的境界,而齐鲁传统体育文化所追求的礼让、超然则被束之高阁。

如何传承发展齐鲁传统体育文化,为城镇化的农民提供适宜的文化环境,为传统体育文化带来新的生机,是中国现代化进程中亟待解决的问题之一。

二、齐鲁传统体育文化的现代转型

"民俗的流程,在任何一段历史时间中,都有过去、现在和未来。任何一种民

---

① 参见刘涛:《山东省城镇化进程及其实现途径研究》,《齐鲁师范学院学报》2011 年第 4 期。

俗事象，都以其不同的形式，传袭着过去，参与着现在，干预着未来。”[①]齐鲁传统体育文化是几千年来齐鲁民众在生产、生活、祭祀、战争等不断积累传承下来的历史资源，面对当今生态环境的改变和西方体育文化的冲击带来的困境，不停地在可适应与不可适应的条件下、在传统与现代的对话中调节自身，进行现代转型，这既是时代提出的课题，也是传统体育文化自身传承所需要考虑的问题。

首先，增强文化自信，探索创新发展。

全球化是当今体育文化发展的整体趋势，面对西方体育文化的涌入，需要对于全球化及西方体育文化形成科学理性的认知，对齐鲁传统体育文化进行科学定位。齐鲁体育文化是具有鲜明民族、地域特色的文化现象，不仅是中国传统文化的组成部分，而且在世界体育文化中都具有广泛的影响力。将齐鲁传统体育文化不仅放置在山东体育文化、中国体育文化的平台上进行发展，还应该有全球的视野。充分利用体育文化全球化提供的广阔平台，探寻适宜的发展路径，是提升齐鲁传统体育文化自尊与自信的重要途径。淄博蹴鞠、潍坊风筝、泰山登山等通过专家论证或节日赛事等方式走向世界，产生了深远的国际影响，极大提高了齐鲁传统体育文化的自信。

文化的发展是一个新陈代谢、不断创新的过程。探寻任何一项传统体育项目的源流变化，都可以看到体育项目在不同历史阶段在玩法规则、器械场地等方面都有一定的变化，这种变化不仅是时代为其提出的要求所致，更是其自身发展传承的内在需要。理性面对齐鲁传统体育文化发展面临的困境，从传统体育项目自身入手，探索适宜的规则方式与发展路径，激发其内在的发展动力。传统体育在实践中寻求自身改变与时代要求的契合点，建立传统体育发展的当代形态，实现时代性与历史性的统一。齐鲁武术面对当今传承的困境，适时调整了传承的方式，由传统的师徒传承走向了教育传承、赛事传承，并利用全球化的平台，走出国门，形成了具有新时代特征的发展形态。

其次，树立大体育文化观念，实现跨领域合作。

新时期以来，我国竞技体育和群众体育取得了辉煌的成就，成为体育大国之一。体育事业的蓬勃发展带来了体育观念的改变。一方面，体育运动参与群体不断壮大，体育活动内容呈现多元化发展趋势，体育运动形式不断开拓创新，体育文化的内涵不断丰富。另一方面，体育作为一种社会活动，与社会生活中的政治、经济、文化有着密切的联系，对于体育文化的认识，需要从体育外部进行重新审视定位。因此对于体育文化的认识，不仅是将体育文化的内涵尽可能地丰富到体育的方方面面，更重要的是要有站在人类文化的高度把握体育文化与诸多

---

① 乌丙安：《民俗与现代化的思考》，《民俗研究》1987 年第 4 期。

文化现象的互融互通的内在关系。树立大体育文化观，打破体育专业的壁垒，消除体育行业与其他领域的隔阂，让体育文化重新回归广阔复杂的社会生活中，通过跨界合作拓宽体育发展的路径。

目前，齐鲁传统体育文化在跨领域合作中寻求缓解传承困境的突破口。一是与学校教育的结合。齐鲁武术、蹴鞠、风筝等与本地学校联合，把传统体育项目作为学校特色课程，不仅丰富了学校的教学内容和学生的学习生活，而且有效传播、推广了传统体育文化。二是与经济发展相结合。在当今市场经济体制下传统体育的发展势必走向市场化、产业化。保持传统体育的文化根性，将传统文化的传播、传承融入市场经济体制，探索产业化的发展模式。泰山国际登山节作为一个集健身、文化传播、产业合作的盛会，按照文体搭台，旅游、经贸唱戏的原则，带来了相当高的经济效益。

此外，体育与旅游结合，发展体育旅游是开拓体育发展领域的有效途径，也是当今体验文化的发展方向之一。体育与文化艺术结合，不仅为文学艺术提供了一个新的表现领域，而且是丰富体育文化内涵的重要途径。因此，树立大体育文化观念，实现体育的跨领域发展，是新时期对体育提出的新要求，也是体育自身真正得以发展的必要选择。

综上所述，齐鲁传统体育文化的现代转向既是体育事业发展的需要，也是社会转型环境下的必然选择。传统体育文化的转向必须保留自身的文化根性，保持文化自尊与文化自信，理性辨析西方体育文化利与弊，扬其利，避其弊，将其融入传统体育文化中。同时，传统体育的发展需要从狭隘的体育观念中走出来，融合古今，构建具有地域、民族特色的体育文化。

参考文献

一、专著

1. 安作璋、王志民主编，孟祥才、王克奇著：《齐鲁文化通史》(秦汉卷)，中华书局 2004 年版。

2. 安作璋、王志民主编，李伯齐、王琳、任怀国著：《齐鲁文化通史》(魏晋南北朝卷)，中华书局 2004 年版。

3. 安作璋、王志民主编，杨荫楼、王洪军著：《齐鲁文化通史》(隋唐五代卷)，中华书局 2004 年版。

4. 安作璋、王志民主编，朱亚飞、石玲、陈冬生著：《齐鲁文化通史》(明清卷)，中华书局 2004 年版。

5. 崔乐泉总主编：《中国体育通史》(1～8 卷)，人民体育出版社 2008 年版。

6. 谭华：《体育史》，高等教育出版社 2009 年版。

7. 山东省地方史志编纂委员会编：《山东省志 · 体育志》，山东人民出版社 1993 年版。

8. 张洪涛主编：《山东体育史》，人民体育出版社 2009 年版。

9. 季明涛、杨季泉：《山东体育四十年》，山东人民出版社 1991 年版

10. 孙大光主编：《体育文化概论》，高等教育出版社 2013 年版。

11. 邱丕相：《中国武术史》，高等教育出版社 2008 年版。

12. 李成银：《齐鲁武术史话》，山东文艺出版社 2004 年版。

13. 张健：《齐鲁讲武史话》，齐鲁书社 1999 年版。

14. 张荣明：《中国古代气功与先秦哲学》，上海人民出版社 2011 年版。

15. 柯玲：《中国民俗文化》，北京大学出版社 2011 年版。

16. 胡兆量：《中国文化地理概述》，北京大学出版社 2009 年版。

17. 司马迁著，吴树平主编，李零等译：《史记》，新世纪出版社 2009 年版。

18. 杨伯峻：《春秋左传注》，中华书局 1990 年版。

19. 童书业:《春秋左传研究》,上海人民出版社 1980 年版。

20. 陈襄民:《五经四书全译》,中州古籍出版社 2000 年版。

21. 郭齐勇:《中国古典哲学名著选读》,人民出版社 2005 年版。

22. 丁原明:《黄老学论纲》,山东大学出版社 1997 年版。

23. 郭齐勇编著:《中国哲学史》,高等教育出版社 2006 年版。

24. 麻天祥:《中国宗教哲学史》,人民出版社 2006 年版。

25. 逄振镐:《齐鲁文化研究》,齐鲁书社 2010 年版。

26. 解维俊主编:《齐都蹴鞠》,百花文艺出版社 2006 年版。

27. 丹纳:《艺术哲学》,安徽文艺出版社 1991 年版。

28. 信立祥:《汉画像石综合研究》,文物出版社 2000 年版。

29. 姜亮夫:《先秦诗鉴赏辞典》,上海辞书出版社 1998 年版。

30. 李泽厚:《美的历程》,文物出版社 1981 年版。

31. 程俊英:《诗经译注》,上海古籍出版社 2012 年版。

32. 仪平策:《中国审美文化史·秦汉魏晋南北朝卷》,山东画报出版社 2000 年版。

33. 顾森:《秦汉绘画史》,人民美术出版社 2000 年版。

34. 王克芬、苏祖谦:《中国舞蹈史》,(台北)文津出版社 1996 年版。

二、论文

1. 郭守靖:《齐鲁武术文化研究》,上海体育学院博士学位论文,2007 年。

2. 张岱年:《齐鲁文化一翼——《墨家通论》评介》,《东岳论丛》1993 年第 2 期。

3. 王克奇:《儒墨异同与山东人的群体特征》,《山东师大学报(社会科学版)》1998 年第 4 期。

4. 倪晋波、季敬姜:《"知礼"与周礼在鲁的嬗迁》,《山西大同大学学报(社会科学版)》2010 年第 3 期。

5. 袁俊杰:《两周射礼研究》,河南大学博士学位论文,2010 年。

6. 李殿元:《孔子养生之道述评》,《三峡学刊(四川三峡学院社会科学学报)》1995 年第 1 期。

7. 高嵘:《孔子养生思想的阐释及意义》,《体育文化导刊》2007 年第 1 期。

8. 詹艾斌:《孔子"游于艺"命题读解》,《江汉论坛》2005 年第 4 期。

9. 徐北文、张华松:《齐国田氏家族谋略文化略论》,《齐鲁文化研究》2005 年第 12 期。

10. 孟天运:《齐文化通论》,《社会科学战线》1999 年第 2 期。

11. 李晓杰:《战国时期齐国疆域变迁考述》,《史林》2008 年第 4 期。

12. 张越:《齐国服饰艺术初探》,《东岳论丛》2009 年第 3 期。

13. 陈恳:《“齐国之武技”考论》,《中山大学学报》2005 年第 4 期。

14. 赵九平:《春秋时期集礼仪与娱乐为一身的投壶运动述考》,《兰台世界》2015 年第 5 期上旬。

15. 张从军:《打秋千》,《民俗研究》2013 年第 4 期。

16. 赵耀双:《从汉画像石上所刻历史故事看汉代社会风尚》,《文物世界》2003 年第 3 期。

17. 瓯燕:《评介《山东汉画像石研究》》,《考古》1984 年第 9 期。

18. 李发林:《山东汉画像石概述》,《文史哲》1981 年第 2 期。

19. 李强:《汉画像石《孔子见老子图》考述》,《华夏考古》2009 年第 2 期。

20. 袁野:《汉画像石造型研究——从汉代“气”论探讨汉画像石造型》,中央美术学院博士学位论文,2011 年。

21. 柳伯力:《漫谈我国古代兵家权谋与现代运动竞赛谋略思考》,《体育文史》1992 年第 4 期。

22. 刘亚:《中国古代养生体育的发展》,《体育文化导刊》2011 年第 2 期。

23. 朱存明:《论汉画像石的地域分布及特征》,《地方文化研究》2013 年第 1 期。

24. 王福银、王冰:《从汉画像石中探析“后齐”乐舞的繁盛景象》,《民族艺术研究》2011 年第 6 期。

25. 刘朴:《对汉代弓射技艺的研究——从汉画像石资料看汉代弓箭练习的各种动作》,《山东体育学院学报》2008 年第 10 期。

26. 杜蕾:《山东汉画像石乐舞图像研究》,中国艺术研究院硕士学位论文,2005 年。

27. 傅举有:《鸾飞天汉,袖舞长虹》,《故宫文物》11 卷第 9 期。

28. 任昭君:《鲁南汉画像石角抵研究》,《浙江体育科学》2012 年第 6 期。

29. 杨宇全:《以山东出土的汉画像石为例谈汉画像石上的杂技“绝活”》,《杂技与魔术》2012 年第 2 期。

30. 刘朴:《山东汉画像石体操活动考略》,《山东体育科技》2003 年第 2 期。

31. 雒启坤:《两汉民间乐舞百戏》,《四川大学学报(哲学社会科学版)》1988 年第 2 期。

32. 武振:《山东省菏泽市武术学校(馆)发展现状的调查研究》,首都体育学院硕士学位论文,2011 年。

33. 袁安发:《山东省民办武术学校现状调查与对策研究》,吉首大学硕士学位论文,2014 年。

34. 徐勇:《现代化进程的节点与政治转型》,《探索与争鸣》2013 年第 3 期。

35. 张红斌:《中国现代化进程中的片面性探讨》,《文学艺术研究》2013 年第 9 期。

36. 刘涛:《山东省城镇化进程及其实现途径研究》,《齐鲁师范学院学报》2011 年第 4 期。

37. 孔令峰、夏申吾:《山东汉画中的体育活动》,《体育文化导刊》2010 年第 12 期。

38. 朱浒:《汉画像胡人图像研究》,上海大学博士学位论文,2012 年。

39. 叶又新、蒋英炬:《武氏祠"水陆攻战"图新释》,《文史哲》1986 年第 3 期。

40. 黄鑫:《汉画像石"水陆攻战图"的类型学解析》,《解放军艺术学院学报》2009 年第 4 期。

41. 乐爱国:《孟子论"气"与儒家养生学》,《锦州医学院学报(社会科学版)》2005 年第 1 期。

42. 叶甜甜:《颜之推哲学思想研究》,山东大学硕士学位论文,2012 年。

43. 裘梧:《黄老道家"身国同治"的养生思想》,《中国道教》2013 年第 1 期。

44. 刘亚:《中国古代养生体育的发展》,《体育文化导刊》2011 年第 2 期。

45. 王丽真:《张湛与养生十八伤》,《健身科学》2013 年第 11 期。

46. 白奚:《齐地的前道教文化传统》,《齐鲁文化研究》总第 2 辑。

47. 张华:《金代山东全真教发展探析》,吉林大学硕士学位论文,2014 年。

48. 李景生:《从德州地名看鲁西北的道教文化》,《毕节学院学报》2014 年第 2 期。

49. 郝勤:《道教养生源流简论(下)》,《成都体育学院学报》1988 年第 1 期。

50. 赵卫东:《丘处机养生思想略论》,《山东师范大学学报(人文社会科学版)》2008 年第 1 期。

51. 白如祥:《明清崂山全真教述略》,《齐鲁文化研究》总第 3 辑。

52. 李成银:《齐鲁武术简论》,《搏击·武术科学》2005 年第 8 期。

53. 范景鹏:《"飞腿"沙亮在查拳传承中的作用》,《体育学刊》2009 年第 2 期。

54. 唐韶军:《中华武术螳螂拳研讨会概述》,《武当》2004 年第 8 期。

55. 乌丙安:《民俗与现代化的思考》,《民俗研究》1987 年第 4 期。

56. 王开文:《螳螂拳源流问题研究》,苏州大学硕士学位论文,2006 年。

57. 于元景、梁回忱:《螳螂拳源流考》,《精武》1986 年第 5 期。

58. 郝恒禄:《太极梅花螳螂拳略论》之《螳螂法发始之根源》,1926 年。

59. 柳国顺、张维福:《螳螂拳的源头在周初》,《精武》2008 年第 10 期。

60. 牛广:《宋代武术发展之历史探源》,《兰台世界》2012 年第 36 期。

61. 晁岳春:《山东省武术(馆)学校现状与对策研究》,广西师范大学硕士学位论文,2007 年。

62. 代增增:《我国优秀武术馆校发展模式及运行机制研究》,北京体育大学硕士学位论文,2011 年。

63. 何宪台:《山东省武术挖掘整理工作简况》,《山东体育科技》1984 年 Z1 期。

64. 马廉祯:《武术挖整思变》,《体育文化导刊》2004 年第 7 期。

后 记

《齐鲁体育文化研究》一书从酝酿、构思、查阅资料到写作、修改，历时近七年的时间，今天终于可以交付出版社了。回想这本书写作的整个过程，感慨良多。我自1998年西北大学中文系毕业到山东体育学院工作以来，一直在寻找融入体育、融入山东体育学院的结合点。2005年至2008年在山东大学文学院攻读博士学位，我毅然选择了文艺学专业文艺美学方向，决定以美学作为体育与文艺学的结合点，开启我对体育的探索之旅。我院魏平教授提出了"齐鲁体育文化"这一概念，倡导开展齐鲁体育文化研究，这一提法打开了我探索体育的视野，体育美学固然重要，但需要体育文化的滋养，从体育文化、齐鲁体育文化入手是认知体育、研究体育的重要途径。

正是基于这一认识，我开始关注体育文化、地域体育文化的研究进展。在魏平教授的指导下，2009年申报了山东省高等学校人文社会科学研究项目《齐鲁体育文化特征研究》，并获准立项，于2011年结题，荣获2013年山东体育学院科研成果二等奖。2013年与魏平教授联合申报了我院体育人文社会科学研究中心招标课题《齐鲁体育文化概览》，开始着手准备书稿的写作。写作伊始，头绪杂乱，齐鲁传统体育文化看似简单，真正从文献资料、文物遗存中去爬梳，却又是千头万绪。针对眼前的困境，我借鉴了文化学的基本观点，阅读体育文化的相关书籍，对书稿的框架及内在逻辑关系重新进行梳理，最终采用了纵向历史贯穿和横向分类概括相结合的方式，以期形成齐鲁体育文化的全貌。

为了开拓视野，力求站在体育文化研究的前沿，我从2010年起坚持参加国家体育总局体育文化发展中心与体育史分会举办的历届体育文化学术会议。在与体育史、体育文化研究学者的交流过程中，我重新审视齐鲁体育文化研究的价值与意义，更加深入地认识到挖掘整理齐鲁传统体育文化的重要性与迫切性。同时，学术交流也进一步开拓了书稿写作的视野。

在此，要特别感谢魏平教授。从“齐鲁体育文化研究”的选题，到书稿框架、思路的确定，魏平教授高屋建瓴，多次提出了富有建设性的意见：齐鲁大地汉代时期的体育文化现象研究缺乏很好的切入点，魏平教授耐心讲解了汉画像石与汉代体育的关系；对于齐鲁武术文化，则提出了借鉴《体育志》和访谈老专家的方式获取更丰富的资料，等等。初稿写完之后，魏平教授在百忙之中认真阅读并提出了宝贵意见。

《齐鲁体育文化研究》一书的完成，只是齐鲁体育文化研究的开始，尚需投入更多的精力，对齐鲁体育文化进行更深入的探索，以发挥齐鲁体育文化在当代体育文化建设中的重要作用。

袁　宏

2015年9月5日